O PODER DOS TIMES AAA

CARO(A) LEITOR(A),

Queremos saber sua opinião
sobre nossos livros.
Após a leitura, curta-nos
no facebook.com/editoragentebr,
siga-nos no Twitter @EditoraGente,
no Instagram @editoragente
e visite-nos no site
www.editoragente.com.br.
Cadastre-se e contribua com
sugestões, críticas ou elogios.

CAROLINE MARCON ⏃ PAUL O'DOHERTY

Prefácio de Richard Barrett

O PODER DOS TIMES AAA

Como times executivos geram crescimento sustentável por meio de pessoas

Gente
AUTORIDADE

Diretora
Rosely Boschini
Gerente Editorial Pleno
Franciane Batagin Ribeiro
Assistente Editorial
Alanne Maria
Produção Gráfica
Fábio Esteves
Preparação
Gleice Couto
Capa
Plinio Rica
Projeto Gráfico e Diagramação
Vanessa Lima
Revisão
Amanda Oliveira
Elisabete Franczak
Impressão
Edições Loyola

Copyright © 2022 by
Caroline Marcon e Paul O'Doherty
Todos os direitos desta edição
são reservados à Editora Gente.
Rua Natingui, 379 – Vila Madalena
São Paulo, SP – CEP 05443-000
Telefone: (11) 3670-2500
Site: www.editoragente.com.br
E-mail: gente@editoragente.com.br

Dados Internacionais de Catalogação na Publicação (CIP)
Angélica Ilacqua CRB-8/7057

Marcon, Caroline
O poder dos times AAA: como times executivos geram crescimento sustentável por meio de pessoas / Caroline Marcon, Paul O'Doherty. – São Paulo: Gente Autoridade, 2022.
256 p.

ISBN 978-65-88523-51-3

1. Desenvolvimento profissional 2. Negócios 3. Liderança I. Título II. O'Doherty, Paul

22-2581 CDD 650.1

Índice para catálogo sistemático:
1. Desenvolvimento profissional

nota da publisher

O desenvolvimento de uma cultura corporativa consistente, duradoura e eficiente é resultado do trabalho de lideranças e times engajados, movidos por um propósito claro e bem definido. Contudo, estabelecer esse tipo de cultura ainda é um desafio para CEOs, líderes e gestores de grandes companhias.

Em **O poder dos times AAA**, Caroline Marcon e Paul O'Doherty, dois grandes especialistas em transformação cultural de empresas e transformação pessoal de lideranças, compartilham com o público-leitor valores, comportamentos, estilos e metodologias capazes de tornar qualquer time executivo em um time de alta performance sustentável.

Com um texto robusto, consistente e necessário, os autores apresentam cases de empresas como Unilever, Cargill e Volkswagen para mostrar que as pessoas são a chave para um negócio de resultados. Por meio de uma série de orientações e práticas efetivas, este livro traz estratégias para reestruturar os processos internos de empresas e, sobretudo, insights de como estimular padrões de excelência em um time.

Tenho certeza de que **O poder dos times AAA** trará, por meio da experiência de Caroline e Paul, o caminho para lideranças que desejam formar times engajados, comprometidos e de alta performance.

Boa leitura!

Rosely Boschini
CEO e Publisher da Editora Gente

Dedicatória

Para meu filho, João Paulo,
e minhas sobrinhas, Sofia e Marina,
as minhas maiores apostas de liderança consciente
e inspiradora para um futuro melhor para todos.

CAROLINE MARCON

Para o meu pequeno filho Max,
que pelo período curto que viveu trouxe alegria
para tantos; e para os meus filhos Theo e Julia,
que eles possam fazer a diferença na vida
daqueles que cruzarem o caminho.

PAUL O'DOHERTY

Agradecimentos

Se escrever um livro é um trabalho de equipe, escrever sobre times executivos é ainda mais. Este livro foi enriquecido pela generosidade de líderes sábios e experientes cujos insights em diferentes momentos permitiram fortalecer e aprofundar cada capítulo. Cada um forneceu uma peça importante do mosaico diverso que deu origem a este livro.

Queremos começar expressando a nossa especial gratidão por cinco pessoas que acreditaram e deram empurrõezinhos essenciais para que levássemos este projeto desafiador à sua conclusão:

Adriano Marcon, o primeiro a nos encorajar a escrever **O poder dos times AAA**, por contribuir com insights oportunos do seu dia a dia como CEO e por nos apresentar a pessoas e a organizações que tanto enriqueceram este trabalho.

John Larrere, nosso querido mentor e amigo dos bons tempos de Hay Group, obrigado pela generosidade em compartilhar sua vasta experiência como coach executivo e por nos conectar a um dos CEOs globais mais inspiradores que tivemos a chance de conhecer nos últimos anos.

Milton Lucato, líder que vivenciou de dentro a transformação do time executivo da C&A Brasil e cujo exemplo pessoal contribuiu para o crescimento de uma nova geração de líderes na empresa. Obrigado pela parceria e amizade de tantos anos.

Pedro Lima, exímio representante de CEOs de empresas familiares nacionais que levam o Brasil para a frente, movidos por uma vontade genuína de servir e prosperar. Uma honra compartilhar esta jornada com você e todo o time da 3corações.

Richard Barrett, nossa grande inspiração como autor e pensador global dedicado à evolução da consciência humana por meio de valores, obrigado por aceitar prontamente nosso convite e prefaciar este livro, mesmo em um período de agendas lotadas.

Nossa gratidão se estende a cada um dos executivos, empresários, investidores e consultores com os quais trabalhamos diretamente, especialmente aos que contribuíram com valiosas entrevistas: Alan Jope, Alexandre Mafra, Cristina Nogueira, Daniela Mañas, David Webster, Edward, Elias Leite, Greg Page, Hesham Ahmed, Jean-Marc Laouchez, João Kepler, Loes Schrijvers, Luanna Façanha, Mike Markovits, Pablo Di Si, Paulo Correa, Patrick Cannel, Roberto Ziemer, Sidney Breyer e Sueli Alves.

Nosso muito obrigado à equipe da Editora Gente pela parceria, orientação e confiança no valor do nosso projeto.

sumário

12	**Prefácio de Richard Barrett**
16	**Introdução**
26	CAPÍTULO 1 **Propósito** – *Criando uma conexão verdadeira no ambiente de trabalho*
48	CAPÍTULO 2 **Times reais** – *Três pré-condições para um time executivo de alta performance*
72	CAPÍTULO 3 **Uma mudança de paradigma** *O jeito de liderar dos CEOs*
112	CAPÍTULO 4 **Times reais** – *O compromisso do CEO em construir uma organização excelente*
146	CAPÍTULO 5 **Times reais** – *Alcançando o patamar dos times executivos de alta performance*
166	CAPÍTULO 6 **Times reais** – *Transformando times executivos para escalar a rentabilidade*
194	CAPÍTULO 7 **Transformação cultural** – *A principal alavanca do time executivo para elevar a performance*
226	CAPÍTULO 8 **Transformação pessoal** *A alma da liderança*
249	**Notas**

Prefácio

de
Richard Barrett

A humanidade atingiu um ponto de inflexão crucial. Nós precisamos fazer uma escolha consciente acerca do nosso futuro coletivo. Podemos seguir em frente, trabalhando juntos para conter a mudança climática, reverter a extinção das espécies e criar paz global, ou podemos escolher continuar por onde estamos indo, deixando que a nossa civilização dominada pelo ego regrida a padrões instintivos de divisão, diminuindo o nível coletivo de bem-estar e causando danos irreversíveis ao frágil ecossistema do planeta.

Para seguir evoluindo precisamos estar dispostos a abraçar um conjunto de valores mais elevados, que promovam nosso bem-estar individual, o bem-estar do planeta e das futuras gerações.

Se escolhermos evoluir, o ambiente de negócios precisa fazer a sua parte, criando organizações orientadas a valores e propósitos, que promovam a evolução da consciência humana. Os líderes empresariais precisam abraçar a oportunidade de se tornarem membros responsáveis pela sociedade. Eles precisam apoiar o desenvolvimento dos seus colaboradores, o bem-estar das comunidades em que atuam e a evolução sustentável do planeta. Eles precisam mudar a mentalidade dominante de serem os melhores do mundo para serem os melhores para o mundo.

Este livro explica como fazer isso. Ele explora como os CEOs e executivos seniores podem praticar formas mais ágeis e efetivas de liderar que produzam uma melhor tomada de decisão, maiores níveis de inovação e comportamento ético e performance mais sustentável, ao mesmo tempo que contribuem para o bem-estar futuro da sociedade.

Há duas crenças que tenho comigo por bastante tempo: as organizações não se transformam, as pessoas sim, e as organizações refletem as crenças e valores dos seus líderes. Ou seja, se você quiser transformar a cultura de uma organização, os seus líderes precisam mudar, ou você precisa mudar os seus líderes.

Eu conheci os autores deste livro, Caroline e Paul, em 2017, quando participaram de um dos meus workshops na Itália. Desde aquela época, eles cresceram e se desenvolveram pessoal e profissionalmente. Este livro reflete esse crescimento. O foco deste livro é ajudar líderes a se alinharem em torno de um propósito que faça diferença tangível na sociedade e no planeta. Os autores mostram como os times executivos podem alcançar esse resultado trabalhando melhor juntos. Assim como Caroline e Paul, eu acredito que a dinâmica de relacionamento do time executivo exerce um papel crucial na construção do sucesso de uma empresa.

As experiências que Caroline e Paul acumularam na carreira profissional, trabalhando em diferentes culturas, faz com que estejam perfeitamente posicionados por meio deste livro para fazer uma diferença mensurável na melhoria do bem-estar humano e do planeta.

RICHARD BARRETT
Managing Director – Academy for the Advancement of Human Values e autor de dez livros internacionais sobre transformação cultural e liderança baseada em valores

Os líderes empresariais
precisam abraçar
a oportunidade de
se tornarem membros
responsáveis
pela sociedade.

Introdução

"Fazer previsões é difícil – especialmente quando elas envolvem o futuro."

MARK TWAIN (1835-1910),
escritor estadunidense

O QUE É AAA?

Três agências internacionais de avaliação de crédito são responsáveis por conceder o Triple-A (AAA), o padrão ouro de previsibilidade financeira e segurança de retorno para o investidor; são elas: Fitch, Moody's e Standard & Poor's. Empresas e governos avaliados com AAA apresentam risco mínimo para o investidor e têm acesso a crédito com as melhores taxas do mercado. Simplificando, a classificação Triple-A garante maior segurança ao investidor de que o credor quitará o pagamento de suas dívidas.

Em 2021, onze países[1] no mundo (de um total de 195) e apenas três empresas listadas na bolsa de valores – Microsoft, Johnson & Johnson e Apple – obtiveram avaliação AAA. Ou seja, obter essa classificação insere uma empresa no rol da elite corporativa, indicando negócios com resiliência financeira e posicionamento de mercado fortes, capazes de aguentar várias intempéries e, ainda assim, continuar operando normalmente e honrando seus compromissos.

Após o Triple-A, o índice de saúde financeira das empresas[2] é indicado com a também prestigiosa classificação AA+, como a da empresa Fannie Mae, e continua com as classificadas em AA: Alphabet, Chevron, ExxonMobil e Walmart.

Para escrever este livro e entender as principais fontes de criação de valor no futuro, foi preciso entrevistar diversos investidores e líderes de fundos de investimentos. Queríamos saber quais critérios esses profissionais usam para prever as condições de crescimento e de geração de retorno de uma empresa.

Eles citaram três critérios principais:
- **O primeiro nos pareceu bastante óbvio: potencial do negócio.** A companhia deve estar bem posicionada em um segmento

econômico em crescimento e com forte potencial para dominar o mercado ou consolidá-lo via aquisição de empresas menores.
- O segundo fator também é previsível: resiliência. Empresas com histórico de superação de crises e capacidade de adaptação às oscilações do mercado sem perder a sua essência e capacidade de crescimento.

Esses dois fatores são tangíveis, relativamente fáceis de mensurar e podem ser bons indicadores para minimizar riscos na hora de investir.
- O terceiro fator foi mencionado por vários investidores: a qualidade e robustez do time executivo e como ele interage com os diversos níveis da companhia.

Mesmo preenchendo os dois primeiros critérios (potencial de negócios e resiliência), a falta do terceiro fator é o que tira muitas empresas de um negócio. Um investidor sênior do mercado financeiro comentou que costuma começar um processo avaliando cem empresas para chegar a uma *shortlist* (lista curta). Entre as finalistas, é o terceiro fator que diferencia qual empresa sairá vencedora e receberá centenas de milhões de capital em investimento. Esse investidor comentou que ele e seus sócios chegam a passar de doze a dezoito meses observando as reuniões do time executivo e entrevistando os líderes das empresas finalistas antes de assinar o cheque multimilionário.

A empresa vencedora é a que se sai melhor no terceiro fator e, ainda que tal critério tenha se mostrado bastante efetivo para o investidor, percebemos que a maneira de avaliar descrita por ele era muito intuitiva e que nem sempre era possível dispensar de doze a dezoito meses observando um time executivo em ação antes de fechar o negócio.

Neste livro, focaremos exatamente nesse terceiro fator usado pelo investidor para a tomada de decisão nos negócios. Aqui exploraremos uma nova abordagem que permite às companhias alcançarem resultados sustentáveis.

TIMES EXECUTIVOS: A CAIXA-PRETA DA ALTA PERFORMANCE

Tal como a caixa-preta que grava as informações de performance de um avião, acreditamos que trazer mais clareza sobre como os times executivos geram valor ajudará empresas e investidores nas tomadas de decisão. Uma vez que os estudos sobre a dinâmica dos times executivos são relativamente escassos e não muito disseminados, os líderes que souberem aplicar esses ensinamentos terão uma vantagem crucial no desempenho e crescimento de carreira.

Nossa abordagem, além de permitir que investidores tenham uma compreensão mais precisa da capacidade de liderança das empresas, possibilitará que façam essa avaliação em menos tempo que o utilizado em geral. Ou seja: critérios mais acurados e, muito possivelmente, retornos mais rápidos.

No entanto, a principal razão pela qual decidimos escrever este livro é apoiar o desenvolvimento dos executivos. Queremos dar ao CEO (*Chief Executive Officer* ou presidente) e ao time executivo condições de fazerem uma autoavaliação assertiva de onde eles se encontram, em um *continuum* de baixa performance, para uma alta performance. Além de indicar quais os passos necessários para se tornarem mais efetivos e maximizarem o desempenho da organização de maneira sustentável.

Como ex-diretores de uma consultoria internacional de gestão e coaches executivos experientes, sabemos como é importante compartilhar a experiência que adquirimos com tantos colegas na área de desenvolvimento organizacional. Nossa intenção é ajudar pessoas e organizações de todos os portes, incluindo aquelas que não têm acesso à consultoria dedicada a times executivos, algo que demanda um investimento financeiro significativo.

Acreditamos que, quanto antes o mercado absorver esses aprendizados, mais cedo empresas de todos os tamanhos poderão contribuir com soluções para os crescentes desafios enfrentados pela humanidade, além de criar ambientes de trabalho mais inovadores e dinâmicos para as diferentes gerações que interagem no mercado.

É por isso que o propósito deste livro é ajudar a acelerar esse processo!

UMA MUDANÇA NA MANEIRA DE AVALIAR A PERFORMANCE

Com tantas mudanças radicais que acompanharam a pandemia da covid-19 – tais como a digitalização, a ruptura de cadeias de distribuição, as tensões geopolíticas e as oscilações na economia –, muitos times executivos estão lutando para se adaptar e manter funcionando a engrenagem dos negócios de maneira sustentável.

Ainda que não haja um único fator capaz de garantir um bom desempenho, as empresas podem utilizar a seu favor três abordagens confiáveis de avaliação de performance, focando nos pontos que têm em comum. A combinação dos seguintes fatores fará a diferença e aumentará bastante as probabilidades de sucesso.

O **primeiro círculo de performance** é analisar detalhadamente os números referentes ao potencial de negócios da companhia e seu mercado de atuação, exatamente como os principais investidores fazem.

O **segundo círculo de performance** é investigar o que diferencia as empresas bem-sucedidas das demais. Os estudos plurianuais de Jim Collins com empresas de classe mundial e suas "comparáveis" oferecem princípios úteis para prever excelência em desempenho corporativo. Nos seus famosos livros *Feitas para durar*, *Empresas feitas para vencer* e *Vencedoras por opção*, ele mostra como empresas com bons resultados alcançaram excelentes resultados durante um período de quinze anos. Collins concluiu que a combinação de fatores como propósito estratégico ambicioso, objetivos claros e cultura construída em torno da criatividade e da disciplina é o que destaca as empresas vencedoras das outras.

O **terceiro círculo de performance** a ser considerado é o estudo da dinâmica do *top team*, ou seja, como se dá a interação entre o CEO e o seu time executivo. As pesquisas revelam vários indicadores que preveem a performance financeira de uma empresa. Devido à nossa trajetória como consultores organizacionais e coaches trabalhando diretamente com times executivos, este é o círculo em que iremos focar a nossa contribuição nesta obra.

O conhecimento presente na intersecção desses três círculos de performance – **potencial de negócios, diferenciais estratégicos e**

culturais e efetividade do time executivo – fornecerá boas indicações de como será o desempenho de um negócio e por quanto tempo.

OBJETIVOS E ESTRUTURA DO LIVRO

Este livro tem três objetivos interrelacionados e está dividido em oito capítulos – todos baseados em dados e focados em como o CEO e o time executivo, operando como uma unidade colaborativa, podem fazer a diferença máxima nos resultados e na cultura da companhia.

O primeiro objetivo do livro é **ensinar times executivos a colaborarem para tomar decisões mais efetivas** e estimular todas as áreas da organização a gerar mais valor para clientes e acionistas. É sobre entender o papel único dos times executivos no século XXI e criar novas maneiras de trabalhar com autonomia, empreendedorismo e resultados excelentes. Quanto mais um time executivo é efetivo, maior é a probabilidade de os outros times na organização seguirem esse modelo. Para ilustrar tais comportamentos, mostraremos como os melhores times executivos desenvolvem e sustentam a alta performance, além de passos práticos para elevar o impacto de liderança do time executivo.

O segundo objetivo é **ajudar os times executivos a canalizarem energia, criatividade e comprometimento dos colaboradores em torno de um propósito significativo**. Trabalho feito com propósito move montanhas. Cada vez mais, as pessoas buscam contribuir para algo maior que a si mesmas, algo inspirador e que tenha impacto tangível no planeta e na sociedade. Vamos compartilhar abordagens que ajudem os líderes a engajar e atrair talentos críticos para servir a uma causa.

O terceiro objetivo é **oferecer metodologias e orientações práticas para ajudar os líderes a transformarem a cultura organizacional e os próprios comportamentos de liderança**, de maneira que se tornem mais autênticos e energizem o time executivo, os seus times diretos e a organização como um todo.

Os oito capítulos do livro estão organizados da seguinte maneira:

O **capítulo 1** é sobre propósito: o que é e como impulsiona a geração de resultados por meio da cultura, inspirando as pessoas a contribuírem com o que têm de melhor. Nunca foi tão necessário para as empresas conquistarem a contribuição genuína dos colaboradores; então, ter um propósito organizacional claro é essencial.

O **capítulo 2** mostra o que está mudando no papel do CEO e como os melhores profissionais sustentam a alta performance. Além disso, explicaremos por que a figura do CEO heroico têm efeito negativo no desempenho e são superados por líderes de perfil mais "modesto", que colocam os interesses do negócio em primeiro lugar.

O **capítulo 3** demonstra como a cultura de liderança adotada pelos CEOs no time executivo pode gerar ou destruir valor. Descreveremos o que é essencial para o desenvolvimento de um time executivo efetivo e as escolhas que os CEOs precisam fazer em relação à participação do time na tomada de decisões. Mostraremos aos investidores e aos Conselhos Administrativos como detectar os primeiros sinais de um time executivo "falso" e de uma cultura organizacional prejudicial ao desempenho.

Complementando as bases descritas no capítulo 3, o **capítulo 4** avança com exemplos reais de clientes, a fim de demonstrar mudanças específicas de mentalidade e comportamentos necessários para um time executivo alcançar o nível máximo de trabalho em equipe.

O **capítulo 5** apresenta níveis avançados de performance do time executivo que a maioria dos Boards e CEOs com os quais conversamos ainda não tiveram a oportunidade de vivenciar. Denominamos esse nível de Times AAA – em que o aumento de desempenho é gerado e sustentado. Com exemplos famosos da área organizacional e esportiva, revelaremos como inspirar o CEO e o time executivo a criarem a própria receita para o sucesso.

O **capítulo 6** explica as três características que ajudam a identificar um time executivo excelente. Na sequência, recomendaremos diversas dinâmicas que podem ser aplicadas no dia a dia, estimulando as pessoas a colaborarem mais entre si, trabalhando em níveis mais altos de interdependência.

O **capítulo 7** é sobre o papel do time executivo na transformação cultural. Por meio de exemplos reais, mostraremos como o time executivo pode promover ou ser a principal barreira para a transformação da organização. Nesse capítulo, descreveremos as principais abordagens que o time executivo pode utilizar a fim de engajar e mobilizar toda a companhia para a realização da estratégia. Também explicaremos o papel crítico que outros stakeholders (todas as partes interessadas no sucesso da empresa) têm nesse processo evolutivo e como trabalhar com eles, cultivando clareza e confiança, rumo à cultura desejada.

Por fim, fechamos o livro com o **capítulo 8**, compartilhando segredos valiosos de coaching executivo no campo da transformação pessoal. Essa etapa é crucial para que cada membro do time executivo seja percebido como um representante autêntico da transformação e, assim, lidere pelo exemplo. A mudança apenas se mantém quando os principais líderes da organização se tornam exemplos legítimos da mensagem. Para os muitos executivos que acreditam que as pessoas não mudam ou que mudanças de comportamento tendem a ser temporárias e superficiais, revelaremos processos-chave pelos quais CEOs e executivos seniores alcançaram transformações significativas e duráveis.

AJUDANDO A SUA EMPRESA A FAZER A DIFERENÇA

Diante da complexidade que as organizações enfrentam com os efeitos da pós-pandemia na economia global, da crise de saúde mental, dos alertas de mudança climática, só para citar alguns fatores, a necessidade de transformação e colaboração nas empresas é mais urgente do que nunca.

Nós acreditamos, assim como os proeminentes CEOs e executivos que contribuíram para a realização deste livro, que os times executivos não podem continuar operando com velhos paradigmas de "comando e controle" enquanto demandam iniciativa, criatividade e empreendedorismo das equipes.

Neste momento, é preciso *resetar* o jeito de liderar das organizações e, por isso, com *O poder dos times AAA*, pretendemos auxiliar CEOs, empreendedores, líderes seniores e profissionais de Recursos Humanos (RH) a desenvolverem os líderes do século XXI, ajudando, assim, as empresas a fazerem a diferença no mundo e alcançarem alta performance sustentável.

Cada vez mais,
as pessoas buscam
contribuir para
algo maior que a si mesmas,
algo inspirador e
que tenha impacto
tangível no planeta e
na sociedade.

1 propósito

Criando uma conexão verdadeira no ambiente de trabalho

"Passamos muito tempo
no trabalho
para permitir que
ele não tenha
um significado profundo."

SATYA NADELLA,
CEO Microsoft

De todas as métricas que impactam o desempenho dos negócios, a **clareza** com relação à estratégia e às prioridades – para onde a empresa está indo e qual é o melhor caminho para chegar lá – aparece em primeiro lugar. Além disso, o maior fator motivacional para o ser humano tem a ver com a clareza emocional, que está ligada à busca de sentido para a vida. É por esse motivo que um propósito organizacional claro deve incluir estas duas dimensões: clareza estratégica e emocional.

O QUE É PROPÓSITO E POR QUE É IMPORTANTE

A construção de um propósito organizacional – e o exemplo de liderança em torno dele – gera mais engajamento e performance sustentável de negócios do que qualquer outro fator. Um objetivo claro e estimulante projeta a organização para o futuro, evitando que ela seja definida pelo "olhar de retrovisor" em função das glórias do passado. O propósito dá sentido ao trabalho e mantém os colaboradores unidos em um "porquê" que mobiliza cada um a oferecer o seu melhor. Ele define o direcionamento da companhia até aquilo em que ela acredita e o valor que gera para a sociedade.

A professora Teresa Amabile, da Harvard Business School, traduziu bem esse entendimento ao chamar a atenção dos executivos:

Como líder sênior, talvez você acredite que já sabe qual é o seu papel número 1: desenvolver uma estratégia vencedora. Na verdade, esse é o papel número 1a. Você tem um segundo papel igualmente importante. Podemos chamá-lo de 1b: facilitar o engajamento e o progresso diário das pessoas que estão nas trincheiras da organização se esforçando para implementar a estratégia.[3]

O propósito só é efetivo à medida que os colaboradores entendem e se conectam com a mensagem e os valores dele. O guru de alta performance Jim Collins alerta que construir uma empresa fundada em propósito "requer 1% de inspiração e 99% de alinhamento".[4]

A C&A Brasil é uma empresa familiar de varejo de origem europeia. Durante dez anos, ela vinha perdendo mercado no Brasil, quando um novo CEO foi nomeado para reverter a situação. Percebendo que a empresa vivia dos sucessos do passado, ele de imediato definiu uma estratégia robusta de crescimento futuro, a qual se tornaria a base para um novo e animador propósito. Analistas de mercado constataram que a empresa estava mal posicionada nos segmentos em que aspirava crescer. Uma pesquisa com os colaboradores revelou mais razões para o desempenho ruim do negócio. Os colaboradores sentiam que a empresa só se preocupava com os resultados financeiros, as áreas competiam entre si em vez de trabalharem juntas e a liderança preferia ouvir consultores externos a escutar o próprio pessoal. Motivação e responsabilização se destacavam no time executivo, mas os resultados despencavam nos níveis mais baixos da hierarquia, nos quais eram substituídos por frustração e medo. As decisões eram tomadas de cima para baixo pelo time executivo e executadas sem maiores questionamentos pelos gerentes e demais colaboradores.

Para reverter o desempenho do negócio, o CEO adotou medidas opostas às de seu antecessor, preferindo empoderar a controlar. Ele queria estimular ideias novas e trabalho em equipe entre as diferentes áreas, com foco em servir e fidelizar o cliente. No entanto, como fazer isso? Durante um dia inteiro, em um workshop realizado fora do escritório, o CEO e sua equipe direta debateram sobre os desafios que tinham diante de si e os dispuseram em ordem de prioridade. No dia seguinte, com a energia renovada, começaram a pensar no que poderia ajudá-los a superar as barreiras e vencer. Assim, dividiram-se em dois grupos para um brainstorming, enquanto caminhavam em uma floresta localizada ao lado do hotel em que estavam hospedados. O objetivo era identificar os principais elementos de um novo propósito, que posteriormente apresentariam para toda a organização. Por acaso, os dois grupos se encontraram no meio da caminhada e decidiram reunir-se no topo de uma colina para comparar suas ideias.

À medida que conversavam, percebiam que as ideias eram bastante diferentes da realidade que viviam na empresa. Em algumas horas de inspiração coletiva, criaram o novo propósito, reunindo seus pensamentos em três parágrafos. Escreveram sobre o compromisso diário de amar o cliente, trabalhar em times multifuncionais para resolver os problemas do cliente e ajudar cada colaborador a se tornar a melhor versão de si mesmo. A linguagem escolhida era inovadora, vibrante e cheia de emoção, e os executivos se surpreenderam com o quanto aquilo soava bem! O propósito era tão diferente em termos de ambição e tom de tudo o que eles escutaram antes na empresa, que os executivos se preocuparam com o modo como os demais receberiam a mensagem.

Para testar as novas ideias, eles planejaram cuidadosamente um workshop no mesmo formato com o próximo nível de liderança, a fim de que esses profissionais pudessem compartilhar como se sentiam em relação à empresa, conhecer o novo propósito e até sugerir mudanças em algumas partes do texto para torná-lo ainda mais forte. Assim que os líderes entenderam a necessidade de mudança, ficaram tão animados com o novo propósito quanto o time executivo. Trabalharam juntos para transformar o propósito em um plano de ação prático, o apresentaram para o time executivo e combinaram os próximos passos do plano.

O time executivo, com a ajuda dos líderes seniores, comunicou o novo propósito e o plano de ação para toda a empresa em linguagem simples e direta, a fim de que todos os colaboradores pudessem se conectar. A mobilização foi planejada cuidadosamente para engajar camadas sucessivas de colaboradores por meio de dinâmicas inovadoras facilitadas por grupos multifuncionais de gestores. A energia positiva em torno do novo propósito começou a fluir em todos os níveis, criando *momentum* e combustível para a mudança. Muitos colaboradores que não se sentiam ouvidos havia anos se ofereceram para liderar iniciativas ligadas ao novo propósito.

Os resultados da empresa começaram a melhorar, especialmente o crescimento da receita, em uma velocidade muito mais rápida que a da concorrência. Era uma evidência de que o novo propósito centrado no cliente estava sendo traduzido em satisfação com os produtos e com a experiência nas lojas. Novidades sobre o renascimento da empresa se espalharam depressa pelos corredores e começaram a atrair novos talentos, que trouxeram ideias e experiências muito ricas. O foco intenso no novo propósito durante dois anos possibilitou à empresa reconquistar a posição número 1 no Brasil com o maior crescimento de lojas da história da empresa. A operação brasileira não só conseguiu ultrapassar as metas financeiras arrojadas estabelecidas pela matriz na Europa como também atingiu o maior índice de engajamento de colaboradores da indústria, tornando-se benchmark.

O presidente do Conselho da empresa visitou o Brasil para entender o que o time brasileiro estava fazendo para atingir esses resultados. Ele caminhou pela empresa desacompanhado para conversar livremente com as pessoas e, em uma reunião antes de voltar para a Europa, ele parabenizou o time executivo pelos resultados, comentando que estava impressionado com o grau de colaboração entre as áreas e o alinhamento de valores. Ele disse que o time atingira uma posição no varejo que não havia visto em nenhum outro lugar e que eles podiam se sentir orgulhosos.

Paulo Correa, CEO da C&A Brasil, e Milton Lucato, CFO (*Chief Financial Officer* ou vice-presidente de finanças), foram membros-chave do time de liderança que iniciou o processo de transformação. Em 2015, quando Correa foi nomeado CEO, ele se comprometeu em fortalecer ainda mais a realização do propósito original, juntamente com Lucato e os membros que formaram o novo time executivo.

Anos depois, ele atualizou alguns aspectos do propósito para torná-lo mais relevante a uma nova geração de colaboradores e levou o foco no cliente para o próximo nível, ativando ainda mais a inovação e a experiência do cliente e centrando ainda mais a cultura da empresa em pessoas. Após oito anos de trabalho consistente em torno do propósito e dos valores, por meio do esforço coletivo de dois CEOs, seus times executivos e uma nova geração de líderes, a C&A Brasil se tornou a única empresa de varejo no Brasil a atingir um índice de engajamento P90 (ou percentil 90, que significa estar entre as 10% com melhor engajamento do país).

Esse exemplo nos mostra que um propósito claro e desafiador atrai os melhores talentos do mercado e desenvolve o perfil de liderança da organização. Setores de suporte ao negócio como o Financeiro e o Jurídico se reinventaram por meio da criação de novas maneiras de mensurar e entregar valor para o cliente final. Pessoas com perfil técnico/especialista que ocupavam posições--chave de liderança foram gradativamente substituídas por um mix de líderes inspiradores – a maioria promovida internamente e alguns vindos do mercado. Para esses líderes, trabalhar de maneira colaborativa entre áreas com foco na estratégia e no cliente era algo natural e desejado.

A IMPORTÂNCIA DA CONEXÃO PESSOAL COM O PROPÓSITO DA COMPANHIA

Muitas pessoas querem fazer a diferença no mundo e buscam uma empresa que compartilhe seus sonhos. Steve Jobs, da Apple, enviou uma passagem área para um dos melhores programadores de software que ele queria contratar. Ao final de uma conversa de três horas, Steve falou: "Pense em surfar na crista da onda. É muito divertido! Agora pense em você em uma canoa lá no finalzinho da onda. Não seria nem de perto a mesma sensação. Venha para cá e vamos fazer um barulhinho no universo". Como você se sentiria se ouvisse isso do Steve Jobs?

O CEO da Microsoft, Satya Nadella, entrou para a equipe da empresa de software em 1992 porque queria "trabalhar em uma companhia cheia de gente que acreditasse que a missão deles era mudar o mundo".[5]

O propósito da sua organização deve ser um modelo de negócios ousado que expanda as fronteiras de atuação. Um ótimo exemplo disso é o Laboratório de Propulsão a Jato da NASA (cuja sigla em inglês é JPL), dedicado a projetar e operar robótica espacial avançada. O propósito do JPL é "atrever-se a fazer coisas poderosas", inspirado na frase de Roosevelt: "É muito melhor atrever-se a fazer coisas poderosas, vencer batalhas gloriosas, ainda que alternadas de fracassos, do que ter um desses espíritos pobres, que nem comemoram muito, nem sofrem muito, porque vivem no intermediário, que não conhece nem a vitória, nem a derrota".

No dia 18 de fevereiro de 2021, o mundo assistiu à aterrissagem precisa do veículo espacial Perseverança, a 483 milhões de quilômetros de distância, em uma das áreas mais acidentadas de Marte. Perseverança viajou acompanhado de Ingenuidade, o primeiro helicóptero a ir para outro planeta. A sua descida de paraquedas foi filmada em tempo real por um satélite orbital em Marte, a 700 quilômetros de distância, viajando a 3 km/s. Tantas coisas poderiam ter dado errado durante a desaceleração automática de Perseverança de 19 mil km/h até parar durante os sete minutos que percorreu a atmosfera de Marte. No entanto, na cultura da JPL, não havia espaço para desistência. A enorme comemoração com a aterrissagem bem-sucedida de Perseverança, a que o mundo assistiu pela TV da NASA, só aconteceu porque os engenheiros da equipe "atreveram-se a fazer coisas poderosas" e conseguiram. Eles estavam vivendo o seu propósito.

O ex-CEO da Disney, Bob Iger, definiu o seguinte propósito da empresa: "Entreter, informar e inspirar pessoas ao redor do mundo por meio de *storytelling* inigualável". Esse propósito claro permitiu que a Disney crescesse e se reinventasse, enquanto preservava a sua herança dos lendários personagens em quadrinhos e desenhos animados. Foi o que encorajou Iger a fazer aquisições ousadas, como a Pixar (fundada por Steve Jobs e Ed Catmull), a 20th Century Fox (de Rupert Murdoch) e a Marvel Pictures, cuja excelência em *storytelling* rejuvenesceu e fortaleceu a marca da Disney, atualizando sua tecnologia e tornando-a mais diversa e relevante para um perfil maior de consumidores. O novo propósito foi construído com base na tradição da Disney de contar histórias e expandido para que personagens clássicos como Mickey Mouse, Branca de Neve e os 101 dálmatas pudessem receber os novos integrantes do elenco, tais como os de Toy Story, WALL-E e Avatar.

O propósito ajuda a acender a paixão, mas também estabelece limites sobre o foco da organização e favorece escolhas estratégicas em relação a onde investir recursos escassos. Michael Porter afirmou que "a essência da estratégia é escolher o que não fazer".[6] Mais recentemente, Satya Nadella afirmou que "liderar é fazer escolhas e engajar o time nessas escolhas".[7] No exemplo citado da C&A Brasil, o CEO passou a defender que o novo jeito da empresa de liderar, empoderando as pessoas para além dos silos e da hierarquia e fazendo com que colaborassem entre si com foco no cliente – o "como" – era o ativo mais valioso da organização, pois era o mais difícil de ser imitado.

SERVINDO A UMA CAUSA MAIOR QUE A SI MESMO

A questão do papel social dos negócios está na mira dos CEOs há muitos anos. Várias empresas firmaram propósitos que contribuem para a construção de um mundo melhor – seja por meio de serviços de saúde, cooperando para um planeta mais limpo, para reverter a questão da fome, os problemas da mudança climática, da desvantagem no sistema educacional, dos direitos das minorias, da corrupção na política e dos direitos humanos. Em entrevista recente ao *The New York Times*, a ex-CEO da empresa familiar de roupas esportivas Patagonia, Rose Marcario, indagou: "Como podemos usar os negócios como uma força para o bem, em vez de promover a ganância? Para gerar empregos e dar às pessoas o sentimento de bem-estar de que elas estão ajudando o planeta, e não destruindo-o?".[8]

É importante prestar a devida atenção a esses propósitos, pois, de acordo com Fred Kofman,[9] um estudo de 2014, realizado com trezentas empresas, mostrou que 94% dos *millennials* preocupam-se em usar suas habilidades para gerar impacto positivo no mundo. Outra pesquisa aponta que mais de 50% estariam dispostos a trabalhar por um salário menor para companhias com as quais tivessem afinidade de valores. Tais dados indicam que as novas gerações têm maior consciência sobre os impactos individuais e coletivos no mundo, e que vão querer trabalhar em empresas (ou consumir delas) cujos objetivos se alinham com os seus.

COMO O PROPÓSITO ESTIMULA A MOTIVAÇÃO E A PERFORMANCE

Uma pesquisa com 88 empresas conduzida pelo professor Richard Ellsworth,[10] da Universidade de Claremont, Califórnia, comparou o impacto de três tipos de propósitos corporativos na cultura das empresas.

As alternativas eram:
1. Propósito centrado apenas no acionista;
2. Propósito centrado apenas no cliente;
3. Propósito balanceado entre dois ou mais stakeholders.

Um estudo posterior, realizado pelo mesmo pesquisador, elegeu um subgrupo de 23 empresas cujos valores corporativos estavam bem enraizados – e mensurou o desempenho financeiro dessas corporações por dez anos, comparando o retorno monetário para os acionistas com a média do setor. Essas informações foram então organizadas de modo a considerar os dados financeiros e cada um dos três tipos de propósito mencionados: centrado no acionista, centrado no cliente ou balanceado entre um mix de stakeholders.

Antes de divulgarmos os resultados da pesquisa, pedimos que responda mentalmente às duas questões abaixo, de acordo com a sua experiência e intuição:

- Qual dos três tipos de propósito mais fortaleceu a cultura das organizações?
- Pensando como um investidor focado apenas no retorno financeiro, qual dos três tipos de propósito você acha que geraria o melhor retorno?

Agora que você já fez as suas apostas, vamos começar a analisar a primeira questão: **que tipo de propósito mais ajuda a fortalecer a cultura corporativa?** Considere que uma cultura forte mede o quanto os colaboradores acreditam no propósito e nos valores da companhia, e por isso agem de acordo com eles.

O estudo mostrou que empresas cujo propósito é centrado unicamente em servir os clientes são as mais efetivas na criação de culturas corporativas fortes. Se comparadas às organizações cujo propósito é focado em um mix de stakeholders, as centradas exclusivamente em clientes têm mais que o dobro de efetividade; e mais que o triplo em relação às com propósitos focados apenas nos acionistas.

Os números dessa pesquisa revelam que os colaboradores se sentem menos motivados em servir interesses de acionistas anônimos – e mais energizados em trabalhar para uma empresa focada em servir o cliente.

Vamos à segunda questão: **qual dos três tipos de propósito corporativo proporciona retorno financeiro mais alto em um período de dez anos?** Para responder a essa pergunta, a pesquisa acompanhou o resultado das 23 empresas que estavam no primeiro quartil (25% das que apresentavam culturas mais fortes) durante dez anos e comparou esses números com o resultado financeiro da indústria no mesmo período. Muitos executivos para quem perguntamos isso responderam instintivamente que as corporações com o propósito centrado em múltiplos stakeholders (clientes, colaboradores, fornecedores, acionistas etc.) teriam retorno financeiro melhor do que as que focavam em apenas um.

No entanto, o estudo mostrou justamente o contrário. A opção que gerou retornos financeiros mais baixos para os acionistas, quando comparada com a média da indústria (84%), foi a das empresas cujo propósito focava múltiplos stakeholders. O desejo de agradar a todos parece ter feito com que as empresas dispersassem a sua energia em várias frentes, atendendo apenas parcialmente a cada um dos stakeholders. Como costuma dizer Pedro Lima, CEO do Grupo 3corações, "quando o abraço é muito grande, ele fica frouxo".

As **companhias focadas em um único stakeholder (acionistas ou clientes) apresentaram um desenvolvimento consideravelmente melhor** do que a média do setor porque tinham maior clareza de direcionamento e de prioridades. As empresas cujo propósito era centrado unicamente no cliente alcançaram resultados equivalentes a 136%, enquanto as focadas exclusivamente no acionista tiveram resultados de 117% em comparação com a indústria.

Logo, tanto na perspectiva de geração de retorno financeiro de longo prazo quanto na construção de uma cultura coesa, com valores fortes que engajem os colaboradores, as pesquisas comprovam que um propósito organizacional focado exclusivamente em servir o cliente é a melhor opção para alcançar a alta performance sustentável.

Os estudos também apontam que os colaboradores estão mais dispostos a se esforçar em atividades significativas – e que um propósito organizacional focado em servir o cliente com excelência ativa o desejo intrínseco do ser humano de ser útil –, o que, por sua vez, acaba maximizando o retorno financeiro do acionista em longo prazo.

Por meio de seu propósito organizacional, a global Unilever, por exemplo, desde sua fundação é pioneira na contribuição para um mundo melhor e para o fortalecimento de comunidades.

UNILEVER: MANTENDO UM PROPÓSITO ORGANIZACIONAL POR VÁRIAS GERAÇÕES DE CEOs

Ao conversar conosco sobre propósito, o CEO da Unilever, Alan Jope, referiu-se a um dos fundadores da empresa, William Lever, que em 1870 declarou que a missão da empresa no Reino Unido era "tornar a limpeza um lugar comum e facilitar o trabalho das mulheres". Tal propósito estava bem à frente do seu tempo, revelando foco na saúde pública e uma perspectiva feminista de que o trabalho pesado das mulheres para manter a casa limpa e organizada limitava o potencial delas. Desde então, a Unilever é reconhecida como uma líder global em negócios sustentáveis.

O ex-CEO Paul Polman iniciou um trabalho de mobilização da empresa para fazer a diferença nas comunidades e inspirar todos os colaboradores a sentirem orgulho das práticas da Unilever. Dando continuidade ao legado de Polman, Alan Jope mostra uma ambição genuína e crença de que o papel dos negócios é ajudar a criar um mundo melhor por meio de propósito. Ele tem, a passos largos, inserido sua filosofia nas métricas de negócio e na cultura do dia a dia da empresa. O CEO admitiu ter uma forte conexão pessoal com os quatro valores da organização: integridade, respeito, responsabilidade e pioneirismo – este sendo o seu favorito, o que é evidenciado pela sua declarada paixão por aventura e motociclismo. Ele e três amigos já completaram três quartos de uma volta ao mundo, indo do Alasca até Sidney (na Austrália), cruzando o deserto de Gobi, o noroeste da África e o Saara.

A Unilever se descreve como uma empresa guiada por um propósito e que mira o futuro. Atualmente, o seu propósito é "tornar a vida sustentável lugar-comum". Ele foi construído em torno de três crenças: "marcas com propósito crescem"; "negócios com propósito duram" e "pessoas com propósito vencem". Alan Jope nos disse, animado: "Eu realmente acredito nisso".[11] Em junho de 2019, ele anunciou publicamente as "Marcas Sustentáveis da Unilever". As marcas da empresa com um forte propósito ambiental ou social estavam crescendo 69% mais rápido do que o restante do portfólio e somavam uma fatia de 75% das novas fontes de crescimento.

Jope acredita que a escolha entre propósito e lucro é uma ilusão. "Conduzir os negócios de maneira sustentável, agir com responsabilidade, ser uma organização orientada por propósito é o caminho para melhorar seu desempenho financeiro. E nós estamos bem o bastante para poder provar que isso é verdade."[12] Jope afirma que, "além de melhores resultados financeiros, os jovens querem trabalhar em empresas comprometidas em fazer negócios da maneira correta". Comprovando esse ponto, a Unilever é hoje a empregadora de preferência em 52 dos 54 países em que opera. Jope explica que o fato de ser uma organização guiada por um propósito tornou a Unilever um ímã para talentos, pois "os mais jovens querem fazer parte de empresas assim".

Outro exemplo de Alan Jope sobre como o propósito pode moldar comportamentos exemplares aconteceu bem no início da pandemia de covid-19. Em um sábado de manhã, o líder global de Supply Chain da empresa, Mark Engel, ligou para o CEO com um pedido pouco usual. Ele queria permissão para comprar 250 mil testes de covid. "Isso foi em abril, antes de as pessoas começarem a falar sobre testes de covid",[13] disse Jope.

Mark estava preocupado com a saúde dos 25 mil colaboradores que trabalhavam nas plantações de chá da Unilever ao redor do mundo, pois, caso houvesse uma explosão de covid, o acesso a hospitais e facilidades médicas em muitas regiões seria difícil. "Quero sua permissão para construir um hospital em cada plantação de chá e contratar equipes médicas, pois, se a covid atacar, estaremos prontos para atender as pessoas." Em poucas semanas, bem antes de os governos se mobilizarem para fazer o mesmo, Mark implantou um sistema de cinco níveis para as fábricas da companhia. Se uma planta atingisse o nível cinco, ela seria fechada e só reabriria após a desinfecção do local e testagem de todos os colaboradores e suas famílias, a fim de garantir a segurança de todos. A disposição de Mark de descomplicar a situação e colocar as pessoas em primeiro lugar foi uma atitude inestimável para o negócio.

TURBINANDO O IMPACTO DO PROPÓSITO POR MEIO DA CLAREZA PESSOAL

Uma das descobertas mais fascinantes da área de desenvolvimento organizacional é que as pessoas que sabem seu propósito individual estão mais propensas a se comprometerem com uma organização cujo propósito esteja alinhado ao seu.

Pensando nisso, desde 2017, a Unilever realiza o "Descobrindo seu propósito", um workshop interno com duração de um dia e conduzido por colaboradores treinados. Ao escutar e compartilhar histórias pessoais significativas, os participantes aprendem a identificar princípios importantes e a expressar em uma frase o seu propósito pessoal. A participação no programa é voluntária e, devido à recomendação boca a boca, já contou com a presença de 55 mil colaboradores ao redor do mundo – um terço da companhia.

Essa iniciativa – ao ajudar as pessoas a se conscientizarem daquilo que as motiva, conferindo mais significado às suas vidas – possibilitou aos colaboradores se conectarem de modo mais profundo com a empresa. Muitos participantes saem do encontro gratos pela experiência, afirmando que aquele foi "o melhor dia que tiveram na Unilever". A gerente global de Desenvolvimento de Liderança da empresa, Loes Schrijvers, comenta que um dos benefícios do programa é que se tornou parte da cultura da Unilever as pessoas se apresentarem dizendo "Meu nome é... e meu propósito é..." – ressaltando como esses workshops conectaram os colaboradores ao redor do mundo. "Isso fez com que a nossa grande empresa parecesse pequena novamente!",[14] comemora Loes.

Há muitas evidências de que uma reflexão sobre o propósito pessoal afeta de maneira positiva a motivação intrínseca. E isso, por sua vez, afeta o modo como as pessoas utilizam sua energia para além do trabalho demandado. Os colaboradores se sentirão mais inspirados a gastar sua energia discricionária em uma causa quando se sentirem emocionalmente ligados a ela.

Em parceria com a London School of Economics (LSE), a Unilever está conduzindo um estudo de controle randomizado dos participantes do workshop "Descobrindo seu propósito". O objetivo é analisar o comportamento das pessoas antes, imediatamente após e seis meses depois da realização do workshop, perguntando-lhes: "O que mudou?". Os resultados preliminares registraram impacto significativo na mentalidade e nos comportamentos que fazem parte do *Standards of Leadership* (modelo de liderança da Unilever), incluindo aumento na agilidade, na motivação intrínseca, no autocontrole e na conexão com colegas de trabalho. A LSE está aprofundando a pesquisa ao analisar o impacto direto do propósito na produtividade e nos resultados de negócio. O estudo completo deve ser publicado em 2022.

Evidências preliminares do impacto que a clareza de propósito pessoal tem no comprometimento

Segundo o diretor global de estudos analíticos da Unilever, Hesham Ahmed, análises preliminares mostram aumentos significativos nos níveis de esforço discricionário entre as pessoas que afirmam estar vivendo o seu propósito. Apesar de haver outros indicadores, há duas questões-chave da pesquisa anual de engajamento que apresentam correlações positivas:

1. Eu posso viver o meu propósito trabalhando na Unilever;
2. O meu trabalho me inspira a contribuir além do que é solicitado.

Em 2020, 92% das pessoas que responderam que podem viver seu propósito na Unilever também afirmaram que o trabalho as inspira a contribuir além do solicitado (esforço discricionário). Quando comparadas com aquelas que responderam que não conseguem viver seu propósito no trabalho, a resposta para a questão sobre esforço discricionário cai para 42%. Nos anos anteriores, essa correlação foi ainda maior.

Em 2019, 92% também afirmaram dar o esforço discricionário se eles podem viver o propósito; mas sem viver propósito, o resultado para a questão sobre contribuir além do que é solicitado caiu para 33%.

Esses números sugerem que os colaboradores que sentem que a empresa os ajuda a atingirem o seu propósito estão duas a três vezes mais propensos a dar a sua milha extra no trabalho. Como disse o CEO Alan Jope: "A correlação é gigantesca!".[15]

Como cientista de dados, Ahmed afirmou que, a princípio, tinha dúvidas quanto a participar do programa: "Eu estava bastante cético em relação ao workshop, mas alguém que trabalha comigo me recomendou. Muitas pessoas decidiram participar do evento por recomendação de colegas."[16] Ahmed nos contou que o programa viralizou na Unilever, ganhando um efeito de redes, como um contágio social.

A empresa aproveitou os feedbacks dos participantes do workshop e um dos benefícios-chave disso foi a criação de uma linguagem comum para discutir com os colegas "do que as pessoas são feitas". "Culturalmente, tornou-se aceitável mostrar um grau de vulnerabilidade e falar do que nos inspira. Quando agimos desse jeito, nos tornamos menos defensivos. Compartilhar algumas coisas nos aproxima um pouco mais uns dos outros",[17] disse Ahmed.

O propósito pode funcionar como uma indicação de aonde as pessoas querem chegar, algo a ser explorado pelos líderes em conversas com seu time sobre desenvolvimento de carreira, ajudando os colaboradores a identificarem suas motivações. Um benefício menos óbvio do propósito pessoal é permitir que as pessoas encontrem motivação em suas funções atuais. Ahmed compartilhou a história de uma assistente executiva que ilustra bem esse ponto:

Às vezes, você é empurrado para várias direções diferentes por pessoas lhe explicando o que é sucesso, mas é o propósito que o ajudará a criar a sua própria definição de sucesso. No caso da assistente executiva, o propósito dela era 'servir a Deus, sua família e seus colegas', e ela sentiu que estava vivendo o seu propósito por ter a oportunidade de ajudar os colegas no trabalho.[18]

Todas essas ações da empresa contribuíram para criar um laço mais forte entre as pessoas e a Unilever. O diretor comentou que alguns colaboradores sentem-se gratos por receberem a mensagem da empresa: "Ei, nós estamos lhe dando um dia para fazer uma reflexão pessoal. Vamos orientá-lo nesse processo. Se surgirem coisas relacionadas ao trabalho como resultado dessa reflexão, ótimo. Se não, não se preocupe". De fato, nem todas as organizações estão dispostas a investir um dia de trabalho em uma atividade como essa.

Resumindo os benefícios, Ahmed falou sobre "uma mudança cultural sutil que leva tempo" e explicou que o impacto cumulativo de pequenos estímulos é mais poderoso do que uma única bala de prata. "São coisas pequenas, mas que trazem um benefício real. É como um empurrãozinho que, ao longo do tempo e em escala, se torna algo grande e importante. Acredito que a participação voluntária ajudou, pois as pessoas que acharam o programa útil recomendaram a outros, e isso criou um círculo virtuoso."[19]

Confirmando a crença do CEO Alan Jope de que uma organização guiada por propósito melhora a performance financeira, Ahmed compartilhou dados que mostram uma correlação positiva entre propósito da empresa, práticas de negócio sustentáveis e desempenho financeiro. Por três anos consecutivos, os locais em que os colaboradores revelaram estar mais conectados com o seu trabalho contribuíram mais para o plano de negócios da Unilever, reportando crescimento no desempenho financeiro.

CONSTRUINDO UM PROPÓSITO INSPIRADOR: O QUE FAZER E O QUE NÃO FAZER

O filósofo grego Aristóteles ensinou que, se quisermos comunicar uma mensagem que leve as pessoas à ação, é preciso apelar para três necessidades humanas básicas. Primeiro, deve-se explicar racionalmente por que fazer aquilo é importante de maneira lógica, factual e estruturada (Logos). Segundo, as pessoas precisam acreditar que a causa é justa, que é a coisa certa a ser feita (Ethos). E terceiro, o elemento que a maioria dos executivos deixa passar, é preciso mexer com o emocional das pessoas para que elas decidam se comprometer e agir (Pathos).[20] Se você comunicar um novo empreendimento de modo que faça sentido para os colaboradores, seja considerado moralmente correto e fale ao coração deles, esse projeto tem tudo para ser um grande sucesso.

Como vimos nos estudos sobre diferentes tipos de propósito e seu impacto na cultura e na performance, é mais difícil engajar os colaboradores ou se destacar no mercado com frases comuns e utilitárias, como os exemplos abaixo:

"Gerar retorno superior para os acionistas." O foco é no retorno financeiro. Pode ser interessante para investidores e executivos, mas não "conversa" com os colaboradores.

"Ser reconhecida por gerar valor de forma sustentável para clientes, colaboradores e acionistas." Centrado em vários stakeholders, e sinal claro de um time executivo que quer agradar a todos e disfarça a falta de foco com uma retórica inexpressiva.

Compare a falta de apelo emocional nas frases anteriores com os propósitos a seguir:

"Organizar as informações do mundo todo e torná-las universalmente acessíveis e úteis." (Google)

"Criar oportunidades econômicas para todos os membros da força de trabalho global." (LinkedIn)

"Ajudar mais e mais pessoas a vivenciarem o bem-estar financeiro." (BlackRock)

"Celebrar e libertar a diversidade da sua beleza." (Coty)

"Empoderar todas as pessoas e organizações do planeta para realizarem mais." (Microsoft)

COMO CRIAR UMA DECLARAÇÃO DE PROPÓSITO PARA A SUA ORGANIZAÇÃO

O objetivo é criar uma declaração de propósito que dialogue com a maior quantidade possível de colaboradores, de todos os níveis e todas as áreas da companhia. Ela deve ser consistente com a estratégia e expressar os valores mais importantes da organização.

O processo básico para criar essa declaração segue os seguintes passos:

1. Defina por que a sua empresa existe, qual é a essência do negócio. Examine as crenças dos fundadores, a história e os valores da companhia ao longo do tempo. Liste e debata declarações de propósito existentes, pergunte aos colaboradores com anos de casa e também aos novos: "Qual a nossa razão de existir como empresa?".
2. Identifique os grupos-chave de clientes que a empresa atende hoje e que deseja atender no futuro.
3. Identifique como a sua empresa pode se destacar dos concorrentes no mercado. O que vocês têm condições de fazer melhor do que ninguém e o que os clientes realmente valorizam?
4. Liste o que as pessoas mais desejam para a organização no futuro: o que desperta a emoção e a paixão delas? Tal clareza emocional é o que servirá de combustível para que as pessoas continuem os esforços de transformação.
5. Identifique as palavras-chave que melhor definem a sua organização e as combine em uma declaração de propósito concisa e significativa.
6. Apresente a declaração de propósito para os grupos importantes na empresa e peça-lhes feedbacks: pergunte o que ficou claro e o que não ficou, do que mais gostaram, o que eles mudariam ou acrescentariam para criar um impacto mais positivo. Esse processo é essencial para que as pessoas se apropriem do propósito, pois faz com que elas o entendam e se sintam ouvidas. Os autores da primeira versão da declaração devem estar dispostos a desapegar de sua criação, mantendo-se abertos para as contribuições dos colaboradores.
7. Revise os feedbacks coletados e incorpore o que fizer sentido, considerando a representatividade dos grupos envolvidos. Comunique a declaração de propósito de maneira criativa e alinhada com a cultura da empresa.

8. Revise a declaração de propósito a cada quatro ou cinco anos para checar se ainda representa os valores de uma nova geração de colaboradores e se mantém o nível desejado de desafios e motivação para conseguir extrair o melhor do time executivo e de todas as equipes.

Agora você deve estar se perguntando: *Quem são as melhores pessoas na empresa para elaborar uma declaração de propósito?*

O papel do time executivo na criação do propósito organizacional

A elaboração do propósito da empresa não é algo a ser delegado ao RH ou à área de Comunicação Interna, pois nenhum setor funcional possui a legitimidade necessária para criar a essência da empresa e estabelecer as bases da sua cultura. Por ser uma atividade tão fundamental, também não deve ser terceirizada a consultorias externas para economizar tempo ou encobrir a falta de comprometimento dos executivos.

O time executivo não deve ser envolvido apenas para "validar uma sugestão" esboçada por consultores, e propósitos robustos não nascem em grupos de média gerência nem de pesquisas com clientes. A criação ou a revisão do propósito organizacional compreende inspiração, conexão emocional e pensamento estratégico claro. É um processo cujo resultado define o DNA cultural da empresa, seu senso de identidade. Por isso, somente um grupo reúne as características de amplitude estratégica e legitimidade para liderar tal trabalho: o time executivo.

Por quê? Porque se trata de fazer escolhas estratégicas sobre o futuro da empresa, sobre os clientes que ela quer servir e a cultura desejada que será a base para a excelência a ser alcançada. Definir essas diretrizes são prerrogativas do time executivo. As contribuições dos outros grupos de stakeholders, como fornecer insights, refinar o propósito e comunicá-lo para a organização, são importantes. No entanto, somente o CEO e o time executivo estão aptos para identificar a característica mais duradoura da organização – a sua alma. E isso garante que o propósito tenha um impacto duradouro.

Sem esse compromisso, a declaração de propósito será reduzida a pôsteres sem qualquer eficácia que adornam as paredes de tantos escritórios por aí. A real importância do propósito e dos valores organizacionais será confirmada com o passar do tempo, pela consistência com a qual suas mensagens serão priorizadas e vivenciadas pelos executivos e colaboradores diante das distrações do dia a dia.

Para que o propósito se destaque, as pessoas precisam perceber o quanto ele é "sagrado".

A criação ou
a revisão do
propósito organizacional
compreende
inspiração,
conexão emocional
e pensamento
estratégico claro.

times reais

Três pré-condições para um time executivo de alta performance

"O jogo não é mais
sobre contratar grandes talentos.
É sobre contratar talentos
capazes de formar grandes times."

BRIAN CORNELL, CEO Target

O famoso lema *E pluribus unum* ("Dentre muitos, um") estampado no brasão dos Estados Unidos expressa o valor que é pilar de muitas democracias. Influenciados por essa ideia – hoje em dia encontrada nas empresas em expressões mais comuns como "juntos somos mais fortes" –, **os times executivos de destaque acreditam que os seus membros conseguem produzir melhor agindo juntos do que separados**. É o que prega o princípio da Gestalt: "O todo é maior que a soma das partes".

Existiria alguma maneira melhor de trabalhar do que garantir que **diferentes áreas de negócio colaborassem em prol do interesse maior da organização?** De que outro modo um time executivo poderia tomar decisões complexas e resolver temas estratégicos e de execução a não ser colocando a **prioridade coletiva acima das individuais?** Parece evidente que muitas cabeças pensando juntas são mais poderosas do que uma só, não é? No entanto, ainda que acreditemos nesse princípio, provar que o desempenho de times executivos é superior ao de indivíduos trabalhando de maneira isolada pode ser difícil na prática. Há tempos as pesquisas do professor do Instituto Europeu de Administração de Empresas (INSEAD), André Laurent, comprovaram que equipes diversas – a menos que a questão de diferentes nacionalidades e funções seja devidamente gerenciada – costumam dar mais errado do que certo em termos de resultados.[21]

Várias pesquisas a serem apresentadas ao longo deste capítulo indicam que poucas equipes conseguem de fato atuar em um nível de alinhamento e velocidade necessários para sustentar a alta performance. A maioria dos CEOs e de seus times diretos tem dificuldade de liberar o potencial e a criatividade individual dos membros de modo a beneficiar a equipe como um todo, para que se movam juntos, na mesma direção e mais rápido que o mercado. A maioria nunca passa da primeira marcha.

Um estudo[22] realizado com 120 times executivos revelou que somente 21 a 24% (menos de um quarto) deles eram capazes de converter o impacto coletivo de suas equipes. Quais as causas dessa baixa performance?

Talvez você pense que é possível melhorar a performance de uma equipe executiva trocando seus membros de habilidade mediana pelos de alta, ou aumentando a capacitação técnica e experiência do time. Na prática, porém, o que impede uma melhor performance das equipes raramente tem a ver com desempenho individual ou falta de capacitação das pessoas. Então, o que faz a diferença? Assumindo que os membros do time possuem certa realização individual, experiência e capacidade de aprender, o que limita o desempenho coletivo das equipes pouco tem a ver com as pessoas em si, é mais uma questão de como elas interagem. Esse fator invisível é chamado de **dinâmica dos times**, modo de trabalhar ou *teaming*, termo em inglês cunhado pela professora de Harvard Amy Edmondson,[23] que escreveu um relevante livro sobre o tema com o mesmo nome.

Neste capítulo, nosso foco é identificar (e remover) as barreiras que impedem as equipes de começarem a própria jornada de alta performance. Se estivéssemos construindo um edifício, esta seria a fundação: as condições para construir uma base estável para o time executivo trabalhar unido e prosperar.

AS TRÊS PRÉ-CONDIÇÕES PARA QUE O TIME EXECUTIVO SEJA EFETIVO

A primeira pré-condição é que o CEO estabeleça um **"time real"**. Para isso, é preciso entender com clareza o que significa alta performance em uma equipe executiva. Uma vez que "times reais" no mundo dos negócios são raros e que o resultado que produzem são exponencialmente maiores do que os outros, queremos ajudar você a treinar o seu olhar, como se fosse um especialista em pedras preciosas capaz de diferenciar uma joia rara de uma pedra comum.

A segunda pré-condição é **ter as pessoas certas no time executivo**, de acordo com o propósito e a estratégia da empresa. Jim Collins[24] ficou famoso pela recomendação de ter "as pessoas certas no ônibus e as erradas fora dele". Vamos propor alguns critérios que ajudam a identificar quais executivos são capazes de se adaptar e contribuir com o propósito da equipe e quais podem estragar todo o trabalho. Você pode usar esse *checklist* para avaliar por que o impacto de alguns membros do seu time é mais positivo do que o de outros. Também é útil para identificar os melhores candidatos internos e externos que aspirem a fazer parte da equipe executiva.

A terceira pré-condição é o **tamanho do time** executivo. Vamos desafiar alguns mitos sobre amplitude de controle (*span of control*) de uma equipe executiva e analisar dados pouco conhecidos que ajudam a determinar como times grandes e pequenos geram resultados e quais são mais produtivos.

PRÉ-CONDIÇÃO 1: ATUAR COMO UM "TIME REAL"

Vamos iniciar pelo que parece ser a maior causa de fracasso: a empresa considerar que tem um time executivo real simplesmente porque utiliza o termo "time" ou "tribo", que por sinal está na moda. Grandes organizações também costumam usar o termo Comex (Comitê Executivo) para sinalizar os reportes diretos do CEO – o fato é que muitas dessas configurações não têm os atributos básicos que qualificam um time real.

Em vez de confiar apenas nas terminologias utilizadas pelas empresas, precisamos olhar quais tipos de decisões esses grupos tomam e como isso acontece para saber se atuam como um time de verdade ou não.

A contribuição das equipes executivas para o negócio tende a ser mal definida e pouco compreendida. Em um time real, porém, é fundamental que todos os membros encarem a sua **contribuição para a equipe como seu principal papel na organização**. O CEO precisa deixar claro que ser líder de uma área, um VP comercial, por exemplo, vem em segundo lugar. O primeiro é servir ao bem maior da organização. Com base nisso, a prioridade dos membros deve ser a atuação do time executivo, e não da área pela qual cada um é responsável. Algumas pessoas não conseguem identificar de fato a sua contribuição para o negócio enquanto membro do time executivo – elas fazem parte da equipe pelo status que isso lhes confere e pela oportunidade de influenciar diretamente o CEO sobre temas relevantes para a sua área. Conhecemos vários membros de times executivos que consideram a sua área funcional o "trabalho real" e a participação na equipe executiva como uma atuação política ou mera distração.

Em geral, as barreiras que impedem os times executivos de terem alto desempenho não estão relacionadas à falta de orçamento ou a problemas de estrutura organizacional. É mais uma questão de egos, têm a ver com os obstáculos internos que as pessoas criam a fim de se protegerem do medo de falhar, de se expor além dos limites da sua expertise. No fim das contas, a maior barreira é uma camuflada aversão a confiar, a colaborar com os colegas, a dividir com os outros o crédito das suas realizações e à falta de boa vontade em sacrificar uma parte do sucesso do seu setor para que a companhia como um todo ganhe.

O QUE É UM TIME EXECUTIVO REAL?

Como saber a diferença entre uma boa réplica e um time executivo real? Primeiro, observe como é a relação entre o CEO e os seus reportes diretos. Acessando o YouTube, é possível aprender bastante com vídeos curtos que reproduzem as reuniões do time executivo de uma empresa de serviços financeiros no filme *O dia antes do fim* (2011), baseado em histórias verídicas que levaram à crise financeira de Wall Street em 2008. John Tuld, o CEO de um banco de investimentos há cento e sete anos no mercado, interpretado por Jeremy Irons, convocou uma reunião de emergência com os sócios seniores às vésperas de uma crise financeira. Há algo de instigante na presença poderosa e educada desse CEO, quando ele entra bruscamente na sala de reuniões lotada de executivos à sua espera. Todos ficam em pé imediatamente para recebê-lo. Desde o início, ele é o único que fala, direcionando perguntas curtas para obter informações que o ajudem a calcular o enorme risco que a empresa enfrenta devido a títulos hipotecários podres. Esses instrumentos não regulamentados causariam a primeira onda da crise de 2008. Depois de absorver a magnitude dos problemas da companhia, Tuld levanta e faz um pequeno discurso para lembrar a todos por que ele é o CEO, por que ele "ganha uma fortuna" e os outros não. Ele declara: "Eu estou aqui para dizer qual será a música daqui a uma semana, um mês e um ano. É isso, nada mais". Não há qualquer debate de ideias e todos os líderes seniores ficam sentados calados ao redor da mesa enquanto Tuld fala. O CEO então caminha até a janela e observa a noite de Nova York. Ele continua: "E, parado aqui, agora, eu sinto dizer que não ouço nada. Só o silêncio". Pensando que a "música" teria parado, Tuld age rapidamente e anuncia a decisão de vender todos os ativos podres para compradores desavisados antes que outros bancos tenham a mesma ideia.

Uma análise da interação do CEO com o time executivo: onze dos catorze executivos não fazem qualquer contribuição durante essa reunião crítica. Dos três membros que falam, apenas dois respondem à pergunta do CEO em uma frase. O outro executivo sênior (interpretado por Kevin Spacey) explica em poucas frases como ele faria para liquidar os títulos podres, caso o CEO assim o pedisse.

Esse time executivo é real ou falso? Para avaliar, vamos utilizar os critérios do professor Richard Hackman[25] da Harvard Business School. Por muitos anos, Hackman foi considerado a autoridade global em estudos de equipes executivas.

O nível um desse modelo apresenta uma equipe de "troca de informações" na qual os membros do time executivo são especialistas nas suas áreas de atuação que se encontram para compartilhar informações financeiras e atualizar o CEO para que ele – como único executivo com conhecimento amplo das atividades da companhia – possa tomar decisões.

Seguindo para o nível dois do modelo de Hackman, temos um "time consultivo". Além de compartilhar informações, nesse segundo nível, o CEO costuma pedir a dois ou três membros da equipe para aprofundar um assunto complexo e apresentar opções ou recomendações para que ele possa ponderar antes de decidir. Nos níveis um e dois, os membros do time não se envolvem em nenhuma tomada de decisão estratégica, o papel é limitado a oferecer recomendações para que o CEO decida sozinho. Você já deve ter percebido que o time executivo do filme fica entre os níveis um e dois – o mesmo território que a maioria dessas equipes ocupam no dia a dia. Seguindo esse modelo proposto pelo professor de Harvard, os níveis um e dois – troca de informações e apresentação de recomendações ao CEO – não se qualificam como um time real.

Times reais aparecem nos níveis três e quatro: quando os membros da equipe executiva debatem ativamente as ideias e se responsabilizam coletivamente por decisões estratégicas. Podemos afirmar com certeza que os executivos do banco de investimentos retratado em *O dia antes do fim* **não formam um time real**.

Há outro fator interessante nessa cena do filme: ela mostra a armadilha de dependência que acontece em muitas organizações. Quanto mais profunda e complexa é a crise pela qual o negócio passa, mais os executivos de times tradicionais tendem a "delegar" a responsabilidade de solução para o CEO. Isso cria um círculo vicioso de dependência para tomada de decisão na qual CEOs heróis como John Tuld são necessários, pois valida o estilo de liderança todo-poderoso que a empresa criou.

Por que a maior parte dos times executivos das empresas que atingem alta performance de maneira sustentada atua nos níveis três e quatro do modelo de Hackman? Porque, na medida em que o mundo dos negócios se torna mais complexo, apostar o futuro da companhia no julgamento e na experiência de uma única pessoa – não importa o quão brilhante ela seja – é uma estratégia de altíssimo risco.

Por que compartilhar o poder de decisão torna o CEO mais efetivo?

Sempre que uma organização escolhe um modelo de gestão "CEO-cêntrico", ela automaticamente limita a contribuição do time executivo para os níveis um ou dois. Nesse sistema, é difícil para os membros da equipe executiva se imaginarem atuando em qualquer outro papel que não seja ao redor do CEO. Uma vez que esse modelo é o predominante no mercado, os membros do Conselho de Administração (que muitas vezes são ex-CEOs e cresceram nesse sistema) tendem a escolher CEOs que replicam tal comportamento. E assim o círculo se retroalimenta.

Outro fator que dificulta o desenvolvimento dos times executivos é a forte crença de que uma empresa funciona melhor quando o CEO é o único responsável pelo resultado. Essa responsabilização centrada em uma pessoa, por mais que passe uma sensação de segurança, muitas vezes impede uma equipe executiva competente de encontrar maneiras mais rápidas e efetivas de trabalhar. Em uma equipe executiva "real", a responsabilidade pela formulação e tomada de decisão estratégica é compartilhada entre o CEO e o time – eles não são apenas executores.

O ex-CEO global de uma empresa de bens de consumo não duráveis comentou que a contribuição de um CEO pode ser significativa quando ele engaja totalmente os membros da equipe executiva na tomada de decisão estratégica. Tornar o negócio dependente de um único indivíduo, ele explicou, é um risco muito maior do que apostar na experiência coletiva de um bom time. "Se você é a única pessoa olhando para o problema, só vai ter um ponto de vista sobre aquilo", disse ele. A extensa experiência desse CEO o ensinou que trabalhar com um time executivo efetivo "torna o CEO muito mais apto a liderar a organização".

No nível três, a equipe executiva é empoderada pelo CEO para coordenar e tomar decisões que ficam nas "zonas cinzentas" entre os setores. Nesse nível, os times são "coordenados", ou seja, podem analisar, priorizar e liderar a resolução de desafios complexos que perpassam diferentes áreas.

Quando o time executivo atinge o nível quatro, ele está apto para tomar decisões e mobilizar a companhia para ação em todo o espectro da organização, incluindo cultura, abertura de capital e integração de empresas pós fusões e aquisições. No nível quatro, é possível perceber a sinergia, a confiança e a criatividade da equipe, que passa a decidir sobre questões estruturais a fim de transformar o jeito de ser da organização.

A experiência de liderar uma mudança cultural em uma empresa que estava à beira da falência e sob a gestão de um CEO do estilo "comando e controle" ensinou esta importante lição a outro experiente CEO entrevistado por nós: a liderança focada na execução de curto prazo e sem o envolvimento das pessoas até funciona por um tempo, mas não se sustenta. Ele acrescentou que um dos maiores benefícios de aumentar o coeficiente de trabalho em equipe, além de melhorar o desempenho do negócio, é a energia e a satisfação que isso gera tanto para o CEO quanto para o time executivo. "Uma vez que você experimenta esse tipo de liderança", ele refletiu, "tanto como membro da equipe executiva tanto quanto CEO é muito, muito difícil voltar atrás, porque você sabe o quanto esse modelo funciona e o outro não".

Em geral, os membros de times executivos "reais":

- Entendem o negócio como um todo e estão dispostos a sacrificar parcialmente os próprios interesses em prol do que for melhor para a empresa e para os seus clientes em longo prazo;
- Envolvem-se em debates abertos e resolução de problemas de negócio desafiando de maneira consistente as ideias uns dos outros e chamando atenção para os casos de baixa performance;
- Discutem seu posicionamento durante as reuniões da equipe, mas, quando saem do encontro com um posicionamento alinhado, defendem a decisão coletiva do time como se fosse a sua;
- Experimentam e aprendem como equipe, fortalecendo a confiança, tirando lições dos próprios erros e apoiando o crescimento uns dos outros.

A expectativa dos times reais é que todos os membros participem das principais decisões, debatendo as causas dos problemas do negócio, avaliando de modo transparente todas as opções estratégicas disponíveis e selecionando a melhor conduta para a empresa à luz dos prováveis impactos. Ainda que o debate seja acalorado (algo comum), uma característica desse tipo de equipe é a solidariedade – independentemente de quem venceu o debate do dia, uma vez encerrada a discussão, todos colaboram para colocar em prática a decisão acordada pelo coletivo.

Uma vez entendido por que times "reais" entregam melhores resultados do que as equipes dominadas pelo CEO, vamos explorar o que os membros dos times executivos de alta performance fazem de diferente e como identificá-los.

PRÉ-CONDIÇÃO 2: TER AS PESSOAS CERTAS NO TIME

O megainvestidor Warren Buffett, da Berkshire Hathaway, antes de decidir se vai ou não investir em uma empresa, consulta uma lista de requisitos que ele elaborou. Primeiro, tem de ser um negócio que ele possa entender; segundo, a empresa precisa ter algum tipo de vantagem competitiva durável; em quarto, o preço deve ser atrativo. A chave para decidir se o preço é ou não atrativo é o terceiro item: "uma liderança de que eu goste e na qual possa confiar".[26]

Como Buffett avalia "confiança"? Em uma entrevista, ele explicou que tinha poucos executivos com MBA no espartano escritório da Berkshire Hathaway, em Nebraska, prontos para serem nomeados CEOs das empresas adquiridas. Então, o sócio dele, Charlie Munger, respondeu no fundo: "Ainda bem!". Assim, Buffett precisava formar um julgamento rápido e assertivo acerca das habilidades e da motivação dos times executivos das companhias que comprava. A tarefa era ainda mais difícil considerando que, em geral, o CEO da empresa comprada era também o (ex-)proprietário. Uma vez que acabara de receber centenas de milhões de dólares pelo negócio, o CEO não tinha mais necessidade financeira de continuar trabalhando. Buffett precisava avaliar se o indivíduo teria a motivação necessária para seguir à frente do negócio, ou se estava mais inclinado a gastar o dinheiro que havia embolsado. Na maioria das vezes, Buffett e o sócio conseguiam tomar a decisão acertada.

O que eles priorizavam? Buffett disse que a experiência ensinara a eles que era bem fácil identificar os casos extremos: "aqueles que só darão trabalho e aqueles que só trarão alegria". Uma única característica a ser identificada nos líderes lhes possibilitava acertar em 90% das vezes. Dizia respeito a saber se o líder "amava o negócio" ou "amava o dinheiro". Segundo ele, os profissionais que amavam o negócio se sairiam melhor do que 95% das pessoas, pois não dependiam de nenhuma recompensa externa para trabalhar, o trabalho em si era recompensador.

Jim Collins afirma que as melhores empresas que analisou seguiam esta ordem de prioridade: primeiro as pessoas, depois a estratégia. De acordo com ele, a primeira decisão que os CEOs de excelentes empresas tomavam tinha a ver com a qualidade das pessoas do time executivo, e só depois partiam para definir a estratégia. Para Jim Collins, uma forte equipe executiva confere à empresa a capacidade de executar qualquer estratégia, enquanto uma organização com uma estratégia brilhante, mas sem as pessoas certas para implementá-la, corre o risco de derrapar e perder oportunidades.[27]

Um expoente CFO brasileiro relembrou um processo seletivo de que participou. Era para uma vaga no time executivo europeu de uma empresa, e o CEO dessa companhia na Europa conduziu a entrevista. O CFO foi preparado para falar das suas ambições de carreira e do seu ótimo histórico de desempenho. Em vez disso, para sua surpresa, a primeira hora de conversa foi preenchida com perguntas profundas sobre o seu caráter, valores pessoais e detalhes acerca do seu estilo de liderança e experiências como membro de uma equipe executiva. O CEO europeu, reconhecido por ter o melhor time executivo da empresa, era o candidato mais cotado para a posição de CEO global da companhia. Ao final da entrevista, ele explicou por que costumava ser tão cuidadoso em avaliar pessoalmente todos os candidatos à equipe executiva: "Garantir a integridade desse time é o meu principal papel como CEO. Eu consigo encontrar CFOs em qualquer lugar, mas preciso verificar se a sua motivação e os seus valores combinam com a nossa equipe antes de contratá-lo", disse.

Quais as principais características dos melhores times executivos? A seguir, preparamos uma relação com as opiniões de diversos CEOs e que também foram validadas por pesquisas robustas sobre equipes de alta performance:

INTELIGÊNCIA E COMPETÊNCIA PROFISSIONAL: Os membros de um time executivo não precisam ganhar o prêmio Nobel ou serem PhDs nas suas áreas de atuação, mas têm de ser reconhecidos como pessoas intelectualmente ágeis e que "sabem muito bem o que fazem" – agregando competência profissional e visão estratégica ao setor que lideram – para que os outros membros se sintam seguros com as suas recomendações. Qualquer questionamento persistente sobre a inteligência ou competência profissional de uma pessoa da equipe executiva pode ser desastroso, pois afeta o respeito mútuo que os membros do time precisam construir para trabalharem juntos com efetividade. Esse é um requisito importante para a entrada de alguém em uma equipe executiva e deve ser preenchido de modo consistente. É recomendável que o CEO verifique antes de formar a sua equipe como cada candidato a membro do time é percebido pelos colegas e demais stakeholders.

NÍVEL DE ENERGIA: Energia é a vontade genuína de fazer a diferença que os executivos precisam ter para inspirar as pessoas ao seu redor. *Energy* e *energize* eram os dois primeiros valores dos famosos quatro Es (junto a *edge* e *execution*) da General Electric (GE) no auge da era de Jack Welch, quando a organização era considerada a empresa número 1 no mundo em várias pesquisas. Essa característica significa ter grande motivação pessoal, entusiasmo contagioso pelo propósito da companhia e habilidade de mobilizar pessoas para a ação. O presidente executivo da Volkswagen (VW) América Latina, Pablo Di Si, comentou que ele procura observar a "fome" do candidato por assumir posições-chave. Ele declarou: "Quando faço entrevistas, eu olho bem nos olhos das pessoas. Eu vejo se desejam fazer parte do time, se querem fazer a diferença. Se tem algo que não se pode ensinar a alguém é 'querer alguma coisa'". Para os estrangeiros interessados em entrar no time executivo de Di Si na América Latina, ele pintava um cenário um tanto exagerado das dificuldades que o candidato enfrentaria no mercado regional para ver como eles respondiam. "Se eu não conseguisse fazê-los desistir, eu sabia que estava no caminho certo!".

MENTALIDADE EMPRESARIAL: É a curiosidade que o líder demonstra em entender como todas as áreas da companhia trabalham juntas e a sua motivação para trabalhar a favor do que é melhor para a empresa como um todo, não se limitando apenas ao seu setor. Algumas questões que permitem identificar essa característica no profissional:
- O executivo entende como as diferentes áreas da companhia trabalham e se complementam?
- Ele demonstra curiosidade em conhecer o desempenho das outras áreas, elogia colegas de alta performance e aprende com eles?
- Ele foca em atender o interesse maior do negócio e do cliente, ou coloca as próprias necessidades à frente e compete com os colegas por recursos?

O oposto de mentalidade empresarial é mentalidade de silos – enxergar o mundo sob a ótica da sua área e colocar os próprios interesses à frente dos da companhia. O CEO de uma multinacional global afirmou que é preciso atentar-se à essa característica, comentando que ele perdia a confiança em um executivo se o escutasse se vangloriando da própria área, em vez de elogiar resultados e pessoas de outros setores, e deixando que os colegas o exaltassem.

COLABORAÇÃO: Ter pessoas no time dispostas a colaborar é a chave para a efetividade do trabalho em equipe; e é fácil identificar a presença ou a ausência dessa característica:
- O executivo oferece de modo espontâneo ajuda ou recursos para um colega cuja área enfrenta dificuldades de desempenho?
- O executivo pede ajuda aos colegas quando está em dificuldades?
- Quando há algum conflito no time executivo, os membros se oferecem para facilitar a discussão e encontrar uma solução entre várias alternativas?
- Os reportes diretos da equipe executiva trabalham de maneira colaborativa com outras áreas para resolver problemas comuns sem disputar quem levará o "crédito"?
- Os membros do time executivo se mostram curiosos em relação a outras áreas, perguntando abertamente sobre elas?

A última pergunta é menos óbvia, mas é importante. Indivíduos com pouca habilidade de escuta tendem a oferecer conselhos mesmo quando não solicitados e a agir sem consulta prévia de acordo com o que consideram melhor, o que via de regra não ajuda no processo. O oposto da colaboração é o isolacionismo, quando o líder fica tão preso ao seu jeito de pensar e resolver problemas que oferecer e pedir ajuda nem passa pela sua cabeça.

RACIOCÍNIO CONCEITUAL: Enquanto muitos executivos possuem forte pensamento analítico, o que lhes permite dividir um problema em partes menores e identificar suas causas, o pensamento conceitual é uma habilidade mais rara e mais valorizada. É a capacidade de "conectar os pontos" juntando diferentes informações de modo original. Isso requer agilidade mental para olhar para um problema de maneira criativa e achar novos ângulos que possam trazer insights de negócios valiosos. Nem todos os membros do time executivo precisam ter essa habilidade, mas é importante que pelo menos um ou dois a tenham, para ajudar a equipe a transformar a enorme quantidade de informações do dia a dia em oportunidades de negócio.

Algumas questões que ajudam a identificar a existência de altos níveis de raciocínio conceitual:

- O indivíduo é capaz de simplificar e conectar situações ou informações complexas de maneira clara?
- A pessoa costuma ter um ponto de vista original ou elabora conceitos ou aplicações práticas que os demais não perceberam?
- Abstrai uma situação específica e rapidamente reconhece um padrão, a lógica por trás da situação?

EMPATIA: Além de ser crucial para o trabalho em equipe, pesquisas comprovam que níveis altos de empatia entre os membros são um fator que diferencia times excelentes dos de baixa performance. A relação empática é composta de três partes: mostrar que você entendeu o conteúdo expresso pelo outro (cognitiva), mostrar que você captou o significado além das palavras (emocional) e, por fim, ler como a pessoa está se sentindo e oferecer ajuda (compassiva). Cerca de 75% dos membros de uma equipe executiva de alto desempenho demonstram as duas primeiras dimensões de empatia, porém o resultado cai para 50% nos times não efetivos.[28] A empatia ajuda na construção de confiança, pois mostra às pessoas que elas foram entendidas e auxilia a contemporizar discussões acaloradas porque promove o reconhecimento de que as emoções de alguns membros do time podem estar transbordando. Há alguns sinais que ajudam a identificar a presença ou ausência de empatia:

- O executivo utiliza técnicas de escuta ativa e pausa para se comunicar com os outros membros?
- Ele costuma parafrasear o que ouviu para checar entendimento, usando perguntas do tipo: "Eu ouvi você dizer que está preocupado com... é isso mesmo?"
- Em vez de reagir automaticamente a uma crítica ou um comentário negativo, o indivíduo mantém a calma e faz uma pergunta para confirmar que entendeu a mensagem de modo correto?
- O executivo analisa as razões inconscientes dos comportamentos dos outros e faz avaliações equilibradas dos pontos fortes e das oportunidades de melhoria?

Ter um membro do time executivo com baixa escuta ativa e leitura de ambiente reduz drasticamente a efetividade da dinâmica da equipe. Isso impede que pontos de vista diferentes sejam ouvidos e dificulta o diálogo. Por mais que um executivo seja bem-sucedido na sua área e pareça insubstituível tecnicamente, se, por falta de empatia, ele atrapalha o time a alcançar soluções de alta qualidade, ele deve ser substituído.

INTEGRIDADE: O conceito de integridade, nesse contexto, não é igual à definição mais óbvia do termo, que tem a ver com não se apropriar de recursos da companhia ou não mentir, por exemplo. Integridade no contexto de uma equipe executiva pode ser vista quando um membro do time tem a coragem de argumentar sozinho contra a visão da maioria, pois acredita que uma decisão não atende tão bem ao interesse da companhia. Outro exemplo: um executivo defendendo uma estratégia que claramente é a melhor em longo prazo para a organização, mas que pode prejudicar os objetivos de curto prazo da sua área. Em cada um desses exemplos, a integridade tem a ver com o quão difícil pode ser e quanta coragem é necessária para um executivo fazer a coisa certa para o bem do time e da organização. Integridade, nesse sentido, é uma questão de agir de acordo com o que se prega e com os seus valores, especialmente quando envolve um custo pessoal elevado.

COMUNICAÇÃO: Cada vez mais, a habilidade de se comunicar de maneira inspiradora, autêntica e efetiva é um fator indispensável. Engajar diferentes públicos – desde grupos internos de líderes a colaboradores da linha de frente e públicos mais formais, como a imprensa ou os investidores – não é mais uma responsabilidade que cabe exclusivamente ao CEO. Representar a companhia em uma série de assuntos estratégicos e manter diálogo próximo com grupos de stakeholders se tornou uma parte importante do papel do time executivo.

É importante frisar que não estamos recomendando que uma empresa exija todos esses requisitos de todos os membros da equipe executiva. O ponto é que, quanto mais dessas características estiverem presentes no time, mais forte será o seu DNA.

Vamos concluir essa análise do que diferencia as melhores equipes executivas examinando um fator que impacta bastante o potencial do time: o tamanho da equipe.

PRÉ-CONDIÇÃO 3: O TAMANHO IDEAL DO TIME

Qual a relação entre o tamanho do time e o desempenho dele? Antes de analisarmos os dados, vamos examinar algumas crenças comuns que fazem times numerosos parecerem atrativos. Um CEO pode decidir por uma equipe de muitos reportes diretos por várias razões. Pode ser por um valor pessoal de liderança inclusiva, por exemplo, acreditando que, quanto mais próximas dele as pessoas estiverem, mais engajadas estarão com a organização e mais fácil será construir alinhamento e suporte para as decisões. Outra motivação pode ser a concentração de poder, ou seja, quanto mais pessoas tiverem em volta da mesa, maior será a sua influência. Talvez outros optem por isso para provar a sua capacidade, mostrar que "dão conta".

Uma crença peculiar que resulta em equipes gigantescas de mais de vinte reportes diretos é a de que estar ligado ao CEO ajuda a empoderar os membros do time. A lógica por trás disso é que um CEO com tantos reportes diretos não tem como microgerenciar e, assim, precisa dar autonomia às pessoas. Já outras empresas acreditam que trazer mais pessoas para o time executivo ajuda a "oxigenar" a equipe, mantendo-a estável e com novas perspectivas.

As justificativas em defesa de times executivos numerosos são variadas, mas, na prática, levam a duas consequências universais: ineficácia e politicagem. Quanto maior o time, mais tempo e energia são demandados para debater ideias ou mesmo chegar a um entendimento comum sobre certos assuntos. Outra implicação é que, quanto maior o número de pessoas responsáveis por uma decisão em assuntos complexos, menor tende a ser o nível de confiança entre elas, e maior o risco de fatores políticos interferirem no processo decisório.

Posto isso, qual é o tamanho ideal de uma equipe executiva? As pesquisas organizacionais são contundentes em demonstrar que um time executivo numeroso é mais prejudicial para o desempenho do que uma equipe pequena.

O psicólogo Ivan Steiner, citado por Richard Hackman em obra já mencionada neste capítulo, publicou uma pesquisa pioneira em 1972 sobre o impacto do tamanho de um grupo na produtividade. Ele provou que o potencial de produtividade de um time – ou seja, o potencial de entrega proveniente da otimização dos recursos do grupo – é inversamente proporcional ao tamanho do time.

É interessante analisar que a produtividade de um grupo que executa tarefas simples, tais como varrer o chão de fábrica, varia de forma linear com relação ao tamanho do grupo: mais mãos trabalhando conseguem limpar uma área maior. Nesse sentido, um supervisor de limpeza poderia ter cem reportes diretos, uma vez que a atividade a ser realizada é simplesmente limpar o chão de fábrica no menor tempo possível, sem necessidade de coordenação ou interdependência entre os membros do grupo.

No entanto, Steiner mostrou que, para atividades mais complexas em times, a produtividade aumenta rapidamente em um primeiro nível e atinge o seu pico quando o grupo tem em torno de cinco membros. A partir desse número, o aumento do time passa a gerar "perdas de eficiência" devido a desafios de coordenação e motivação das pessoas – e o grupo tende a ficar menos produtivo. Steiner calculou que as perdas de eficiência aumentam exponencialmente para cada membro adicionado a uma equipe após o quinto ou sexto membro.

Steiner definiu a produtividade real de um time como a sua produtividade potencial menos as perdas de eficiência.

$$PR = PP - PE$$
(produtividade real) = (produtividade potencial) - (perdas de eficiência)

A produtividade real de Steiner (eixo vertical) aumenta até que o time atinja a marca entre quatro e cinco membros. Nesse ponto, a melhoria estaciona e, a partir daí, cai acentuadamente a cada novo membro adicionado ao time (eixo horizontal). A inclusão de novas pessoas em um time a partir do quinto membro tende a dificultar a comunicação e o alinhamento, o que impacta a produtividade dos envolvidos.

Fonte: HACKMAN, R. **Leading teams**: setting the stage for great performances. Boston: Harvard Business Review Press, 2002.

Outra parte do quebra-cabeça do tamanho dos times foi resolvida pela pesquisa conduzida pela Harvard Business School, em que Richard Hackman e um colega analisaram a dinâmica e o desempenho de times com dois a sete membros trabalhando juntos em atividades intelectualmente complexas. No final da atividade, eles perguntaram aos grupos as duas questões abaixo, as quais foram respondidas em uma escala de cinco pontos, em que (um) era discordo totalmente, (três) não concordo nem discordo e (cinco) concordo totalmente.

Questão 1: Este grupo era muito pequeno para atingir os melhores resultados a que se propôs?

Questão 2: Este grupo era muito grande para atingir os melhores resultados a que se propôs?

Quando eles plotaram as respostas em um gráfico, o time de duas pessoas não reportou a sensação de que o grupo era muito grande, bem como poucos membros do time de sete pessoas reportou que o time era muito pequeno para ser efetivo. As duas linhas se cruzaram exatamente em 4.6, confirmando que o melhor tamanho de uma equipe envolvida em atividades complexas é em torno de cinco membros.

Vamos fechar este capítulo examinando por que o tamanho dos times executivos pode se tornar o vilão da produtividade.

QUANTOS PONTOS DE INTERSECÇÃO SE FORMAM NO TIME?

Os pontos de intersecção explicam por que "menos é mais" em se tratando de equipes executivas. A intersecção é o ponto de contato entre dois membros do time. Uma olhada rápida no número de intersecções necessárias para que toda a equipe se comunique de maneira efetiva revela que todos os times caem na mesma regra estatística. Em um grupo de duas pessoas, há um ponto de contato; em um grupo de três, há três pontos de contato; em um grupo de quatro pessoas, há seis. Subitamente, em uma equipe de cinco membros, o número de pontos de contato sobe para dez, e, em uma equipe de seis integrantes, quinze pontos de contato são necessários para que a relação se estabeleça de modo efetivo. Acima de seis pessoas, a perda de eficiência que mencionamos anteriormente é evidente, ou seja, um grupo de sete membros gera 21 pontos de contato, de oito membros, 28 pontos e assim por diante. Um time de catorze integrantes (que é comum no dia a dia das empresas) gera uma "mandala" de 91 relações distintas que precisam ser administradas.

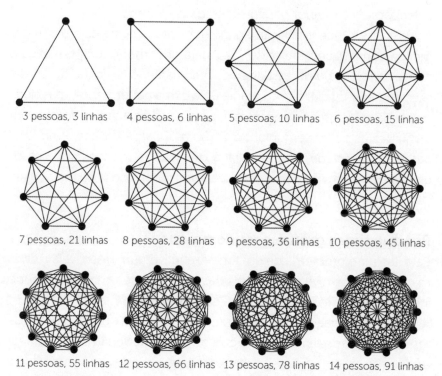

3 pessoas, 3 linhas   4 pessoas, 6 linhas   5 pessoas, 10 linhas   6 pessoas, 15 linhas

7 pessoas, 21 linhas   8 pessoas, 28 linhas   9 pessoas, 36 linhas   10 pessoas, 45 linhas

11 pessoas, 55 linhas   12 pessoas, 66 linhas   13 pessoas, 78 linhas   14 pessoas, 91 linhas

Para os engenheiros que nos leem, segue a fórmula para calcular o número de intersecções:

Número de intersecções em um time = $N \times (N-1)/2$
N = número de membros do time

Por exemplo: se o número de membros de um time é seis (N=6), o número de intersecções é 6 x (6-1)/2, ou seja: 6x5/2 = 30/2 = 15 intersecções.

Em um exemplo real que ouvimos de um entrevistado, o time executivo original de cinco reportes diretos do CEO se expandiu para dez membros e, na sequência, aumentou ainda mais, chegando ao total de vinte pessoas. Isso corresponde a um aumento de intersecções entre os membros de dez para 45 (no caso de dez membros), pulando para 190 intersecções (quando atingiu a marca de vinte pessoas na equipe). O executivo, que era membro do time original de cinco, comentou que o aumento da equipe resultou em discussões superficiais, longas e cansativas. Como consequência, as decisões finais eram mais influenciadas por lobby ou pelo cansaço do que pela certeza de que a decisão era a melhor para o sucesso da empresa.

Posto isso, Richard Hackman (na obra citada neste capítulo) recomenda como "ponto de corte" ideal para um time executivo efetivo o número de seis membros. Sabemos que manter o tamanho da equipe executiva em um dígito não garante uma ótima performance, mas ajuda muito. Na prática, recomendamos que o time não passe de sete integrantes. Talvez esteja se perguntando: *E agora? Qual seria o tamanho ideal para a minha equipe?* Vamos voltar ao tema após apresentar dois casos que demonstram por que times executivos numerosos não funcionam.

Por que times grandes rendem pouco?

Para ilustrar o problema de um time executivo numeroso, veja a dinâmica típica dos níveis um e dois das reuniões de um grande grupo industrial brasileiro cujo CEO tinha catorze reportes diretos, ou seja, 91 relações de intersecção. O CEO explicou que tinha uma equipe desse tamanho visando agilidade – já que os líderes poderiam acompanhar as decisões estratégicas simultaneamente, ele estava certo de que a companhia ganharia velocidade.

Pelo contrário. Devido ao tamanho do time, os membros competiam por tempo de fala e pela atenção do CEO, sabendo que, quando tivessem a chance de falar, teriam que "vender a ideia" em trinta segundos. Todos os olhares da enorme sala de reuniões estavam fixados no

CEO, e os executivos prontos para reagir de imediato com uma frase de efeito caso a sua área fosse questionada. A confiança era visivelmente baixa entre as áreas Comercial e Industrial, já que esta era composta por veteranos que se sentiam preteridos, enquanto que aquela era liderada por um membro vindo do mercado e considerado o "queridinho" do CEO. Cada lado defendia estratégias opostas. Em função de atitudes furtivas e falta de abertura para o debate, os executivos saíam da reunião com uma interpretação própria do que havia sido combinado. Essa ausência de alinhamento e colaboração causavam atrasos de implementação e uma série de problemas em projetos entre os setores.

MINITIMES – POR QUE MENOR É MELHOR?

Como estabelecer o tamanho mínimo para que um time executivo seja bem-sucedido? A principal premissa é a presença de todas as perspectivas-chave para um bom direcionamento estratégico. Se estiverem ausentes – especialmente as que impactam diretamente uma na outra, como Marketing e Finanças –, o debate se torna incompleto, levando as equipes a tomarem decisões limitadas e prejudiciais ao negócio.

Para alcançar autonomia decisória, considerar os desafios sob diferentes pontos de vista e tomar decisões ponderadas, recomendamos que o tamanho do time executivo seja de três a quatro membros mais o CEO.

Devido à importância crescente da transformação digital e cultural para o desempenho da empresa – uma tendência que foi acelerada pela pandemia de covid-19 –, os executivos responsáveis pela área de RH e de Tecnologia/Digital cada vez mais precisam ter assento cativo nas equipes executivas. Assim, nos parece que, para a maioria das empresas hoje, quatro membros mais o CEO em um time é insuficiente para se fazer uma leitura e decisão assertiva.

Logo, sugerimos que número ideal para uma equipe executiva real seja entre quatro e sete membros, dependendo da complexidade da organização. Jeff Bezos, presidente do Conselho da Amazon, tem uma regra para ilustrar esse ponto que ficou conhecido como "regra das duas pizzas": "Quando for almoçar com o seu time, duas pizzas devem ser suficientes. Se precisar pedir mais do que isso, o time está muito grande!".[29]

O CAMINHO PARA A EXCELÊNCIA: COMPROMETIMENTO COM O PROCESSO, E NÃO APENAS COM O RESULTADO

Como uma expedição ao monte Everest, desenvolver um time executivo de classe mundial é uma jornada de vários estágios, como os *base camps* do Himalaia, que não podem ser pulados. Qualquer organização que invista em construir uma fundação forte com os três elementos sugeridos neste capítulo terão avançado bastante em sua caminhada rumo à alta performance.

É importante salientar que, mesmo que o progresso de uma equipe executiva pareça lento a princípio ou que o time saia da rota em alguns momentos, isso é parte natural de um processo de desenvolvimento. Cada equipe se desenvolve em um ritmo diferente e, à medida que ganha experiência e se aperfeiçoa, toda a organização sai ganhando. É um processo não linear e os resultados aparecem ao longo do tempo.

Dan Carter, um dos melhores jogadores de rúgbi da atualidade, foi perguntado sobre o que possibilitou ao lendário All Blacks – um dos melhores times na história do esporte – vencer duas Copas do Mundo e permanecer no topo do ranking durante nove anos. Ele respondeu: "Seguir o processo com paciência, não se deixando levar pelos resultados".

A chave para o desenvolvimento de um time executivo é a disciplina e a prática regular de uma dinâmica de aprendizagem coletiva. Focar no processo e não em métricas de resultado de curto prazo faz com que uma equipe que começa com um desenvolvimento lento possa dar uma guinada em sua capacidade de decisão e de execução. Uma vez que essa dinâmica é assimilada, as práticas repercutirão em toda a empresa, e isso se converterá em uma vantagem competitiva difícil de ser imitada: a cultura.

Nos próximos capítulos, vamos descrever como é a "zona de alta performance", na qual estão os executivos e os esportistas de elite, e os passos do processo para chegar lá.

A chave para o
desenvolvimento de
um time executivo
é a disciplina
e a prática regular
de uma dinâmica de
aprendizagem coletiva.

3

uma mudança de paradigma
O jeito de liderar dos CEOs

"Se você quer cooperação
dos seres humanos ao seu redor,
precisa fazer com que
eles se sintam importantes –
e isso você faz sendo
genuíno e humilde."

NELSON MANDELA (1918-2013),
advogado, líder revolucionário e
ex-presidente da África do Sul

No futuro próximo, as pessoas se darão conta do quanto o mercado de trabalho se transformou, levando à extinção alguns modelos de negócios e estilos de liderança. O ecossistema no qual as empresas estão inseridas foi profundamente impactado pela pandemia da covid-19. Boa parte das organizações só conseguiu se manter operante devido à tecnologia. Setores como a telemedicina e o comércio eletrônico cresceram em ritmo galopante. O trabalho remoto tornou-se a única alternativa para muitos profissionais e, na maioria dos casos, deve permanecer como novo modelo de trabalho, seja 100% remoto ou híbrido (parte presencial, parte remota). Muitas empresas tradicionais fecharam as portas. Em contrapartida, inúmeras outras estão nascendo para atender às demandas da "economia da pandemia".

Um estudo[30] da McKinsey com novecentos executivos de todo o mundo mediu a aceleração no uso de tecnologias nesse período. Alguns dados dessa pesquisa: a implementação do trabalho remoto tornou-se 43 vezes mais rápida, a adoção de tecnologias avançadas nas áreas operacionais ficou 25 vezes mais rápida e a migração de dados para a nuvem tornou-se 24 vezes mais rápida. Um *cluster* de empresas de tecnologia lideradas pela Apple, Microsoft, Google e Amazon está se destacando no mercado de investimentos. A capitalização de mercado da Apple e da Microsoft corresponde a um valor sem precedentes de 5,4 trilhões de dólares, o que aumentará com o desenvolvimento da Inteligência Artificial.

Nesse período de avanço tecnológico, os CEOs precisam estabelecer novos valores, direcionamento e cultura que possibilitarão a operação das organizações, assim como seu sucesso. Na busca por resultados exponenciais, empresas com modelos de negócios que potencializem o capital humano ganharão um espaço incalculável. Aqueles que conseguirem unir culturas de times inovadoras a uma liderança com propósito terão à sua disposição um oceano de oportunidades.

Se, no capítulo 1, falamos sobre propósito nos negócios, neste, o assunto é como os CEOs devem implementar o propósito da empresa de modo a entregarem resultados consistentes para os investidores e significado para as pessoas que trabalham no negócio.

Não vamos comentar lideranças heroicas, que alcançaram resultados de curto prazo impressionantes, mas não conseguiram sustentar o sucesso além da sua gestão. Vamos nos concentrar em CEOs que focam na sustentabilidade de longo prazo, que se concentram em construir um legado duradouro, mas também em entregar os resultados do trimestre. CEOs que demandam excelência no curto prazo ao mesmo tempo em que constroem culturas adaptativas e entregam negócios ágeis e relevantes para os seus sucessores.

Nesse processo, vamos mostrar resultados de recentes pesquisas organizacionais, dados dos esportes e compartilhar a nossa experiência com times executivos, indicando valiosas informações que ajudarão as empresas a navegarem esses mares cada vez mais desconhecidos.

O EFEITO *MONEYBALL* – COMO HÁBITOS FAMILIARES PODEM SER PREJUDICIAIS

Fazer as perguntas certas pode ajudá-lo a ver oportunidades invisíveis aos outros. *Moneyball* – traduzido como *O homem que mudou o jogo* – é um filme de 2011 baseado em uma história real de como um pequeno time estadunidense de beisebol chamado Oakland Athletics mudou o modo como o beisebol tradicional era jogado por um século. Foi o primeiro time a aplicar sistematicamente análise estatística na performance daquele esporte. Na primeira temporada utilizando o novo sistema, o Oakland Athletics quebrou um recorde de cento e três anos da Liga Americana de Beisebol ao vencer vinte jogos consecutivos em 2002. No início do filme, após o Oakland ter sido "engolido" pelas equipes mais ricas, que levaram os seus melhores jogadores oferecendo-lhes altos salários, um jovem economista graduado em Yale tem uma conversa disruptiva com o técnico da equipe, Billy Beane. Ele explicou como os maiores times da liga de beisebol estavam perdendo tempo e dinheiro com a compra de superestrelas, porque eles não entendiam como se chegava àqueles resultados. "A mentalidade do beisebol é medieval", afirmou, "eles estão fazendo todas as perguntas erradas".

Phil Jackson, ex-técnico do Chicago Bulls e do LA Lakers – possivelmente o melhor técnico da história da NBA (National Basketball Association) –, desenvolveu uma estratégia de jogo revolucionária que o fez alcançar feitos sem precedentes, como a conquista de onze títulos mundiais quando na liderança dos dois times. Um bom técnico conduz uma equipe à vitória, mas Phil Jackson transformou dois times de baixos resultados em campeões mundiais múltiplas vezes. Ele encontrou uma maneira de manter a alta performance em equipes diferentes, algo que ninguém mais conseguiu.

O que os feitos de Billy Beane e Phil Jackson têm em comum é a maneira como a vantagem competitiva foi gerada. Esses dois técnicos criavam valor de modo tão diferente da visão tradicional que era difícil para os adversários entenderem, quanto mais reagirem ao que estava acontecendo. O conhecimento que esses dois profissionais utilizaram para revolucionar os resultados estava disponível a todos – análises estatísticas de performance do beisebol já haviam sido publicadas e a estratégia de triângulo adotada por Phil Jackson era conhecida por especialistas do basquete. As duas abordagens, porém, desafiavam dogmas do mundo dos esportes e, por isso, foram ignoradas pelos principais técnicos.

Os elementos que compartilharemos neste capítulo, apesar de não serem necessariamente novos, podem ir contra alguns paradigmas e, portanto, poucos líderes consideram o seu potencial. No entanto, tais conhecimentos merecem a sua atenção.

O QUE FAZEM DE DIFERENTE OS CEOS DOS MELHORES TIMES?

Durante uma entrevista conosco, o ex-CEO de uma grande multinacional estadunidense mencionou uma frase que ouviu de A.G.

Lafley, CEO da Procter & Gamble: "Eu já conheci centenas de pessoas com o intelecto para serem CEOs, mas apenas uma fração delas tinha estômago para isso". Ele comentou como há poucos profissionais que de fato entendem a demanda física e mental que esse cargo requer. Vários imprevistos diários e emergências dolorosas – como, por exemplo, lidar com a morte de colaboradores enquanto os assuntos do dia se acumulam; ou marcar presença em jantares tardios com clientes importantes, logo seguidos de cafés da manhã nas primeiras horas do dia com os membros do time. "É um esporte atuar no C-Suite, você precisa estar em forma para realizar bem o trabalho", conta o executivo que, durante sete anos, foi CEO de uma das maiores empresas estadunidenses.

O que difere os CEOs que geram valor no longo prazo dos demais? Será um QI superior, que lhes permite enxergar a próxima curva e ser os primeiros a inventar uma estratégia vencedora? Ou tem a ver com trabalho duro, ser o primeiro a chegar ao escritório e o último a sair? É foco no produto ou no consumidor?

Muitos executivos e investidores têm feito essas e outras questões semelhantes na busca de respostas assertivas sobre o que faz a diferença na performance de longo prazo de um CEO. E eles têm feito as perguntas erradas.

ENCONTRANDO O EQUILÍBRIO ENTRE "O QUÊ" E "COMO"

Um ex-CEO global comentou conosco uma história interessante que tem a ver com o Princípio de Pareto – ou a "Regra do 80/20", como é geralmente conhecido. Essa regra foi descrita no século XIX pelo economista italiano Vilfredo Pareto ao observar que aproximadamente 80% dos resultados em vários campos de estudo podem ser atribuídos a 20% das causas ou ações. Nos negócios, os efeitos desse princípio podem ser traduzidos em situações como, por exemplo, 80% dos resultados derivando de 20% dos clientes, ou 20% dos produtos sendo responsáveis por 80% das vendas.

O que esse executivo aprendeu durante as aulas em um dos melhores MBAs dos Estados Unidos (e aplicou na primeira metade da carreira) foi focar 80% da atenção na estratégia e no acompanhamento do plano de negócios, ou seja, no "o quê", e os 20% de tempo e energia restantes no alinhamento do time e outros temas relacionados a pessoas, que ele chamou de "como". O que ele aprendeu na prática, conduzindo várias mudanças em negócios, foi diferente do ensinado no MBA. De fato, ele viu que obteve melhores retornos quando a proporção foi invertida. "Eu percebi que a liderança bem-sucedida é 80% relacionada ao 'como' e 20% relacionada ao 'o quê'." Ele adicionou que um dos poucos arrependimentos que tem em sua carreira é não ter dado atenção antes para a importância crucial de criar uma cultura de liderança focada no "como".

Nesse sentido, David Webster, presidente global da Cargill Food Ingredients, afirmou que ele costuma focar 90% das avaliações de desempenho na melhoria do alinhamento da liderança com a cultura da Cargill e somente 10% na revisão numérica do desempenho. Esses executivos de alta performance são exemplos de que o elemento cultural e comportamental da liderança, o "como", é quatro vezes mais importante do que a estratégia e as métricas quantitativas para a performance de longo prazo do negócio.

O que é exatamente esse "como"? Para responder a essa pergunta, analisaremos padrões de comportamento que temos observado entre os CEOs e seus times que predizem um desempenho acima ou abaixo de seus colegas. Essa análise é importante. Perderíamos detalhes relevantes se tentássemos explicar a performance somente com base em valores, realizações e biografia do CEO. Tais comportamentos são responsáveis pela evolução dos negócios ao longo do tempo, assim como preservam uma cultura relativamente estável.

Antes de entender como atuam os melhores CEOs, vamos contrastar sucesso e fracasso contando uma história real sobre o processo de sucessão de uma grande empresa. Esse caso demonstra como várias expectativas e percepções arraigadas impedem a evolução dos negócios. Por questões de confidencialidade, os nomes dos personagens foram alterados.

O QUE AS EMPRESAS BUSCAM NA HORA DE CONTRATAR UM CEO

Essa história comprova como premissas não questionadas geram decisões perigosas. Trata-se do processo de sucessão de um dos profissionais mais bem-sucedidos dos Estados Unidos, o CEO de alta performance de um grupo industrial e com um histórico de crescimento de dois dígitos que competia com o desempenho do lendário Jack Welch da GE.

Esse caso foi contado pela vice-presidente de uma consultoria global que teve um papel chave no processo sucessório. Vamos chamá-la de Karen.

Antes de assumir a posição de presidente do Conselho de Administração, o super-respeitado CEO assumiu o compromisso de recomendar o seu sucessor, que deveria ser escolhido dentre uma lista de quatro candidatos, todos "da casa" e com perfis bem distintos entre si. Ele levou a tarefa a sério, formou um pequeno comitê com alguns conselheiros de sua confiança e contratou três empresas para apoiá-lo: uma consultoria global de gestão, uma equipe local de psicólogos e Karen.

O papel de Karen era conduzir entrevistas de *assessment* com os quatro candidatos, para identificar as principais habilidades e os comportamentos de cada um e compará-los com o papel de CEO. Depois disso, ela deveria estabelecer um ranking do mais qualificado para o menos qualificado para o desafio. O CEO afirmou abertamente que ouviria a recomendação de Karen e das outras duas empresas e depois conversaria com os membros do comitê interno para tomar a decisão final sobre quem seria nomeado como próximo CEO.

O papel de CEO pode variar bastante em termos de alcance e complexidade, e vários aspectos devem ser considerados. Para recomendar um novo CEO, consultores experientes costumam começar analisando a estrutura de capital da empresa, pois isso ajuda a dimensionar o tamanho, o escopo e a complexidade do papel que o candidato deverá preencher. A maneira como a função é posicionada na estrutura ajuda a entender se o CEO será totalmente responsável por definir e implementar uma nova estratégia global para um grande líder de mercado – o que seria um papel muito significativo e que demandaria muita senioridade do profissional – ou se o seu papel é relativamente menor, exigindo apenas que o CEO alinhe a equipe para executar uma estratégia previamente definida. Nesse caso, em geral, o profissional responderia por um país ou uma região pequena, em uma indústria de menor complexidade e reportando para um CEO regional.

Em relação a essa empresa, Karen não tinha dúvidas de que o papel do CEO era bastante expressivo. O desafio era imenso. De modo realista, ela sabia que nenhum dos quatro candidatos teria todas as habilidades necessárias para liderar uma posição de CEO global daquela proporção. Pela sua experiência, Karen achava que o melhor a fazer era quebrar a posição em partes menores para analisar a capacidade dos candidatos de atuar em cada uma delas. Isso lhe possibilitaria testar quais combinações funcionariam melhor e traçar o ranking de maneira objetiva de acordo com a função.

Antes de examinarmos a recomendação de Karen, vamos considerar o que as empresas costumam buscar para uma posição de CEO:

- **INTELIGÊNCIA COGNITIVA OU PENSAMENTO ESTRATÉGICO:** No caso apresentado, isso contava muito, pois o principal papel do CEO era definir uma estratégia bem-sucedida de longo prazo. A formulação da estratégia presumia que o CEO tivesse um alto QI, então foram aplicados diversos testes aos candidatos, a fim de identificar seus níveis de inteligência analítica e de processamento. Pressupunha-se que o CEO deveria ser capaz de pensar mais rápido que qualquer outra pessoa na empresa;

- **EXPERIÊNCIA NO SETOR:** Outro fator chave era o tempo de experiência relevante. Se o currículo comprovasse que o CEO havia trabalhado na indústria por muitos anos, supostamente seria uma vantagem em relação a candidatos de outro setor. Também era possível supor que alguém com mais de dez anos de experiência como CEO e com histórico positivo de resultados seria mais efetivo no papel do que um candidato com meros cinco anos de experiência e resultados bons a medianos;

- **PEDIGREE:** Esse fator pode influenciar muito em uma decisão, embora poucos admitam. É preferível que o candidato tenha procedência das "escolas certas" ou de nacionalidades que a empresa julgue mais adequadas.

O problema desses três critérios bastante utilizados é que eles não são confiáveis para avaliar o que diferencia o desempenho de um CEO. O QI e a experiência de um executivo são considerados requisitos para a posição de CEO, e não um fator diferenciador de performance.

Algo que também dificulta a identificação de bons CEOs é que muitos candidatos medianos se saem bem em entrevistas – eles sabem como apresentar as suas experiências de maneira atrativa e demonstram um equilíbrio entre valores pessoais e competências profissionais. Ou seja, sabem o que o entrevistador quer ouvir. Talvez isso explique por que tantas vezes CEOs recém-contratados apresentam problemas de desempenho, embora tenham passado por processos seletivos intensos com *headhunters*, comitês e altos executivos.

Dito isso, quais as lentes utilizadas por Karen para recomendar o sucessor entre os quatro candidatos?

COMO PREVER O DESEMPENHO DE UM CEO: UM MERGULHO PROFUNDO

Karen estava determinada em buscar algo que os outros não estavam olhando e, por isso, examinava o comportamento mais profundo que um líder pode apresentar: os seus motivos. Ela sabia que entender as motivações dos quatro candidatos seria a chave para fazer a melhor recomendação.

O renomado psicólogo e professor de Comportamento Organizacional de Harvard, David McClelland, definiu motivo como "aquilo que as pessoas consideram intrinsecamente mais satisfatório, que fariam ainda que não fossem pagas para fazer". Os motivos são grandes preditores de comportamentos humanos e podem ser percebidos de várias maneiras, seja em conversas sobre aquilo que consideram mais importante ou sobre decisões do dia a dia. McClelland identificou os três motivos que mais impactam o comportamento dos líderes no trabalho – e Karen os considerou para avaliar os quatro candidatos: realização, afiliação e influência.

REALIZAÇÃO

Esse motivo é dominante em pessoas que gostam de medir o próprio desempenho com os mais altos padrões de excelência e que trabalham com disciplina para alcançar metas desafiadoras. É o que faz com que atletas sejam obcecados com a própria performance e continuamente estabeleçam novos recordes pessoais. Líderes que possuem realização alta tendem a mensurar as pessoas de acordo com o desempenho delas e costumam ser individualistas e competitivos por natureza. Uma referência de pessoa com esse motivo dominante é o já falecido piloto de Fórmula 1 Ayrton Senna, conhecido dentro e fora das pistas como exemplo de superação por suas voltas perfeitas para conquistar a *pole position* (primeira posição), seus treinos na chuva e sua obsessão em quebrar os próprios recordes.

AFILIAÇÃO

O motivo de afiliação, por outro lado, tem a ver com o cultivo de relacionamentos próximos e amigáveis e com o prazer em cuidar dos outros. São as pessoas que se lembram de enviar mensagens de aniversário, gostam de receber amigos em casa e telefonam para saber como os outros estão se sentindo após um resfriado. Líderes que têm afiliação alta tendem a ser empáticos e cuidadosos com as suas equipes, mas podem ser inconscientemente favoritistas e manter pessoas de baixo desempenho por lealdade. Eles precisam ter atenção redobrada para tomar decisões objetivas que envolvam pessoas. São exemplos positivos de afiliação os enfermeiros que trabalham com pacientes de cuidado intensivo, tais como UTIs ou hospitais psiquiátricos, e os médicos que se dedicam a acolher e entender o paciente como parte do tratamento. A empatia genuína, o cuidado e a compaixão são as características mais marcantes desses profissionais.

INFLUÊNCIA

O terceiro motivo é identificado em pessoas que sentem satisfação em causar impacto nos outros. Esses líderes gostam de ser notados e de se sentir importantes – ou de fazer com que outros se sintam assim. Esse motivo tem um lado luz e um lado sombra. O lado sombra é o comportamento coercitivo e autoritário utilizado por alguns chefes, que muitos de nós experimentamos em algum momento da carreira. É uma experiência de "abuso de poder". McClelland chamou esse lado de influência personalizada, porque o executivo usa tal recurso para se sentir mais forte, superior aos demais. Como resultado, a equipe se sente enfraquecida.

Já o lado luz da influência é percebido quando o líder se comporta visando fazer os outros se sentirem mais fortes e capazes. Ele pode inspirar o time e oferecer-se para mentorar profissionais menos experientes. McClelland chamou esse comportamento positivo de influência socializada.

Como identificar qual tipo de influência o líder está usando? Um teste rápido é perguntar a si mesmo como se sente logo após interagir com ele: você se sente energizado ou drenado/ansioso? Se for a primeira opção, é influência socializada. Se for a segunda, é influência personalizada.

Em doses equilibradas, a realização e influência socializada são uma das chaves para uma liderança bem-sucedida de times que entregam resultados sustentáveis.

No caso de sucessão que Karen estava trabalhando, todos os quatro candidatos obtiveram notas altas nos testes de QI, ou seja, eles tinham pensamento estratégico e eram ágeis na tomada de decisão. No entanto, o teste de motivos revelou resultados bem distintos.

A seguir, apresentamos rapidamente os quatro candidatos para que você forme a sua opinião sobre quem deveria ocupar o cargo:

- **Chief Strategic Officer (CSO):** O CSO era engenheiro, como o CEO, e havia trabalhado a vida toda na companhia. Era o candidato mais forte conceitualmente. Ele gostava de ser visto como alguém importante e de estar em posições de prestígio. Ele havia liderado várias unidades do grupo. O CEO o considerava um tanto preguiçoso, pois ele confiava muito na sua habilidade intelectual e não se preparava adequadamente em algumas situações;

- **Chief Marketing Officer (CMO):** Ele não era engenheiro e vinha de outra indústria. Tal como o CSO, ele era bastante conceitual, mas se preparava melhor e gostava de desenvolver pessoas mais juniores. Ele tinha menos experiência operacional quando comparado aos outros três candidatos;
- **Presidente da maior divisão:** Ele era altamente focado, engenheiro vindo da GE, muito intenso e decisivo. Dentre os candidatos, ele obteve a nota mais alta nos testes de raciocínio analítico;
- **Presidente da menor divisão:** Ele era também o mais jovem e muito parecido com o CEO quando tinha a mesma idade. Ele ainda não havia liderado uma grande operação e estava responsável por uma *joint-venture* na Ásia. Ele era visto pelo CEO como alguém íntegro, orientado a resultados e não arrogante. A propósito, ele jogava golfe, assim como o CEO.

Hora da decisão: com base nessas descrições, como você acha que ficou o ranking de recomendação de Karen? Uma vez que o CMO gostava de desenvolver pessoas e tinha um bom relacionamento com o Conselho de Administração, Karen recomendou que ele fosse colocado na posição de CEO e, enquanto isso, nos próximos cinco anos, seria possível trabalhar no desenvolvimento do presidente da menor divisão. Para balancear a falta de experiência operacional do CMO, Karen recomendou manter o excelente Chief Operating Office (COO) por mais cinco anos na posição. Ela sugeriu dar ao CSO, aquele que gostava de prestígio, uma função de representação externa. Ele tinha um filho com deficiência de aprendizagem, assim ela ponderou uma posição que não demandasse muitas viagens.

Karen frisou muito que não recomendava o presidente da maior divisão como CEO, apesar de ter a maior experiência operacional. Por quê? Porque ela sabia que a sua desenfreada necessidade de realização poderia ser destrutiva, especialmente em uma posição de CEO na qual você precisa alinhar o trabalho de pessoas que anteriormente eram seus colegas.

E o que a empresa decidiu?

Eles ignoraram a recomendação de Karen e nomearam o presidente da maior divisão CEO. Estavam seduzidos pelo candidato mais determinado e inteligente! Isso ilustra bem o paradigma do "macho alpha" ou "fêmea alpha" que faz com que tantas empresas escolham CEOs com altos QIs e promessas de "fazer acontecer". Por vezes chamados de CEOs heróis, eles alimentam a ilusão de que podem garantir um ótimo desempenho por meio de sua grande determinação e de seu senso de controle.

Karen acatou a decisão de modo elegante, reconhecendo que talvez tivesse lhe faltado habilidade para apresentar seu ponto de vista.

Quatro anos se passaram.

O telefone de Karen tocou, e ela reconheceu a voz do presidente do Conselho que havia ignorado sua recomendação.

"Você se lembra de mim?", perguntou ele.

"Lembro, sim", ela respondeu.

"Lembra que você me falou para não colocar George na posição porque ele poderia destruir a companhia? Bem, eu não ouvi você e ele quase acabou com tudo. Os quarenta executivos seniores ameaçaram pedir demissão em massa se ele não for desligado. Preciso da sua ajuda novamente..."

Ela deu uma pausa e respondeu com um sorrisinho nos lábios: "Claro. Mas você vai me escutar desta vez?".

O presidente do Conselho cumpriu sua palavra e seguiu a recomendação de Karen. O presidente da menor divisão, agora quatro anos mais experiente, foi colocado como CEO e foi um grande sucesso.

Esse caso nos mostra que saber o que de fato faz a diferença na posição de CEO aumenta significativamente as chances de sucesso em um recrutamento ou uma promoção.

O QUE ACONTECE QUANDO A LIDERANÇA FALHA

Assim como uma liderança responsável e orientada por propósito pode ajudar a resolver vários desafios da humanidade, uma liderança antiética e autocentrada é capaz de acabar com empresas e afetar seriamente a economia de países.

Em junho de 2006, a *Harvard Business Review* publicou um artigo muito comentado, intitulado "Leadership run amok: the destructive power of overachievers" [Liderança desenfreada: o poder destrutivo dos super-realizadores].[31] O artigo explicava como os motivos podem predizer por que alguns líderes constroem organizações bem-sucedidas em longo prazo enquanto outros se engajam apenas com resultados financeiros de curto prazo e levam o negócio para o abismo. As falências da Enron e da WorldCom foram resultado de culturas focadas em realização, sem qualquer senso de contribuição para com a sociedade e com um sistema de incentivos que preconizava a maximização do bônus dos seus executivos.

O documentário vencedor do Oscar de 2011, *Trabalho interno*, mostra o quanto a mentalidade de executivos "super-realizadores" estava impregnada em Wall Street, a ponto de tomarem tantos riscos que a crise financeira se tornou inevitável. O documentário deixou claro o quanto os superlucrativos (e tóxicos) negócios de derivativos privados permaneceram desregulados até 2008, expondo como executivos seniores de agências de rating atribuíram notas AAA para CDOs de alto risco, mesmo sabendo o quão perigoso era esse movimento. Mostra também como os líderes de várias instituições financeiras de Wall Street toleraram ambientes de trabalho disfuncionais e incentivaram a venda de produtos financeiros visando enriquecimento próprio e causando destruição de valor para os clientes. Na dança frenética por enriquecimento rápido, Wall Street se eximiu da ética e da responsabilidade fiduciária, dançando como se a música não tivesse fim.

Seis anos antes de o citado artigo da *Harvard Business Review* trazer à tona os perigos da tomada de riscos impulsiva dos super-realizadores, os políticos e banqueiros da Islândia haviam feito uma desregulamentação desastrosa de seu sistema financeiro. O documentário descreve como "os banqueiros jogaram dinheiro em si mesmos, uns nos outros e nos seus amigos". Grandes empresas de auditoria não viram nenhum problema nessas práticas e, no início de 2007, até as agências de crédito internacional elevaram os bancos minúsculos e superalavancados da ilha de 300 mil habitantes do Atlântico Norte para a classificação AAA. Instrumentos financeiros pouco compreendidos como os CDOs inflaram os rendimentos dos bancos, mas expuseram as mesmas instituições a débitos exponenciais. Quando a música parou, a quebradeira foi inevitável.

Três bancos pequenos, recém-privatizados e sem experiência internacional mancharam a Islândia com um débito de 130 bilhões de dólares, o equivalente a dez vezes a economia do país. Com a Islândia massivamente endividada, correntistas comuns, que foram incentivados a vida toda a guardar seus recursos nos bancos, perderam tudo.

As causas do colapso financeiro de 2008 – foco inconsequente nos resultados de curto prazo e falta de atenção às consequências de médio prazo – ilustraram a importância de tornar explícitos os valores e princípios das empresas; são eles que regulam comportamentos, deixando claro aquilo que é permitido. Se os valores de uma empresa são obscuros, a sua capacidade de influenciar líderes e colaboradores a tomarem decisões sustentáveis é tão tênue quanto a atuação solitária de um agente de regulação do mercado estadunidense tentando colocar ordem em Wall Street. Na ausência de limites claros, a isca do ganho de curto prazo vencerá de qualquer intenção de preservar o longo prazo do negócio.

COMO OS CEOs INTERAGEM COM OS TIMES EXECUTIVOS PARA CRIAR ALTA PERFORMANCE SUSTENTÁVEL

O time executivo é uma réplica da cultura da empresa. As interações de uma equipe executiva – particularmente as dinâmicas de poder entre o CEOs e seus diretos – revelam como outras partes da organização interagem entre si. Comportamentos do time executivo são replicados em toda a companhia, assim como as interações observadas em quaisquer partes da empresa podem ser rastreadas até chegarem ao time executivo. Isso significa que pequenas mudanças de comportamento na equipe executiva podem repercutir na organização inteira. É por causa dessa escalabilidade que focamos este livro nos CEOs e seus times diretos.

No famoso artigo da *Harvard Business Review*, "Leadership that gets results" [Liderança que obtém resultados],[32] o autor best-seller Daniel Goleman explicou como os líderes criam as condições para seus times diretos serem bem ou malsucedidos.

Assim como a força da gravidade, a liderança age de cima para baixo. CEOs controladores e hierárquicos criam uma cultura em que os níveis de direção, gerência e supervisão replicam os padrões de comportamento percebidos. Da mesma maneira, nas organizações em que os líderes mais seniores utilizam estilos voltados à delegação e empoderamento, as chances de encontrar esse mesmo comportamento no restante da empresa é muito maior.

Sem a utilização de conceitos sobre comportamentos de liderança, o tema fica muito abstrato. Por isso, abordaremos o assunto por meio de estudos validados, a fim de descrever esses comportamentos – os estilos de liderança. É preciso entender, primeiro, como esses estilos impactam a performance da organização, para depois reconhecer a diferença que CEOs mais efetivos podem fazer para a organização.

OS ESTILOS DE LIDERANÇA DO CEO E SEUS IMPACTOS NA PERFORMANCE DO NEGÓCIO

Um estilo de liderança é um padrão recorrente de comportamento. O líder pode utilizar um estilo para dar clareza ao propósito, um segundo estilo para auxiliar o time a aumentar a produtividade em 50% e um terceiro para ajudar no desenvolvimento de um membro da equipe. Dependendo da situação, líderes efetivos combinam vários estilos para gerar o impacto desejado, da mesma maneira que um pianista combina diferentes notas para produzir uma melodia.

Estilos de liderança diz respeito à influência. É por meio deles que o líder consegue engajar o time para obter resultados. É como aprender a tocar piano: você precisa conhecer as notas básicas e combiná-las de maneiras diferentes para gerar composições variadas. Saber incorporar diversos estilos de liderança resulta uma flexibilidade e maior capacidade de adaptação.

A seguir, apresentaremos de modo geral os seis estilos e as circunstâncias nas quais cada um é mais apropriado. À medida que você for lendo, procure identificar quais os estilos que melhor o representam.

ESTILO COERCITIVO: O estilo baseado em controlar os outros. É o clássico estilo de "comando e controle", que dirige a equipe para a entrega de resultados de curto prazo, fazendo o que o CEO mandou – ou enfrentando as consequências. É o estilo mais agressivo de todos, por isso deve ser usado com muita moderação. É apropriado em situações de crise, quando não há tempo a perder, ou para chamar a atenção de um profissional que já teve outras oportunidades de mudar e não o fez. Esse estilo pode ser destrutivo se utilizado em excesso. A energia que gera é negativa, é o oposto do empoderamento. CEOs coercitivos tendem a centralizar a tomada de decisões e a incentivar (de modo discreto) a competição entre as pessoas da equipe. Os membros do time acabam se sentindo encorajados a perseguir resultados individuais, mesmo que às custas do desempenho dos colegas. Ademais, a conduta coercitiva aumenta as chances de um CEO ser percebido como autoritário, mau ouvinte e incapaz de confiar nas pessoas.

ESTILO VISIONÁRIO: O estilo que une mentes e corações, conectando as pessoas a um propósito maior. Esse estilo, que tem como foco as pessoas e os resultados, confere clareza às situações, explicando os "porquês" do trabalho, e engaja as pessoas emocionalmente para realizar o propósito da empresa. É usado para comunicar a estratégia de maneira inspiradora, definir prioridades e estruturar as principais ações da organização. Ele cria significado e comprometimento, conduzindo as pessoas à ação. Diferente do estilo coercitivo, que é direto e seco, o visionário é expansivo, vivo e baseado em *storytelling* para criar conexão emocional. Ao contrário do que pode parecer, não é um estilo *soft*. Ele gera pragmatismo por meio do engajamento da equipe com resultados claros e oferece feedback rápido e assertivo sobre o que está indo bem e o que precisa melhorar; se bem aplicado, ele oferece um forte compasso moral, servindo aos interesses da empresa e dos clientes. Um CEO com estilo visionário é fundamental para elevar o time executivo para os níveis três e quatro, em que os membros da equipe são encorajados a tomar decisões complexas de negócios.

ESTILO AFETIVO: O estilo da harmonia e da compaixão pelos outros. Quando combinado com outros estilos visando à performance, o afetivo pode fazer o trabalho da equipe "rodar" de maneira mais suave. Na essência, esse estilo é um complemento que líderes dotados de inteligência emocional utilizam para construir confiança e segurança psicológica. Seu impacto é muito positivo em situações de estresse e vulnerabilidade, como a que vivemos durante a pandemia da covid-19. Esse estilo permite que as pessoas se sintam valorizadas e respeitadas por serem quem são, não apenas pelos resultados que apresentam. CEOs que utilizam esse estilo criam energia positiva reconhecendo o bom desempenho das pessoas, elogiando-as e encorajando-as a realizarem interações amistosas independentemente do nível de senioridade. O uso apropriado do humor para dar leveza ao ambiente é outra marca do estilo afetivo, trazendo harmonia no trabalho.

O capital emocional e a confiança que esse estilo oferece permite que os times se recuperem mais rápido de contratempos e fiquem mais tempo na zona de alta performance, pois líderes afetivos prontamente oferecem suporte quando alguém da equipe ou da família passam por desafios pessoais. No entanto, o estilo afetivo nunca deve ser o único no repertório de um líder, pois, se usado de maneira isolada, ele dá a impressão de falta de foco em resultados e falta de consequências em relação ao baixo desempenho.

ESTILO DEMOCRÁTICO: O estilo que ajuda as pessoas a trabalharem em equipe de maneira produtiva. Quando combinado com o visionário, esse estilo é o responsável por construir os processos e as habilidades interpessoais que apoiam os times nos níveis três e quatro. Ele promove a tomada de decisão colaborativa, fazendo com que os integrantes da equipe pensem sobre os problemas e as soluções sob diversos ângulos, debatam alternativas e desafiem premissas para alcançar o consenso da melhor maneira possível. Líderes com estilo democrático forte deixam claras as expectativas para as discussões do time e facilitam as discussões para que os membros sejam produtivos. Se utilizado sozinho ou com times muito juniores, o estilo democrático pode causar frustração por gerar reuniões pouco estruturadas, sem ações decorrentes. Líderes indecisos tendem a fazer mau uso desse estilo, pois não assumem a responsabilidade diante de decisões arriscadas ou impopulares. Alguns líderes manipuladores usam o "falso democrático", pedindo que o time contribua com ideias e ignorando uma a uma, até que a equipe diga o que ele esperava ouvir. Nesse caso, ele fala: "Eu adorei a ideia de vocês. Vamos seguir com ela!".

ESTILO MODELADOR: O estilo intolerante que demanda perfeição. É baseado na prática que, em geral, atinge bons resultados de curto prazo devido ao heroísmo do líder. CEOs do tipo realização e movidos por altos padrões de excelência tendem a apresentar o estilo modelador. É um pouco difícil para a equipe lidar com ele, pois líderes modeladores valorizam estrelas individuais como eles. Se usado em um nível moderado, o líder moderador injeta no time um senso de desafio que motiva os membros a alcançar um alto desempenho. Contudo, se usado sozinho ou combinado com o estilo coercitivo, o modelador, conhecido por sua característica perfeccionista, pode fazer do líder um "microgestor" impaciente que acha que os resultados da equipe nunca são bons o bastante. Por serem do tipo que "colocam a mão na massa", os líderes modeladores têm grande dificuldade em delegar atividades para o time, pois os outros nunca parecem "prontos" ou "maduros o suficiente". Se perceberem que um integrante da equipe está com dificuldades em alguma atividade, eles assumem para si o trabalho, a fim de garantir que será feito de acordo com os seus padrões de excelência, mesmo que isso signifique passar o fim de semana trabalhando. Os líderes modeladores dedicam pouco tempo esclarecendo os objetivos das tarefas ou dando feedback, o que torna o ambiente de trabalho desmotivante e, por vezes, improdutivo.

ESTILO TREINADOR: Esse estilo transforma gestores em líderes por meio de feedback e da paixão por ajudar a expandir o potencial das pessoas. Junto com o estilo visionário e democrático, o treinador completa o triângulo de estilos altamente efetivos que o CEO precisa desenvolver para criar um time de alta performance. Nos esportes, um técnico com esse estilo pode ajudar um time de nível três atingir o quatro, fazendo com que talentos individuais como Michael Jordan, do Chicago Bulls, entenda as vantagens de atuar como membro da equipe e não jogador individual. Em relação ao ambiente corporativo, esse estilo auxilia as pessoas a refletirem sobre seus pontos fortes e as áreas a serem desenvolvidas, a fim de se tornarem melhores profissionais. Diferentemente dos líderes modeladores, que têm grande habilidade em resolução de problemas e fornecem respostas prontas para economizar tempo, os treinadores investem tempo e fazem perguntas certeiras que auxiliam os membros do time a terem os próprios insights.

Para atuar como líder treinador, é necessário desenvolver confiança e entender o que faz as pessoas mudarem e o que é mais significativo para cada um, de acordo com seus objetivos e suas necessidades individuais. Aliás, é por isso que, em geral, os líderes treinadores possuem também o estilo afetivo, que ajuda os outros a construir confiança. Quando esse estilo é predominante na liderança, o líder acaba por incentivar reflexões profundas sobre crenças subjacentes que levam ao aumento de consciência da equipe.

COMBINAÇÕES DE ESTILOS DE LIDERANÇA QUE FORTALECEM OU ENFRAQUECEM A PERFORMANCE DO TIME

Estilos de liderança não são atributos genéticos de alguns privilegiados – embora determinadas pessoas tenham mais facilidade de incorporar certos estilos devido a traços de personalidade ou experiência adquirida. Como qualquer outro comportamento, os estilos de liderança podem ser aprendidos, suavizados ou mesmo eliminados em questão de meses, desde que haja comprometimento, disciplina e ajuda de coaching.

Em nosso trabalho como coaches executivos, acompanhamos líderes que construíram novos estilos praticamente do zero em um curto tempo, como quatro a seis meses, e, na maioria das vezes, em períodos de seis a doze meses. As pessoas normalmente perguntam quantos estilos de liderança são necessários para criar um time de alta performance. As pesquisas indicam que, se o líder utilizar um repertório composto de três ou mais estilos dominantes, o clima da equipe tende a ser positivo. O uso de dois ou mesmo um estilo de liderança limita bastante o líder, pois o deixa com poucas opções ou recursos para atender a uma ampla variedade de desafios e situações de negócio. É a velha história: "Para quem só sabe usar martelo, todo problema vira prego". Algumas combinações de estilos são desejáveis e outras, desastrosas. Vários estudos compararam os estilos utilizados por líderes de equipes de alto desempenho com os usados pela liderança de times de performance mediana ou baixa; e as diferenças são significativas.

Há um padrão que pode ser associado aos melhores líderes, independentemente de geografia, cultura, indústria ou área funcional. O artigo "Leadership run amok: the destructive power of overachievers", já mencionado neste capítulo, afirma que uma pesquisa feita com 21 executivos seniores revelou que os 11 líderes cujos times entregavam os melhores resultados utilizavam os mesmos padrões de estilos de liderança.

Ao mesmo passo, pesquisas em diferentes culturas, lugares e setores comprovam que quanto mais consistente é o **clima da equipe**, melhor e mais sustentável será a sua performance, isto é, a capacidade de gerar resultados. Se o clima da equipe for neutro ou ruim, é provável que o desempenho dela também seja ruim, principalmente em longo prazo. Esses parâmetros nos ajudam a entender por que alguns times rendem além do esperado e podem funcionar como uma direção para as equipes de baixa performance voltarem para os trilhos.

O clima da equipe pode ser simplificado em quatro fatores, que devem ser tratados com a máxima atenção:

1. **Clareza:** É o fator mais importante para a performance, o motor sem o qual nada funciona. A clareza permite saber se os membros da equipe conhecem de fato seus objetivos de longo prazo (para onde a empresa está indo) e se sabem qual é o papel de cada um para que atinjam o resultado. Os estilos visionário, coercitivo e treinador fortalecem esse fator.

2. **Excelência:** É como os membros do time percebem os objetivos desafiadores, mas tangíveis. É sobre estabelecer uma meta alta de performance com objetivos desafiadores e foco em melhoria contínua. Líderes que apresentam uma combinação de estilos

visionário, coercitivo e modelador tendem a gerar ambientes que enfatizem a excelência.
3. **Trabalho em equipe:** É medido levando em consideração a colaboração ativa do time para realizar objetivos comuns e a relação de confiança e respeito mútuo entre os membros da equipe. O estilo democrático é o que apresenta maior correlação com o trabalho em equipe.
4. **Responsabilidade:** Esse fator mensura o grau de empoderamento. Indica se os integrantes da equipe sentem que têm autonomia para tomar decisões sobre o seu trabalho sem ter que obter aprovações a cada passo. Times com alto nível de responsabilidade se sentem encorajados a tomar riscos calculados sem medo de retaliação. Os estilos visionário e democrático desenvolvem autonomia e responsabilidade no nível do time, enquanto os estilos visionário e treinador fazem o mesmo no nível do indivíduo.

Após um período de doze meses, o estudo de Harvard mencionado anteriormente constatou, ao analisar os quatro fatores do clima da equipe, que os onze times que tiveram resultados altos geraram um lucro de 711 milhões de dólares a mais que os com resultados medianos ou ruins.

Agora, vamos examinar quais estilos de liderança os líderes com ótimos resultados costumam usar e quais os utilizados por líderes com resultados medianos ou mesmo ruins.

OS ESTILOS DE LIDERANÇA DOS CEOs COM TIMES DE ALTA PERFORMANCE

A introdução da novela *Anna Karenina*, do russo Liev Tolstói, poderia ser adicionada às recomendações de como a liderança deve se comportar. Tolstói escreveu: "Todas as famílias felizes são iguais. Cada família infeliz é infeliz à sua maneira".

Equipes de alto desempenho e seus líderes – como Tolstói ilustrou com as famílias felizes – se comportam de modo semelhante. No experimento mencionado de Harvard e em diversos outros, encontramos um padrão. Mesmo em culturas nacionais de "comando e controle", como é o caso do México, Brasil e Rússia, o perfil dos melhores líderes é exatamente o mesmo de culturas mais igualitárias.

No mundo inteiro, os CEOs das melhores equipes executivas demonstram um comportamento que é uma combinação de quatro estilos de liderança:

Visionário: sendo claro em relação ao propósito compartilhado e estabelecendo prioridades-chave;

Democrático: estimulando o time a colaborar, inovar e tomar decisões em conjunto;

Afetivo: criando um ambiente de confiança e segurança psicológica para o time;

Treinador: promovendo a aprendizagem contínua e o desenvolvimento individual e coletivo da equipe.

Essa combinação é tão poderosa porque todos os quatro estilos tocam em aspectos emocionais positivos, que despertam o melhor das pessoas.

OS ESTILOS DE LIDERANÇA DOS CEOs COM TIMES DE BAIXA PERFORMANCE

Líderes de times de baixo desempenho, tais como as famílias infelizes de Tolstói, seguem seus próprios roteiros. Examinando dados coletados de milhares de líderes de equipes de performance fraca e com clima ruim, percebemos que, enquanto as lideranças bem-sucedidas usam três a quatro estilos para extrair o melhor das suas equipes, líderes ineficazes costumam ter um repertório mais limitado de um ou dois estilos tóxicos.

Os dois estilos tóxicos que impedem os times de alcançarem resultados positivos sustentáveis são o coercitivo e o modelador.

Coercitivo: dá ordens sem nenhuma explicação, demanda obediência imediata e controla de perto;

Modelador: impõe demandas irreais aos outros e exige que tudo seja feito à sua maneira. Incentiva o individualismo e a competição em vez de trabalho em equipe.

Como já comentamos, esses dois estilos de "comando e controle" podem ocasionalmente produzir bons resultados de curto prazo em situações de crise, por causarem um tratamento de choque.

No entanto, na maioria das situações, esses estilos (especialmente o coercitivo) devem ser monitorados com muito cuidado devido a seus efeitos colaterais. Usar apenas um desses estilos pode ser desestabilizador (e desmoralizante), mas combinar os dois é letal para os times.

Você deve estar se perguntando por que alguns estilos têm impacto tão positivo nos resultados e no moral da equipe, enquanto outros são tão destrutivos. Vamos analisar essa questão mais a fundo nas próximas páginas.

QUEBRANDO O CÓDIGO ESSENCIAL DA LIDERANÇA

Predizer comportamentos de liderança tem a ver com reconhecer padrões. Assim como a maioria dos usuários de laptops e smartphones não entende como roda o sistema operacional desses dispositivos, poucos líderes realmente entendem por que algumas pessoas são bem-sucedidas em tudo o que fazem enquanto outras precisam se esforçar muito para criar qualquer impacto. CEOs que reconhecem essa diferença já saem na frente, pois esse conhecimento aumenta as suas chances de tomarem decisões acertadas em relação às pessoas. Afinal, esses líderes estão em busca do quê? E quais as evidências de que de fato encontraram o que estão procurando?

Warren Buffett, da Berkshire Hathaway, afirmou que um dos segredos de sucesso dos seus negócios era o alto índice de acerto em decisões sobre as lideranças – acima de 90%. Ele identificou um único fator que permitia dizer se o proprietário da empresa que estava sendo adquirida faria ou não uma boa gestão daquele negócio após a venda. Esse fator era a paixão. "Essa pessoa", perguntou Buffett, "tem paixão pelo negócio ou pelo dinheiro?". Buffett confessou prestar bastante atenção no que a pessoa falava de modo espontâneo, o que revelava bastante sobre a motivação dela.

Não por acaso, os quatro estilos de liderança que predizem sucesso de longo prazo são construídos em torno de propósito compartilhado e paixão. Os estilos coercitivo e modelador, em contraste, são frios e racionais, focados em gerar resultados seguindo as métricas de negócio. Isso sugere que os melhores líderes ajudam seus times a embarcar em uma jornada de desenvolvimento que tem um propósito inspirador – como vimos no primeiro capítulo –, enquanto os líderes ineficazes dirigem a empresa apenas concentrando-se em resultados e métricas de curto prazo.

Como diferenciar esses dois tipos de líderes? Há como prever se uma liderança vai empoderar e engajar o time em torno de uma visão de longo prazo ou se vai controlar tudo de perto, focando apenas no curto prazo?

Há vários estudos detalhados que analisam as interações humanas. Dois pesquisadores eminentes – John Gottman e Paul Eckman – desenvolveram separadamente duas linguagens científicas de codificação com fórmulas matemáticas para entender o comportamento humano. Eles partiram de pontos diferentes. Paul Eckman treinou agentes de CIA e do FBI para detectar expressões faciais de quando alguém está mentindo, enquanto John Gottman, da Universidade de Washington, estudou como as expressões emocionais de casais poderiam indicar a duração do relacionamento.

John Gottman ficou famoso por observar vídeos curtos de conversas entre casais e prever se eles estavam à caminho de um casamento duradouro e feliz ou na iminência de uma separação. O sistema de codificação desenvolvido por ele se chama SPAFF (que pode ser traduzido como Afeto Específico) e consegue prever uma separação com 95% de precisão apenas observando o diálogo do casal por sessenta minutos. Em meros quinze minutos, o método já confere 90% de acuracidade.

Uma de suas descobertas empíricas mais famosas afirma que, para uma relação durar, é preciso haver uma proporção de cinco emoções positivas para uma negativa, 5:1. Ele também descobriu que, quando os casais começam a se engajar em emoções negativas, 94% das vezes eles continuam buscando mais negatividade, como se fossem um caminhão desgovernado sem freio.

As ideias de Gottman sobre comportamento marital eram tão fortes que ele brincava que os amigos pararam de convidá-lo para jantar. Mais adiante, ele e um colega encontraram um atalho que dava quase certeza da separação, em apenas três minutos, apostando em uma única emoção codificável. Essa emoção era o desdém – e a sua presença era diagnosticada por um olhar rápido e exasperado para cima, uma cara de desprezo.

E como isso se aplica a times executivos? Tendo visto como a separação de casais pode ser prevista ao analisar padrões de comportamento ocultos nas conversas, vamos examinar as pesquisas que revelam como se dá as interações entre a liderança e seus times.

David McClelland foi um dos professores de Comportamento Organizacional mais influentes de Harvard, fascinado por estudar o que fazia com que líderes, times e nações tivessem um desenvolvimento positivo. No começo da carreira, ele acreditava que o fator mais importante para o sucesso era o motivo de realização – caracterizado pelo trabalho duro na busca por resultados de longo prazo, empreendedorismo e melhoria contínua. Com o passar do tempo, McClelland descobriu que os dados contavam uma história diferente. Ainda que a realização contribuísse para uma liderança bem-sucedida, a influência socializada se destacava mais nesse contexto. Como já mencionado neste capítulo, a influência socializada é a alavanca para o exercício da liderança positiva, que ajuda os líderes a alcançarem resultados por meio de outros, inspirando times a trabalharem por algo maior que eles mesmos. Ela também faz com que alguns líderes tenham mais satisfação em desenvolver pessoas do que os demais.

A influência personalizada, por outro lado, é uma expressão mais antiga do mesmo motivo, na qual os líderes se utilizam de outras pessoas para alcançarem seus objetivos pessoais. Ela é característica de líderes que gostam de ser servidos, como o Sauron, em *O senhor dos anéis*. Já a influência socializada é sobre servir a uma causa maior e ter satisfação em ver a sua equipe crescendo em autoconfiança e habilidades, como o Gandalf, que trabalhava para unir os nove membros da Sociedade do Anel.

As descobertas de McClelland foram confirmadas pelos assessments de líderes bem-sucedidos, que comprovavam quais estilos de liderança estavam ligados à influência socializada: visionário, democrático e treinador. Esses líderes utilizavam o estilo modelador, ligado ao motivo de realização, apenas como suporte, e não de maneira dominante.

Já as lideranças que usavam bastante o motivo de realização ou a influência personalizada, eram avaliadas pelas equipes como coercitivas, modeladoras ou uma combinação tóxica dos dois estilos.

Para mensurar com precisão cada um dos três motivos, McClelland criou um sistema preciso de codificação de comportamentos e padrões de pensamentos ligados aos motivos realização, afiliação e influência (aqueles mencionados no caso de sucessão em que Karen trabalhou).

Uma vez que os motivos estão no limiar da consciência, McClelland utilizou um teste projetivo conhecido como *picture story exercise* [exercício das histórias das fotografias] para trazê-los à tona. Os executivos recebiam uma série de imagens em preto e branco e eram convidados a escrever histórias curtas e fictícias sobre "o que eles imaginavam que estava acontecendo" em cada imagem. Influenciados pelos seus motivos, cada executivo escrevia coisas diferentes sobre as imagens. As histórias revelavam um padrão de pensamento que indicava a intensidade dos três motivos naquelas pessoas (do mais forte para o menos forte).

Um time de psicólogos especialistas em codificação analisava rigorosamente cada palavra, imagem e emoção contidas nas histórias, a fim de determinar uma pontuação para cada motivo. Por não termos total consciência dos nossos motivos, os executivos adivinhavam um deles, mas se surpreendiam com os demais. Isso pode ser explicado pela influência do meio; em alguns momentos, somos levados a suprimir inconscientemente os comportamentos naturais, a fim de nos adequarmos às expectativas de gestores, professores e da família. Ao nos reconectarmos com o que realmente nos satisfaz, liberamos uma energia poderosa que permite que nos expressemos com mais autenticidade no trabalho e nas relações pessoais.

O QUE IMPULSIONA A LIDERANÇA: MEDO DO FRACASSO E ANTECIPAÇÃO DO SUCESSO

O sistema de codificação de McClelland permitiu aos pesquisadores descobrir a diferença entre o que impulsiona os líderes de times de alta performance e o que atrapalha a liderança das equipes de baixo desempenho.

Comparando as histórias dos líderes com alto estilo visionário com as dos com grande estilo coercitivo, era possível perceber diferenças fundamentais na maneira como os dois grupos encaravam os obstáculos com os quais se deparavam rumo aos seus objetivos ambiciosos. Mesmo quando esses líderes passavam pelas mesmas dificuldades, o modo como pensavam sobre os desafios divergia bastante. As histórias dos visionários geralmente destacavam a autoconfiança do líder de que, qualquer que fosse a adversidade, encontraria uma maneira de superá-la. Essa visão otimista foi denominada "antecipação de sucesso". Já as histórias dos líderes coercitivos revelavam outro padrão. Esses líderes estavam focados na real possibilidade de fracasso e citavam preocupações em controlar e minimizar riscos, sem qualquer confiança no sucesso. Esse padrão de pensamento foi codificado como "antecipação do fracasso".

Já deve ter ficado claro que o estilo visionário tem uma correlação positiva com o alto desempenho, e o coercitivo e o modelador têm uma negativa. As evidências sugerem que a autoconfiança inabalável é um dos diferenciais dos líderes visionários para empoderar seus times e alcançar resultados ambiciosos. Os visionários acreditam que, a despeito do desafio, a sua equipe é capaz de enfrentar a situação e achar uma saída. Essa convicção acaba ajudando o time a encontrar soluções. Por outro lado, as evidências também mostram que os líderes que se apoiam no estilo coercitivo são inconscientemente guiados por um medo de errar e tomam as decisões sozinhos, pois acreditam que, se for de outro modo, o time irá fracassar. Elas transmitem a sua ansiedade e falta de autoconfiança para o time, o que resulta em baixa performance. Esses líderes têm muita dificuldade de confiar na equipe, porque só enxergam uma maneira de resolver as coisas: a deles. Coercitivos não dão autonomia às pessoas e esperam que elas simplesmente cumpram todas as ordens. Modeladores – que não costumam ter habilidade em comunicar o que desejam – esperam que as pessoas adivinhem o que precisa ser feito. Os dois estilos causam grandes perdas, pois os indivíduos mais talentosos ou desenvolvem *burnout*, ou decidem sair da empresa.

A professora Carol Dweck, de Stanford, autora do livro *Mindset*,[33] descreveu um processo parecido entre os líderes com mentalidade de crescimento e os com mentalidade fixa. A mentalidade de crescimento revela uma autoconfiança de que, independentemente dos obstáculos, a nossa capacidade de aprender continuamente e realizar mais é ilimitada. A mentalidade fixa transmite ansiedade quando diante de uma adversidade, resultando em controle rígido em vez de confiança de que o time é capaz de achar soluções.

É interessante notar que os estilos visionário e democrático – que estão, respectivamente, em primeiro e segundo lugares no ranking de alta performance – são baseados em valores de colaboração e trabalho em equipe. Os líderes que utilizam os dois estilos incentivam os times a trabalharem em união e os veem como uma entidade coletiva, com potencial de realização que vai além da soma das partes. Eles se concentram em maximizar o resultado geral do grupo. Já os coercitivos e modeladores gerenciam a equipe focando os indivíduos, pois não a percebem como um todo. Por essa razão, eles preferem a comunicação um a um, na qual é mais fácil para cada membro entender o que o líder espera dele – mesmo que o time não tenha ideia do que é esperado de cada um. Isso sugere que gestores com perfil "comando e controle" enxergam a equipe como uma soma de indivíduos, e o objetivo é maximizar o resultado de cada unidade de maneira separada.

Em suma, os que lideram por meio dos estilos visionário e democrático consideram o time como um todo e transmitem uma confiança inabalável no sucesso. Os coercitivos e modeladores, em contrapartida, separam a equipe em indivíduos e gradualmente transferem a cada um suas dúvidas e medo do fracasso. Um estilo de liderança reflete uma escolha – consciente ou inconsciente – de motivar pela confiança ou pelo medo.

OS LÍDERES PODEM MUDAR SEUS COMPORTAMENTOS?

Alguns líderes acreditam que a mudança é possível, e eles mudam. Outros não acreditam que as pessoas são capazes de mudar e, assim, eles mesmos não mudam. Se houver motivação genuína, comprometimento, ambiente cultural positivo e ajuda de coaching, líderes podem, sim, passar por uma transformação; e é o que de fato acontece.

Pesquisas sobre neuroplasticidade do cérebro confirmam que a mentalidade de crescimento, citada por Carol Dweck, é uma evidência científica e biológica, e não uma mera hipótese. Se, durante nove a doze meses, você remodelar o cérebro por meio do reforço de novos padrões neurológicos, uma nova mentalidade se consolidará e novos hábitos substituirão os anteriores.

As três coisas que aceleram uma mudança comportamental no trabalho são: comprometimento, cultura de suporte e coaching. Se não houver genuína disciplina por parte do executivo com a mudança, uma cultura organizacional que valorize os novos comportamentos e a ajuda de um coach experiente para conduzir o processo, as chances de sucesso diminuem sensivelmente. Mudar é difícil e ninguém muda contra a sua vontade. Alguns executivos carecem de consciência, humildade e flexibilidade para remodelar seus hábitos. Isso é bastante visto em empresas em que executivos com perfil "comando e controle" são os que obtêm sucesso e reconhecimento. Nesses casos, em vez de perguntar "como eu posso mudar?", esses profissionais tendem a pensar: *Sempre funcionou para mim dessa maneira, por que mudaria agora?* Algumas crenças limitantes são difíceis de alterar, em especial quando a mentalidade fixa do líder consegue convencê-lo de que comportamentos são imutáveis.

Uma vez que os estilos coercitivo e modelador são baseados em antecipação do fracasso, pode ser ainda mais difícil para executivos que apresentam esses dois estilos dominantes quebrarem o ciclo: pessimismo, não confiar em ninguém e hesitar em dar um voto de confiança para empoderar os seus times. Mais à frente, dedicaremos um capítulo ao tema transformação pessoal e como essa mudança pode ser realizada com eficiência.

Na hora de escolher um líder para a posição de CEO, nossa recomendação clara e simples é a mesma de Karen no caso de sucessão: evite líderes de perfil "comando e controle". Esses enfraquecerão a própria equipe e trarão consequências negativas que vão contaminar a cultura de liderança da organização.

Vamos fechar este capítulo apresentando os riscos e benefícios de vários perfis de CEOs e os impactos decorrentes de combinações de alguns estilos de liderança.

BLENDS DE ESTILOS DE LIDERANÇA TÍPICOS DE CEOs

Nosso objetivo é propor uma espécie de "avaliação de crédito" baseada em como o CEO impacta as seguintes esferas: (1) funcionamento do time executivo, (2) cultura de liderança da organização e (3) resultados de negócio.

Assim como as avaliações de crédito mensuram a saúde financeira da empresa, essas "avaliações de crédito de liderança" calculam os riscos em se tratando de líderes em uma escala de maior risco (classificação mais especulativa de curto prazo) para o moderado a baixo, terminando em AAA (uma garantia de sustentabilidade de resultados no longo prazo). Em cada caso, vamos frisar como a interação do CEO com o time executivo impacta a cultura de liderança e os resultados de negócio.

O desenvolvimento de times executivos não é um processo linear, mas é mensurável. Ele pode ser acompanhado por pesquisas que captam a evolução nos níveis de clareza, padrões de desempenho, autonomia conferida pelo CEO e grau de confiança, orgulho e colaboração que sentem em relação aos colegas. Esses indicadores também estão associados à melhoria dos resultados do negócio e do clima organizacional em todos os níveis da empresa.

Vamos começar pelo perfil de mais alto risco – o chefe bombeiro – e, aos poucos, avançar até o que gera alta performance sustentável – o triple-A.

CHEFE BOMBEIRO

Avaliação de crédito de liderança: B ou BB. Sem grau de investimento, especulativo ou altamente especulativo.

Estilos de liderança: coercitivo e modelador em níveis elevados.

Características do time executivo: O ambiente é caracterizado por silos e gestores territoriais, sem uma cultura de equipes ou objetivos comuns a serem alcançados. As dinâmicas são dominadas por líderes de facções e grandes egos individuais competindo entre si por poder e recursos. O ambiente é de baixa confiança, no qual o poder é conferido de acordo com a entrega de objetivos de curto prazo e o grau de lealdade ao CEO.

Tomada de decisões: O CEO toma pessoalmente ou valida todas as decisões.

Performance do negócio: Em alguns casos, há bons resultados de curto prazo alcançados por meio de rígido controle financeiro. O foco passa a ser o caixa e o controle exagerado das despesas e do CAPEX (dinheiro investido na aquisição de bens de capital). O crescimento da receita tende a ser inconsistente devido à falta de inovação, colaboração e perspectiva do cliente/mercado.

Impacto geral da liderança: O foco tático do líder no curto prazo gera um ambiente de trabalho reativo e estressante, marcado por frequentes revisões de estratégias operacionais para melhorar o resultado de curto prazo. Os reportes diretos do CEO reclamam entre si da falta de estratégia clara e das reuniões executivas dominadas por pautas operacionais. Os membros do time afirmam não ter total clareza das suas responsabilidades e percebem o CEO tomando decisões importantes em reuniões individuais, sem informar às pessoas diretamente afetadas por elas. Algumas decisões parecem contradizer outras tomadas em reuniões anteriores. As pessoas se movem de uma crise para outra, sem incentivo para olharem além da sua área e pensarem no impacto do negócio como um todo. As áreas focam em otimizar os próprios resultados, se necessário competindo umas contra as outras. O ambiente de trabalho é de sobrevivência e os executivos fazem de tudo para que o CEO tenha uma boa imagem deles.

Os chefes bombeiros veem tudo sob lentes de gestão de crise e gradualmente espalham medo entre os membros do time por meio de microgestão e feedback corretivo daquilo que precisa melhorar. A necessidade de controle e a dificuldade de confiar nas pessoas faz com que esses executivos estabeleçam relacionamentos transacionais e baseados no medo.

Esses chefes enxergam as pessoas do grupo como imitações imperfeitas de si mesmos, que devem ser moldadas até que aprendam a pensar e agir como eles e a consultá-los antes de tomar qualquer decisão. De todos os perfis, esse é o mais disfuncional, com muitos exemplos de líderes controladores criando culturas organizacionais de baixa confiança, alto absenteísmo e repletas de problemas de saúde mental. Esse estilo de liderança tem o seu valor em momentos de crise ou em *turnarounds*, mas deve ter prazo de validade determinado.

AUTOCRATA ILUMINADO

Avaliação de crédito de liderança: BBB ou A. Grau de investimento inicial – risco moderado.

Estilos de liderança: coercitivo ou modelador em níveis elevados, visionário e democrático.

Características do time executivo: Há alguma evidência de objetivos compartilhados e comportamentos de time, mas quando a pressão por resultados é grande, a tendência do CEO com esse perfil é limitar a autonomia e tomar as decisões por conta própria. O poder e a influência são conferidos de acordo com os resultados do time e os individuais, sendo que este tem peso maior. Alterna entre momentos de colaboração em equipe e momentos de trabalho em silos com foco no curto prazo, criando uma sensação "bipolar" entre os membros do time.

Tomada de decisão: O CEO toma todas as decisões importantes, mas engaja o grupo e considera os pontos de vista dos membros na maioria dos casos.

Performance do negócio: Algum crescimento de receita focado nos clientes, mas, em geral, o desempenho financeiro tende a ser inconsistente, requerendo reviravoltas heroicas devido à falta de investimentos sustentados no futuro. Vê-se algumas inovações em produtos, mas a implementação das inovações é lenta, e a cultura e os sistemas dominantes ainda reforçam as linhas de produto tradicionais e os silos.

O time ainda depende do CEO para tomar as decisões importantes. Normalmente, a trajetória de crescimento e o ganho de *market share* não são sustentáveis.

Impacto geral da liderança: Os autocratas iluminados tendem a ser fortes, carismáticos e bem-sucedidos em liderar transformações de negócios. Jim Collins os descreveria como bons, mas não ótimos CEOs. O que os impede de serem ótimos é o ego (revisitaremos o assunto nos próximos capítulos). Eles atingem resultados centrando a empresa em si mesmos. Os estilos coercitivo e modelador são comandados pelo ego, enfraquecendo o time, enquanto os estilos visionário e democrático constroem confiança em torno do time. Os autocratas iluminados alternam energias contrastantes e, por isso, transmitem mensagens confusas, o que torna o seu comportamento um tanto imprevisível. Sabem que um propósito nobre, altos padrões de excelência e trabalho em equipe são a melhor maneira de liderar um negócio moderno. No entanto, têm necessidade de provarem a si mesmos e afirmarem sua autoridade, o que pode fazer com que coloquem os holofotes em si e subutilizem a equipe.

O porta-bandeira dos autocratas iluminados, Luís XIV, o rei da França que ficou conhecido como o Rei Sol, certa vez disse: "O Estado sou eu". Alguns CEOs atuais talvez sejam menos abertos quanto à importância que atribuem a si mesmos, mas, se observados mais atentamente, é possível identificar traços do ego do Rei Sol neles. Por mais iluminados que alguns líderes com esse estilo pareçam, eles podem ser resistentes em promover ou contratar pessoas que possam vir a sucedê-los. Durante as procissões dos generais vitoriosos em Roma, era costume colocar um escravo atrás do general para que ele falasse baixinho: "Lembre-se de que você é mortal". Os autocratas iluminados preferem andar sozinhos em suas procissões, sem potenciais sucessores para estragar a festa.

Muito se pode realizar contando com os bons instintos dos CEOs heroicos enquanto estiverem no comando. No entanto, como o ego deles impede que assumam qualquer causa maior que si mesmos, o nível de mudança cultural que eles estão dispostos a fazer é limitado porque não querem ter a sua autoridade ameaçada.

LÍDER ORIENTADO POR PROPÓSITO

Avaliação de crédito de liderança: AA. Grau de investimento – risco baixo.

Estilos de liderança: visionário, democrático, afetivo e modelador em níveis altos.

Características do time executivo: A liderança estratégica da empresa é realizada por um CEO visionário com profundo conhecimento do negócio amparado por um time executivo forte. Os membros da equipe são alinhados em torno de valores como colaboração, confiança e responsabilidade compartilhada por decisões-chave. O poder e a influência são conquistados por meio da contribuição dos indivíduos para o desempenho do grupo e por serem exemplo dos valores da companhia. Nesse contexto, surge uma cultura orientada por propósito focada em inovação e forte capacidade de execução.

Tomada de decisão: O CEO empodera o time executivo para assumir várias decisões estratégicas que estejam alinhadas com o propósito e os valores da organização. O CEO atua no desempate quando o grupo não consegue chegar a um acordo.

Performance do negócio: O time de liderança é capaz de sustentar a performance por um período de cinco a dez anos. A continuidade é garantida pela estabilidade da equipe, que sabe lidar (e bem) com os altos e baixos do mercado. Decisões de alocação de recursos são tomadas em conjunto e mudanças são permitidas ao longo da jornada.

Impacto geral da liderança: Essa combinação de estilos é encontrada em CEOs que conseguem levar a equipe executiva ao nível três – o primeiro nível que caracteriza um "time real". No nível três, os integrantes da equipe executiva colaboram ativamente e recebem autonomia do CEO para tomar decisões estratégicas sem ter que consultá-lo.

A mensagem do CEO é clara e emocionalmente consistente, livre do tom autoritário do coercitivo e do controle narcisista do modelador. A legitimidade de um líder orientado por propósito deriva de ajudar os outros a se comprometerem com uma visão e a trabalharem juntos para contribuir para a sociedade – bem diferente dos perfis do chefe bombeiro e do autocrata iluminado, cujo principal foco é consolidar o poder do próprio CEO criando dependência por parte da organização.

Os líderes orientados por propósito são construtores de equipes e seguem o estilo visionário, que é calcado em valores pessoais de união, servir a clientes, delegação de tarefas e responsabilidade por mudanças. Usam o estilo democrático para engajar o time no debate de ideias e tomadas de decisão conjuntas, para que todos se comprometam com a execução. Esses líderes são conectores naturais, dirigem sua energia para as comunidades que atendem e para as pessoas ao seu redor. Por meio do estilo afetivo, criam harmonia, relações de confiança e segurança psicológica. Por fim, esses líderes não abrem mão de altos padrões de excelência e usam o estilo modelador para atingir esse objetivo.

Como resultado desse *blend* de estilos de liderança, o time executivo é percebido como um corpo de tomada de decisões por si só, e não um apêndice da figura do CEO. Os membros da equipe executiva desenvolvem um alto nível de confiança uns com os outros e modelam uma visão empreendedora do trabalho para o restante da organização.

Só há uma combinação de estilos de liderança que supera o líder orientado por propósito no longo prazo. Ela representa o ápice da jornada do CEO e corresponde ao mais alto nível de desempenho do time executivo. Nós chamamos esse *blend* de líder triple-A.

LÍDER TRIPLE-A

Avaliação de crédito de liderança: AAA. Grau de investimento – risco mínimo.

Estilos de liderança: visionário, democrático, afetivo e treinador em níveis altos e modelador em nível médio.

Características do time executivo: A liderança estratégica da companhia é responsabilidade coletiva de um time executivo unido e continuamente trabalhado pelo CEO. Os membros da equipe trabalham alinhados com valores de aprendizagem contínua, colaboração e visão sistêmica. O poder e a influência são conquistados por meio da contribuição dos indivíduos para o desempenho do grupo e por serem exemplo dos valores da companhia.

Tomada de decisão: O CEO dá autonomia para o time executivo tomar as decisões estratégicas mais importantes, tendo como bússola o propósito e os valores da organização. Todas as decisões e suas consequências são assumidas pela equipe.

Performance do negócio: O time executivo é capaz de sustentar a performance do negócio por períodos superiores a dez anos. A continuidade do propósito é garantida devido à existência de um núcleo estável de membros e a algumas adaptações realizadas ao longo do tempo para reposicionar a empresa em diferentes ciclos de negócio. As decisões de alocação de recursos surgem nas discussões de negócio dos times liderados por essa equipe executiva, colocando as necessidades dos clientes como fator crítico da decisão.

Impacto geral da liderança: Esse é o padrão demonstrado pelos CEOs que ajudam seu time executivo a atingir o nível quatro, o mais alto para "times reais". Nesse nível, o CEO age como guardião da cultura da empresa e desenvolve a equipe executiva para tomar as decisões mais acertadas e consistentes, seguindo o propósito e os valores da companhia.

Um CEO triple-A representa o padrão ouro da liderança nos negócios. Um líder altruísta e determinado a alcançar o propósito de longo prazo da organização por meio do desenvolvimento de um time executivo forte, um time de líderes triple-A. Construir uma equipe dessa natureza requer uma disciplina fora do comum. A capacidade do time executivo chega ao máximo, fazendo com que os membros trabalhem em estado de *flow* (fluxo), isto é, em um estado de excelência em performance, para além das barreiras do ego.

Os líderes triple-A têm autoconfiança para desenvolver um time excelente, composto por indivíduos melhores que eles mesmos. Esses líderes são ótimos estrategistas e bastante hábeis em orquestrar e desenvolver pessoas. Têm profundo conhecimento da natureza humana e do comportamento de equipes, o que torna possível grandes transformações. O professor de Harvard Richard Hackman descreveu que, sob a liderança de um líder com esse perfil, o time executivo é plenamente capaz de tomar decisões com autoridade de CEO em todos os assuntos que envolvem a companhia.

Sob o ponto de vista formal de governança, há pouca mudança: o CEO continua respondendo individualmente para o Conselho de Administração por todos os temas do negócio. A diferença está no dia a dia, em que a tomada de decisão por parte do time executivo possibilita que a empresa seja gerida com mais agilidade pela figura de um "CEO coletivo".

O que diferencia o líder triple-A do líder orientado por propósito é que este age prioritariamente como um coach da equipe executiva como um todo, desafiando-a a atingir níveis mais elevados de performance, enquanto os membros aprendem e se desenvolvem como time. Já o líder triple-A cria valor sustentável de longo prazo por meio da equipe executiva, ajudando-a a trabalhar em níveis de criatividade sem precedentes.

Um estilo de
liderança reflete uma
escolha — consciente
ou inconsciente —
de motivar
pela confiança
ou pelo medo.

4

times reais

O compromisso do CEO em construir uma organização excelente

"Somos a maior startup do planeta.
Nós nos encontramos por três horas
toda semana para falar sobre tudo o que
estamos fazendo – o negócio como um todo.
E há um tremendo trabalho em equipe
no topo da companhia.
Trabalho em equipe demanda
confiar que os outros farão a sua parte
sem ter que ficar observando o tempo todo,
confiar que eles entregarão a parte deles.
E isso é o que nós fazemos muito bem."

STEVE JOBS (1955-2011),
fundador da Apple

TEMPESTADE PERFEITA: AS PRESSÕES QUE OS CEOs MODERNOS ENFRENTAM

A vida agitada dos CEOs tornou-se ainda mais frenética devido à pressão por novos modelos de negócios, rupturas na cadeia de distribuição, digitalização e incertezas constantes provocadas pela pandemia da covid-19. O "curto prazismo", que já era elevado, aumentou. Um estudo da McKinsey, que acompanhou vinte CEOs recém-nomeados, revelou que a capacidade de entregar resultados no curto prazo foi determinante para a longevidade dos CEOs. Foram substituídos antes de completar dois anos na função 83% dos executivos cujo valor das ações caiu nos primeiros doze meses, enquanto 75% dos CEOs cujo valor das ações subiu no primeiro ano de gestão permaneceram na cadeira por mais de dois anos. O prazo dos CEOs para provar a sua capacidade nunca foi tão curto.

Como consequência, os CEOs focam no operacional e têm menos tempo para se dedicar à estratégia que garantirá o crescimento de longo prazo. Entre 2016 e 2020, o tempo médio do CEO na posição caiu de oito para 6,9 anos, de acordo com estudo da Korn Ferry.[34] A média de rotatividade no cargo de CEO nas 2.500 maiores empresas atingiu 17% em 2018, e 39% das demissões ocorreram por motivos éticos, e não de desempenho.[35] A pressão para encontrar atalhos buscando melhores resultados para a empresa ou benefícios pessoais provou ser muito forte para alguns. Não bastasse o ambiente de extrema pressão, há um grande nível de discordância no mercado sobre os critérios que constituem um bom CEO. Na prática, o que os Conselhos de Administração consideram um "bom CEO" é bem diferente do que mostram os estudos organizacionais e a experiência empírica.

A escolha dos CEOs continua sendo influenciada pelo mito do todo-poderoso macho (ou fêmea) alfa, capazes de transformar a empresa sozinhos. Na busca por um novo CEO, os Conselhos de Administração historicamente buscaram pelo perfil de executivo carismático, determinado, que exala autoconfiança e "faz o que tem que ser feito". Mais recentemente, algumas empresas têm optado por uma mudança radical, abrindo espaço para uma nova geração de executivos (e executivas) comandarem posições extremamente desafiadoras, como na indústria automotiva (Mary Barra, CEO da General Motors) e em grandes bancos globais (Jane Fraser, CEO do Citigroup). Diferente dos seus colegas CEOs do JP Morgan e do Goldman Sachs, que rapidamente restabeleceram o retorno da jornada presencial, Fraser quebrou as normas carregadas de testosterona de Wall Street demonstrando empatia organizacional.

Pela primeira vez em uma grande empresa de Wall Street, ela instituiu uma jornada de trabalho remoto no mínimo dois dias por semana e estimulou horários flexíveis para que os colaboradores pudessem evitar congestionamentos no trânsito e participar de reuniões escolares. Essas mudanças por ora não acarretaram perda de produtividade. Em entrevista à *Bloomberg Businessweek*,[36] Fraser comentou seu desejo explícito de usar a nova cultura organizacional do Citi para vencer a concorrência, atraindo os principais talentos do mercado. "Você se livra de culturas anacrônicas e libera a energia que estava retida", disse ela. E completou: "Nós estamos construindo nosso caminho para sermos tão relevantes nas décadas futuras quanto fomos no passado. E estamos dispostos a fazer isso com coragem".

Declarar guerra cultural com rivais tradicionais como o JP Morgan e o Goldman Sachs requer clareza estratégica e compromisso autêntico com valores que o CEO incorporar, mesmo que sob intensa pressão.

Em *Empresas feitas para vencer*,[37] Jim Collins estabelece duas características dos CEOs mais efetivos no longo prazo, que ele denomina CEOs de nível cinco. A primeira é humildade e a segunda, determinação. Esses profissionais são "fanáticos" em construir um legado e com necessidade incurável de produzir resultados.

DESENVOLVEDORES DE TIMES EM VEZ DE CEOs HEROICOS

No capítulo anterior, mostramos a importância dos CEOs que verdadeiramente acreditam em times e que empoderam a equipe executiva de modo que ela trabalhe como uma unidade independente. Agora, vamos examinar algumas práticas-chave adotadas por CEOs altamente eficazes para inspirar a liderança do seu time.

É preciso muita habilidade e autoconhecimento por parte do CEO para fazer indivíduos altamente capazes trabalharem juntos em uma unidade coesa. Influenciar executivos fortes, que talvez nunca tenham valorizado o trabalho em equipe, a embarcar em uma jornada colaborativa que requer grande nível de confiança pode ser uma tarefa bem difícil. É preciso fazê-los confiar no processo e acreditar que, trabalhando em equipe – se não imediatamente, dentro de um espaço de tempo razoável –, eles serão beneficiados como indivíduos e levarão a organização a um desempenho melhor acima do mercado.

Para alcançar isso, o CEO precisa ter clareza do próprio papel e do que atribuiu para o time executivo, fazendo com que cada um entenda o que é esperado dele e da equipe como um todo. O CEO e o time executivo definem as normas que o restante da empresa replicará. Com o passar do tempo, essas normas de comportamento se tornam a cultura corporativa. O jeito de trabalhar do CEO – "comando e controle", empoderamento ou uma mistura deles – cria um campo de energia que se propaga para toda a organização.

Ter um CEO com alto nível de autoconhecimento, liderança de times e entendimento da cultura é, portanto, fundamental para a empresa ter sucesso no médio e no longo prazo.

EMPRESAS PODEM SER LIDERADAS POR UMA PESSOA SÓ?

Dada a velocidade e complexidade de múltiplos fatores que requerem o tempo e energia do CEO, está cada vez mais difícil para um indivíduo desempenhar esse papel sozinho – não importa o quão inteligente, experiente ou disciplinado ele seja. Por isso, o caso de sucesso que analisamos no capítulo anterior exigiu que a função fosse distribuída em partes.

Há uma cena famosa no filme *Tubarão* em que o chefe de polícia de Amity Island, Martin Brody, atira uma isca especial, que mistura peixe e sangue, na parte traseira do barco para atrair o tubarão branco que eles estavam pescando. Até esse momento do filme, nem Brody nem seus colegas haviam visto o tubarão. Quando Brody se vira distraído, depois de atirar uma segunda isca, para se livrar do cheiro ruim, ele vê por cima dos ombros a cabeça gigante do tubarão abrindo a boca. Ele se dá conta do tamanho do animal e, traumatizado, caminha de costas até a cabine do capitão. Mal conseguindo falar, avisa: "Você vai precisar de um barco maior".

Vários CEOs, diante de tantas transformações e passando por uma pandemia, devem ter tido a mesma sensação de Brody, de estarem despreparados para desafios tão grandes que surgiam à sua frente.

Pensando nisso, selecionamos insights práticos de vários CEOs que conseguiram maximizar as chances de sucesso fortalecendo seu time executivo para tomar decisões. Também reunimos exemplos de perdas culturais e financeiras significativas que algumas empresas sofreram por não utilizar adequadamente a sua equipe executiva.

Antes de seguirmos, é importante voltar um passo e fazer uma pergunta essencial: você realmente precisa de um time executivo? Por quê? Em vez de assumir que o trabalho em equipe do time é uma panaceia para qualquer situação, vamos examinar em quais situações faz sentido o CEO investir tempo e energia no desenvolvimento de uma equipe executiva.

POR QUE VOCÊ PRECISA DE UM TIME EXECUTIVO?

Se o seu modelo de negócios é relativamente simples, a empresa tem poucos colaboradores e um número pequeno de negócios ou áreas que não precisam colaborar umas com as outras para terem sucesso, talvez você não precise de um time executivo. Quando o CEO possui conhecimento técnico e estratégico muito mais profundo do que qualquer outra pessoa da empresa, é perfeitamente aceitável que tome as principais decisões. Nesse caso, por que pedir aos seus reportes diretos que participem de reuniões de outras áreas que têm quase nenhum impacto nos seus resultados? Não seria mais produtivo para todos organizar reuniões um a um a fim de combinar um plano com objetivos, metas, monitorar o desempenho e resolver questões bilaterais com cada uma das áreas envolvidas? Muitos fundadores de pequenas startups lideram dessa maneira, resolvendo os problemas na medida em que eles aparecem com os indivíduos diretamente envolvidos. De modo semelhante, os CEOs de holdings financeiras diversificadas reúnem os CEOs de cada negócio para compartilhar e revisar os números. Em situações que requerem pouca colaboração entre colegas, esse modelo de redes com um CEO forte no centro conectando os demais líderes pode ser bastante efetivo para dar o direcionamento e a autonomia de que eles precisam para trabalhar. Não seria interessante, nesses casos, criar um time executivo. No entanto, há casos em que um time executivo interdependente operando com autonomia é necessário para alcançar resultados:

- Negócios em que o CEO não é um expert: nesse caso, o CEO precisa contar com a experiência de vários membros do time pensando juntos para compensar o conhecimento e a experiência que o CEO não tem;
- Negócios em que as áreas precisam trabalhar em conjunto para atender os clientes: um time executivo interdependente é apropriado sempre que diferentes perspectivas de negócio precisarem ser integradas para a entrega do produto ou do serviço ao cliente. Isso é bastante importante em situações em que áreas precisam negociar *tradeoffs* diante de objetivos que concorrem entre si, por exemplo P&D e Marketing, Compras e Qualidade, Comercial e Logística etc;
- Negócios complexos e com mudanças disruptivas: em situações em que o mercado é imprevisível e não há uma estratégia óbvia para o sucesso, várias cabeças pensando juntas podem produzir ideias melhores. Times executivos integrados adicionam valor quando o debate é necessário para tomar decisões complexas de maneira rápida. Como consequência natural de estarem engajados e definirem em conjunto as principais decisões estratégicas,

equipes de liderança dessa natureza tendem a se comprometer mais em executar aquilo que foi acordado coletivamente;
- Negócios em que o CEO está prestes a se aposentar ou a sair da empresa: poder contar com a capacidade de um time executivo que está acostumado a "carregar o peso" das decisões com o CEO pode mitigar riscos e garantir a continuidade da operação durante o período de transição do CEO;
- Para identificar e aperfeiçoar sucessores do CEO: um time de liderança engajado no debate estratégico e na tomada de decisão entre áreas de negócio promove um ambiente rico, no qual o CEO pode identificar e formar sucessores. Esse tipo de ambiente revela como as pessoas pensam sob pressão e como influenciam os colegas a colaborarem a fim de alcançar o melhor resultado para a companhia. Acertar na escolha da sucessão do CEO é um dos principais preditores para a sustentabilidade do negócio, e a criação de uma equipe executiva forte oferece o caminho natural para potenciais candidatos a CEO serem testados e conquistarem legitimidade. Com a expansão gradual do escopo e da visibilidade do trabalho, esses futuros CEOs podem ser preparados, reduzindo, assim, o risco da empresa de promover um executivo com responsabilidade em apenas uma área para o papel mais importante da organização. Vale lembrar que dez dos onze CEOs pesquisados por Jim Collins em *Empresas feitas para vencer* foram promovidos internamente. Em comparação, empresas do mesmo setor que não tiveram um bom desempenho no estudo de Collins apresentaram probabilidade seis vezes maior de ter um CEO recrutado do mercado;
- Negócios que requerem transformação cultural: transformações culturais demandam esforços coordenados de mudança de comportamento em função de uma estratégia. Elas são mais efetivas quando os colaboradores recebem uma mensagem clara do CEO e percebem que os principais líderes da organização se comportam de modo consoante. O alinhamento necessário – uma organização inteira mudando na mesma direção, no mesmo ritmo e ao mesmo tempo – é mais fácil de ser alcançado quando o time executivo colabora em prol do todo. Quando os silos

tradicionais resistem à mudança, uma equipe executiva unida em torno do propósito pode quebrar essa barreira e conduzir todos na mesma direção.

CEOs que lideram seus executivos como um "time real" atuam como integradores ou alquimistas, criando uma liga entre os indivíduos em que o todo é maior que a soma das partes. Nesse caso, o trabalho em equipe se torna essencial, corroborado por mecanismos de reforço e aprendizagem para que os membros do time interajam da melhor maneira possível. O trabalho de um CEO integrador é o mesmo que o de um técnico de basquete para criar confiança e fluxo entre jogadores individualistas, fazendo com que eles colaborem (e não fiquem apenas competindo pela cesta) nos momentos decisivos do jogo. Times esportivos excelentes desenvolvem a habilidade de jogar de acordo com o momento, responder ao ambiente, ficando menos dependentes de jogadas ensaiadas que são inúteis caso o time adversário não jogue conforme o esperado. Hoje em dia, times esportivos, assim como os de liderança, cada vez mais se destacam pela aptidão de responder ao inesperado e entregar resultados.

Enquanto CEOs tradicionais tendem a valorizar o esforço individual, os CEOs dos melhores times maximizam o empenho coletivo do grupo. Eles estimulam estrelas individuais para atuarem como uma constelação. Neste livro, reforçamos a prática de contar com a inteligência coletiva para promover agilidade e criatividade na tomada de decisão, sem ficar na dependência de apenas uma mente.

O CEO PROMOVIDO INTERNAMENTE OU O TRAZIDO DE FORA?

Será que as habilidades de liderança de um CEO são facilmente transferidas de uma organização para outra? Como a performance de CEOs preparados internamente difere daqueles vindos de fora?

A nossa experiência como consultores organizacionais e coaches executivos está alinhada com as descobertas de Jim Collins relatadas em seu livro *Feitas para durar*.[38] A descontinuidade de liderança em uma empresa, provocada pela contratação de CEOs vindos do mercado, impacta a manutenção da cultura, da qual depende a performance de longo prazo. Analisando o número de CEOs externos *versus* internos nas dezoito companhias que atingiram alto desempenho no longo prazo e comparando com as dezoito empresas que não conseguiram sustentar a performance esperada, a pesquisa mostra que apenas duas (ou 11%) das companhias bem-sucedidas já foram ao mercado para buscar CEOs, enquanto treze (ou 72%) das malsucedidas optaram por contratar CEOs de fora. Os dados evidenciaram que as organizações de melhor performance no longo prazo apresentavam probabilidade seis vezes maior de promover um CEO interno do que as companhias malsucedidas.

Um estudo realizado pela Universidade de Zurich[39] analisou 406 contratações de CEOs em 310 companhias listadas na bolsa de valores alemã e constatou que 59% dos novos CEOs vinham de fora *versus* 41% promovidos internamente. Ao verificar os motivos de os Conselhos de Administração tomarem essas decisões, as pesquisadoras concluíram que as empresas optavam por profissionais externos quando a performance da companhia estava ruim ou quando o CEO anterior havia se envolvido em algum escândalo ou violação ética. Já quando o desempenho da empresa estava bom, os Conselhos decidiam promover pessoas de dentro da organização. Ou seja, contratar um CEO do mercado tem a ver com um "sinal de esperança" em um momento ruim do negócio ou de instabilidade da marca.

Na mesma pesquisa, as autoras concluíram que a melhoria da performance da empresa ao longo do tempo depende da preservação do conhecimento específico do seu negócio, seja ele tácito ou implícito. Uma vez que os CEOs vindos do mercado não possuem esse componente, as pesquisadoras sugeriram que, em geral, a decisão de uma companhia de trazer um CEO externo em vez de promover um internamente reduz o desempenho futuro do negócio.

A Cargill, maior empresa familiar do mundo, requer explicitamente que as posições de CEO sejam ocupadas por líderes da casa. Por quê? Porque eles acreditam que a cultura organizacional única construída ao longo de oito gerações – compilada no manual interno chamado "Green Book" – tem valor incalculável para o sucesso do grupo e é mais bem transmitida por um CEO formado internamente. Por esse motivo, a Cargill leva planejamento sucessório e desenvolvimento de liderança muito a sério. Ainda que a cultura da companhia dê grande valor à entrega de resultados financeiros superiores, geralmente descritos como "o quê" da liderança, o desempenho financeiro é considerado um requisito básico, não suficiente para considerar um executivo para uma posição de CEO. O diferencial para futuros CEOs é demonstrar os comportamentos-chave de liderança que permitem que a Cargill continue crescendo – o "como" –, e feedback e coaching são fundamentais para esse movimento.

Outro fator tradicionalmente superestimado para presumir o sucesso de um CEO é o quociente intelectual, o QI. Claro que é importante que um CEO seja inteligente, mas foi comprovado em diversos estudos que alto QI é um fator de entrada, um "fator higiênico" para a posição, e não um diferenciador. Ter QI de "cientista maluco" não é o que torna alguém um ótimo CEO. A única habilidade de QI reconhecidamente diferenciadora para esses cargos é o pensamento analítico, a habilidade de detectar conexões importantes entre diferentes conjuntos de dados, é "conectar os pontos" que os outros não conseguiram. Essa é a habilidade que fez Steve Jobs se tornar o Steve Jobs.

Desenvolver um time executivo extraordinário requer do CEO uma mentalidade específica, que pode ser mais bem compreendida se olharmos primeiro para aqueles que não a possuem.

CEOs QUE NÃO ACREDITAM EM EMPODERAMENTO

Só a ideia de manter o time "coletivamente" responsável pelos resultados deixa algumas pessoas desconfortáveis. Por quê? O psicólogo Daniel Goleman descreveu em seu livro *Vital lies, simple truths*[40] [Mentiras vitais, verdades simples] como a mente humana é capaz de distorcer a realidade ao filtrar as informações desconfortáveis para nos proteger da dor psicológica. Para um CEO tradicional, ter as suas crenças questionadas pode gerar uma resistência que ele prefere evitar.

No caso dos times, o que impede alguns CEOs de delegar é a forte crença de que somente indivíduos podem ser responsabilizados por algo. "Eu não acredito em responsabilidade compartilhada, eu prefiro ter uma pessoa só para cobrar as respostas", disse um CEO entrevistado.

Nos três estudos de caso que compartilharemos a seguir, decidimos proteger os nomes dos CEOs e das empresas. A intenção não é criticar os envolvidos, dado que os três executivos mencionados são muito respeitados e se provaram efetivos em ambientes de "comando e controle". O objetivo aqui é mostrar a mentalidade desses CEOs que não conseguiram se adaptar à equipe quando o ambiente organizacional precisava que o fizessem. Por mais que fossem inteligentes e entendessem racionalmente a importância de trabalhar com o time executivo, algo causou resistência emocional nesses líderes e os impediu de compartilhar a tomada de decisão.

CEOs QUE NÃO ACREDITAM EM TIMES – CASO 1

O primeiro caso é de um CEO brasileiro cujo estilo duro de "comando e controle" gerou bons resultados financeiros no início da carreira. Ele era percebido, porém, como alguém que gostava de criar animosidade entre os seus reportes diretos, reforçando uma cultura de baixa confiança e aversão a riscos, o que prejudicou a criatividade do time e causou perda gradativa de receita. Uma consultoria global foi contratada para fazer uma análise do negócio e sugerir recomendações. A análise financeira confirmou que a lucratividade da empresa era resultado de uma forte gestão de custos e não de aumento de receita, apontando um declínio acentuado nas vendas. A avaliação da estrutura organizacional mostrou a existência de silos com poder de decisão bastante concentrado na matriz da empresa e pouca autonomia nas unidades. A companhia tinha uma cultura de "procurar culpados", na qual os líderes seniores evitavam tomar decisões e "delegavam para cima", transferindo os problemas operacionais das áreas para o time executivo a fim de não assumir a "culpa". Como o CEO acreditava que o time executivo deveria saber de tudo que acontecia na empresa, as agendas estavam sempre lotadas de temas operacionais. A pedido do CEO, uma pesquisa de clima organizacional foi conduzida somente com os colaboradores da matriz, na esperança de que a percepção daqueles que estavam mais próximos dele fosse mais positiva do que a dos colaboradores da linha de frente.

Não foi o caso. Segundo a consultoria responsável pela pesquisa, os resultados de clima da empresa foram os mais baixos de todo o setor!

Para lidar com esses desafios, o CEO comprometeu-se com o Conselho a começar um processo de coaching executivo para mudar o estilo de liderança, desenvolvendo um comportamento mais visionário e participativo. Para começar, o CEO recebeu um feedback do time executivo que mostrava um grupo focado em objetivos de curto prazo, com pouca clareza de longo prazo, sem autonomia para tomar decisões sem a validação do CEO e com níveis de confiança e colaboração extremamente baixos. Juntando os resultados da pesquisa de clima com o feedback da equipe executiva, o CEO admitiu que havia um problema com seu estilo de liderança e comprometeu-se publicamente a mudar.

O processo de transformação começou e, durante os cinco primeiros meses, as coisas pareciam estar indo bem, com vários sinais de mudança. O CEO convidou o time para trabalharem juntos na identificação e resolução de problemas das áreas pela primeira vez e delegou várias decisões operacionais para a equipe. No início, ele estava cético, mas depois reconheceu que o time tinha se mostrado capaz de lidar com mais autonomia e bastante motivado com isso – justamente como apontava a pesquisa.

Como parte da preparação para um workshop no qual o CEO e o time executivo iriam refletir sobre os aprendizados da gestão e tomar decisões sobre o futuro da companhia, foi gerado um novo feedback por meio de entrevistas com os membros da equipe para identificar o impacto das mudanças de comportamento do CEO. O feedback confirmou que o CEO estava evoluindo gradativamente e que o time estava colaborando mais do que nunca. O CEO havia reduzido as críticas em público e estava cobrando menos detalhes operacionais. Para que a equipe realmente acreditasse que o comportamento positivo do CEO duraria, faltava um último teste: o CEO estaria disposto a apoiar uma mudança cultural sugerida pelo time para restabelecer o crescimento?

Perguntados individualmente sobre a estratégia da companhia para gerar receita, a maioria dos membros da equipe disse que a empresa precisava reduzir com urgência o foco em controle de custos e tomar iniciativas para entender as necessidades dos clientes.

De uma perspectiva de "dentro para fora" em que os líderes eram acostumados a aguardar instruções sobre o que fazer, eles queriam mudar para uma perspectiva centrada no cliente, com autonomia e agilidade para tomar decisões.

Na última tarde do workshop, o time debateu várias opções estratégicas, chegando a duas ideias no *flip chart* – quadro branco com bloco de anotações afixado, muito usado em trabalhos de grupo. A primeira era fortalecer os KPIs (*Key Performance Indicators* – Indicadores-chave de desempenho) e processos operacionais para entregar os resultados de curto prazo – uma ação "mais do mesmo", que eles sabiam que o CEO apoiaria. A segunda ideia era fazer um plano para entender e atender às necessidades dos clientes – o que acreditavam que poderia melhorar a receita. A equipe executiva realizou uma segunda rodada de votação e a segunda ideia foi a escolhida.

O CEO discordou, argumentou que a equipe teria que primeiro entregar os resultados de curto prazo e que ele estava muito desconfortável em abandonar esse foco. Se o time não fosse capaz de entregar os resultados imediatos, ele disse que "não teria como confiar na capacidade deles". O time alegou que já havia se comprometido a entregar os resultados de curto prazo, mas que se não focassem no cliente para melhorar o desenvolvimento de produtos, era improvável que conseguissem aumentar as vendas.

Fizemos um intervalo e chamamos o CEO em privado para lembrá-lo que aquele era o momento simbólico que a equipe estava esperando para ver se ele estava disposto a mudar. Ele refletiu um pouco e disse que retornaria para a sala e faria um acordo com o time. Falou que apoiaria a iniciativa centrada no cliente e, em paralelo, pediria o compromisso da equipe de gerenciar o orçamento e os processos-chave. Era um potencial ganha-ganha que, em nossa visão, o time aceitaria. Retornamos para a sala e aguardamos com o grupo o retorno do CEO para aquilo que prometia ser um grande momento.

O CEO entrou na sala com uma expressão sisuda, lembrando os velhos tempos e falou em tom desafiador: "Eu refleti", ele começou, "e quero dizer que não tenho confiança nesse time para fazer as mudanças que estão propondo. Então, não vamos mudar a prioridade. Com esse time não dá." A equipe ficou em choque. O CEO parecia se sentir bem com o que tinha acabado de fazer e não deu maiores explicações. Alguns membros do time ficaram tão desconcertados com a situação que simplesmente pegaram as suas coisas e saíram da sala em silêncio.

O que aconteceu? Entre a nossa última conversa com o CEO e a entrada dele na sala do workshop minutos depois – figurativamente, faltando um minuto para a meia-noite no processo de mudança – o CEO voltou totalmente para o seu *old self*. No seu discurso final, esse CEO que havia passado a carreira toda fazendo microgestão jogou fora tudo o que havia aprendido sobre liderança e toda a confiança que construíra nos últimos cinco meses.

Esse caso ilustra como é difícil para alguns líderes compartilhar o poder e confiar no time. Mesmo quando parecem ter comprado a ideia racionalmente, eles não conseguem segurar as reações emocionais.

O presidente do Conselho conversou com os executivos e decidiu que depender de um indivíduo que não conseguia trabalhar com a própria equipe não era a cultura que a empresa precisava para o futuro.

Em quarenta e oito horas, o CEO foi demitido.

CEOs QUE NÃO ACREDITAM EM TIMES – CASO 2

Em outra multinacional, um CEO europeu altamente experiente, que já havia ocupado diversas posições executivas ao redor do mundo, estava procurando meios para melhorar a efetividade do seu time de liderança.

No início do projeto, descobrimos que a empresa estava enfrentando uma ruptura de abastecimento: vendeu grandes volumes de produtos que não conseguiria entregar aos clientes devido a problemas de produção. Discutindo essa situação em conversas um a um com o time executivo, ficou claro que o problema estava relacionado à maneira como o CEO trabalhava com seus reportes diretos, especialmente em discussões sobre planejamento de longo prazo. Ele primeiro fazia reuniões com cada reporte e só apresentava o plano consolidado no fim do processo. Nesse caso específico, o VP comercial teve a reunião com o CEO bem antes do VP de produção. Baseado nessa discussão, ele fez compromissos de vendas de que o VP de produção não tinha conhecimento. Quando o problema estourou, já era tarde demais. "Isso aconteceu porque nós nunca discutimos a estratégia como um time", disse o VP de produção, "se tivéssemos discutido a estratégia em conjunto, em vez de cada área falar somente com o CEO, teríamos visto o problema imediatamente e lidado com ele".

O CEO envolvia o time executivo em uma lista de assuntos operacionais e despendia em cada um a mesma quantidade de tempo, sem considerar uma ordem de importância. O foco no curto prazo podia ser visto nas agendas apertadas, sem tempo para discussões mais profundas sobre as causas dos problemas. Em nenhum momento, o CEO explicou para o time executivo a estratégia como um todo para que eles pudessem conversar sobre como cada pedaço se encaixava, pois o CEO acreditava que ele era o único que tinha a responsabilidade pelo todo.

No caso das rupturas de produto, uma vez que o CEO tomava decisões em modelo funcional com cada reporte direto – combinando metas de vendas com o VP comercial e volumes de produção com o VP de produção –, nenhum deles tinha como antecipar o problema. Isso fez com que o time não pudesse pensar de modo interdependente. Como consequência, a equipe ficou dependente do julgamento do CEO para resolver *tradeoffs* entre áreas.

Para tratar das deficiências gritantes do time executivo, foi organizada uma discussão sem a presença do CEO para a equipe conversar diretamente sobre os desafios estratégicos. Ao refletirem sobre as causas dessa crise entre vendas e produção, eles identificaram um problema maior. Além das equipes de vendas e marketing, ninguém mais no time tinha ideia dos compromissos assumidos com clientes estratégicos até que se tornassem públicos. Devido a estrutura de silos da empresa, somente o setor de vendas e marketing tinha acesso às informações dos clientes. Eles sugeriram ao CEO começar a trabalhar de maneira mais centrada no cliente, compartilhando com todo o time as necessidades do cliente. A equipe pediu ainda que no futuro eles passassem a discutir a estratégia em conjunto, substituindo as conversas individuais com o CEO. Além de salvar tempo desse profissional, eles poderiam identificar problemas entre as áreas desde o início.

Em vez de apoiar a sugestão do time executivo, o CEO mostrou irritação e falou em tom de quem não quer réplica que "não era assim que se tomavam decisões tão importantes" – sem indicar qual a maneira ideal para isso. A mensagem implícita era: "Eu mando aqui e eu tomo as grandes decisões".

Dado que o CEO estava em transição para o próximo desafio, teria sido uma oportunidade de ouro de deixar um legado e preparar a equipe para trabalhar de modo mais autônomo e colaborativo. Compartilhar sua autoridade chocava com a autoimagem do CEO de chefe tomador de decisões e seu jeito detalhista de interagir um a um, um traço típico do estilo modelador.

CEOs QUE NÃO ACREDITAM EM TIMES – CASO 3

O último caso é de uma grande empresa brasileira com um mix curioso de modelo de negócios muito bem-sucedido e uma cultura tóxica. O CEO nos chamou porque ficou indignado ao ler os resultados da pesquisa de engajamento e perceber que os resultados do time executivo eram os mais baixos de toda a companhia. O negócio fundado por ele havia crescido tão rápido, que ele não podia continuar gerenciando-o como uma empresa pequena em que chamava os colaboradores pelo nome e tomava pessoalmente todas as decisões. Logo, foi recomendado ao CEO profissionalizar a gestão da empresa. Ele estabeleceu uma estrutura de governança com um Conselho de Administração profissional e formou um time executivo com profissionais experientes contratados do mercado e entrevistados pelos conselheiros.

O Conselho de Administração quis entender qual era o problema de gestão e pediu recomendações. As causas por trás da desastrosa pesquisa de engajamento logo se esclareceram. Um dos membros do time compartilhou que ele e os colegas estavam aliviados em saber que a empresa faria uma revisão organizacional. Mostraram-se muito frustrados com a microgestão do CEO e com a falta de confiança que ele demonstrava na equipe – estavam considerando uma demissão em massa. O experiente time executivo se ofendia com o hábito do CEO de pedir explicações sobre investimentos mínimos que eles aprovavam. Outro membro da equipe comentou que o CEO tinha o hábito de colher informações do dia a dia de "fontes secretas" dentro da empresa. O CEO questionava o time executivo durante as reuniões sobre as informações que recebia, mesmo que não passassem de rumores ou jogos políticos de pessoas interessadas em proteger seus empregos e demonstrar lealdade por meio de intrigas.

Assim que nós terminamos o diagnóstico da empresa e perguntamos se o CEO estaria disposto a mudar alguns comportamentos, ele desistiu do projeto. A falta de abertura do CEO para olhar para si mesmo – o que a equipe apontava como a raiz de muitos problemas – levou vários integrantes da equipe de liderança a pedirem demissão logo na sequência.

Esses três casos evidenciam o quão difícil pode ser para alguns CEOs receber feedback e mudar. Além disso, ilustra o desafio que vários times executivos enfrentam quando o CEO não está disposto a olhar para aspectos disfuncionais do próprio comportamento.

Richard Barrett, que já analisou inúmeras organizações globalmente, comentou conosco: "Uma organização não pode operar em um nível de consciência mais alto do que o nível de consciência da equipe executiva". Se o CEO não é capaz de construir confiança com o próprio time, o trabalho em equipe se torna impraticável.

Tendo visto como CEOs ineficazes impactam seus times de liderança, vamos aprender o que fazem os CEOs de times excelentes para criar alta performance sustentável.

MASTERCLASS EM DESENVOLVIMENTO DE TIMES EXECUTIVOS

Os CEOs de times excelentes investem nestas três coisas para gerar alto desempenho sustentável:
1. Criam uma direção clara e convincente;
2. Estabelecem metas desafiadoras (porém alcançáveis) de performance;
3. Aprendem e se desenvolvem como indivíduos e como parte do time.

A seguir, vamos compartilhar recomendações que você pode adaptar para utilizar com o seu time em relação aos dois primeiros itens. O terceiro, sobre desenvolvimento de times, será abordado no próximo capítulo.

1. CRIANDO CLAREZA NA DIREÇÃO DA COMPANHIA

Pablo Di Si, presidente executivo da Volkswagen América Latina, foi preciso: "O ponto principal é a estratégia, e a sua definição cabe ao time executivo". Além do CEO e da equipe executiva, ninguém mais na organização tem a amplitude de visão do negócio e nem a legitimidade para definir para onde o navio deve seguir. Se o CEO e seu time direto não criarem uma estratégia clara, ninguém mais o fará.

Conecte estratégia e propósito – mente e coração

Entre as métricas de performance, "clareza de direção" é a que mais influencia a geração de resultados da empresa no longo prazo, seja qual for o setor de atuação. Pesquisas de engajamento indicando que os colaboradores não têm uma visão clara sobre os objetivos futuros da empresa e sobre suas metas de curto prazo são um alarme que demanda atuação imediata do time executivo.

Os CEOs mais efetivos alinham o time executivo e toda a organização em torno de uma estratégia de negócios que faça sentido para as pessoas. Essa apropriação da estratégia é a base da clareza organizacional. Não adianta investir em mudança de comportamento se a direção não estiver clara. O ex-presidente executivo e CEO de uma grande multinacional estadunidense ressaltou essa importância: "Primeiro, é preciso definir a indústria em que você está e, então, escolher os espaços em que vai operar. É necessário descrever a ambição da companhia, que não pode se resumir em ser melhor que os concorrentes." Ele descreveu como a inteligência e a ousadia de Steve Jobs atraíram talentos para a Apple: "Steve engajou muitas pessoas de sucesso que queriam participar de algo excepcional. O objetivo dele era 'fazer alguma diferença no Universo', e não 'fazer alguma diferença na concorrência'".

Ter uma estratégia clara é requisito básico, e não um diferencial. Os CEOs mais efetivos tomam duas atitudes para engajar as pessoas na estratégia organizacional.

A primeira é falar com convicção sobre o que você acredita e garantir que o time executivo está comprometido em fazer o mesmo. Para Pablo Di Si, os líderes que fazem a diferença nos negócios são os que evitam a política do "Sim, senhor" e demonstram coragem para desafiar e tomar decisões.[41] Ele se lembrou de um momento crítico, em 2020 – no meio da pandemia da covid-19 –, o qual descreveu como "um dos pontos mais altos da minha carreira". Ele e a equipe executiva da Volkswagen Brasil sofriam pressão da matriz para reduzir custos e, em função disso, deveriam fechar uma planta. Devido à experiência e ao entendimento do negócio local que o time tinha, eles perceberam que fechar uma planta em um momento de baixa do mercado seria uma decisão ruim, que os deixaria sem condições de atender à demanda quando a economia se recuperasse. Apesar da intensa pressão, a clareza e o forte comprometimento com a estratégia fizeram com que Di Si e seu time executivo mantivessem uma decisão que se provou acertada. "Eu fiquei muito grato em perceber que a equipe permaneceu unida apesar das consequências que poderiam vir", lembrou ele, "Nós estávamos arriscando o nosso pescoço". Di Si descreveu como o mercado reagiu logo depois e quão significativa foi essa decisão para eles como time e como organização. "Teria sido muito fácil para qualquer um de nós quebrar o acordo, muito fácil. Mas todos defenderam a estratégia." Di Si, com orgulho da equipe, declarou: "Nós não rachamos. Volto a frisar a importância da unidade do time. Nós permanecemos juntos para defender o que acreditávamos". Ele comentou que alcançar esse nível tão profundo de alinhamento "não foi um processo estruturado, veio do coração, foi autêntico".

Discuta regularmente a estratégia e o propósito com os líderes

A segunda atitude é fazer com que o time executivo desempenhe um papel central na mobilização da empresa para implementar a estratégia.

Paulo Correa, CEO da C&A Brasil,[42] fala que o segredo é ser claro em relação a aonde a empresa quer chegar, o *endgame*. "Saber aonde queremos chegar sempre foi meu combustível número 1. É o que me impulsiona a levantar da cama, o que me faz ir lá na frente das pessoas e falar: vamos!". Correa acredita que nenhum indivíduo é maior do que a organização, mas que "a causa é maior do que qualquer um de nós".

Ele defende que os executivos deveriam dar a devida atenção à discussão da estratégia para que as pessoas se apropriem dela – não há investimento melhor de tempo. "Discutir 'o quê' e o 'como' é sempre importante. Na verdade, é fundamental. Isso permite engajar as pessoas nos grandes elementos, mostrar por onde estamos indo e 'como' chegaremos lá em termos de valores e comportamentos. É um investimento de tempo grande, um trabalho progressivo, não é uma coisa *switch*, de liga/desliga."

Correa reforça que debater o entendimento da estratégia ajuda as pessoas a se apropriarem dela. "Temos uma estratégia-mãe hoje, a *C&A Fashion Tech*, e há vários elementos que a compõem. Quando investimos tempo de qualidade para deixá-la mais clara e desdobrar os elementos, criamos engajamento." As pessoas podem rapidamente formar um entendimento individual sobre o que a estratégia significa para elas, mas alcançar alinhamento coletivo depende da interação, do debate. Correa fala da importância de engajar as pessoas e envolvê-las no desdobramento para dar vida à estratégia: "É entender que o papel do time executivo é escrever o prefácio do livro, enquanto as páginas de cada capítulo serão escritas por várias pessoas. Na medida em que escrevem, elas se sentem donas, e a dinâmica vai para outro patamar."

Não se contente em explicar racionalmente a estratégia: crie propósito e significado

Os CEOs mais eficientes convertem o plano estratégico em uma jornada emocional e estimulante, que motiva as pessoas à ação. Esse processo de transposição do plano intelectual para o comprometimento emocional é a chave para a sustentação de uma mudança organizacional que leva alguns anos para se consolidar. Ainda que dados e entendimento racional satisfaça alguns – em especial os executivos tradicionais, guiados por números –, essa comunicação não é suficiente para a maioria. É de significado – e não de informações – que as pessoas mais sentem falta nas empresas!

Para que a mobilização aconteça, ela precisa se conectar com os valores das pessoas, aquilo que sentem que é a coisa certa a ser feita. As pessoas querem entender por que a estratégia é importante, como ela está ligada aos valores da empresa e aos seus valores. Desejam sentir que vale a pena empregar seu precioso tempo e sua energia para tornar a estratégia realidade. Investir tempo para construir um propósito que desperte a paixão tanto no time executivo quanto nos colaboradores é a chave para que toda a organização vá além.

O presidente de uma renomada consultoria global de gestão ponderou que: "Quando falamos sobre propósito nas empresas temos que nos preparar para enfrentar algum cinismo e manipulação desse propósito". Ele explicou que alguns clientes consideram a visão que há em torno do propósito uma ferramenta para manipular as pessoas com um fervor quase religioso, um mero pretexto para que trabalhem como os coelhinhos da Duracell. É importante considerar essa visão sem deixar que ela nos desvie das reais intenções. A única maneira de afastar o cinismo em relação ao propósito é ter o CEO e o time executivo comprometidos emocionalmente e dando o exemplo genuíno dos valores no dia a dia.

O processo em si de construir um propósito é tão benéfico para a equipe executiva quanto os resultados. Nós acompanhamos times executivos que investiram semanas em discussões complexas sobre a cultura da empresa, os desafios estratégicos, o espaço de mercado que a companhia poderia vir a ocupar e o quanto tudo isso estava conectado com os valores pessoais deles. O exercício de construção aumenta a clareza e pode levar a formulações novas e surpreendentes de um propósito capaz de gerar grande orgulho e energia. CEOs excelentes e suas equipes executivas são comprometidos em investir o tempo que for preciso para criar uma conexão poderosa entre a estratégia de negócio e um propósito que tenha significado para as pessoas.

O propósito do time executivo

De acordo com os pesquisadores de Harvard e autores do livro *Senior leadership teams* [Equipes de liderança sênior],[43] o propósito da equipe executiva é uma das três características que mais diferenciam as empresas de alta performance sustentável. Juntamente com "ter as pessoas certas" e "formar um time real", ter um propósito de equipe claro fecha o triângulo dos fatores essenciais para o sucesso do time executivo.

O propósito da equipe executiva tende a ser confundido com o da organização, mas os dois são bem diferentes. O propósito do time é a contribuição coletiva singular que aquela equipe oferece para a estratégia e cultura da empresa. Em geral, está ligado às principais *must win battles* (batalhas a serem vencidas) pela companhia. Ele responde à seguinte pergunta: "Quais são as prioridades estratégicas da organização que somente este time executivo consegue concretizar?".

Ainda que não seja empreender a estratégia como um todo, o propósito da equipe executiva é um grande facilitador para a implementação do propósito organizacional e para canalizar a energia das pessoas naquilo que de fato importa. Um exemplo de propósito do time executivo poderia ser: "liderar o processo de mudança cultural". Outro exemplo seria: "liderar a integração dos negócios A e B" – se esses negócios forem realmente estratégicos para a companhia, a integração não deveria ser de responsabilidade somente dos líderes de cada negócio, mas da equipe executiva como um todo. Um terceiro exemplo seria: "acompanhar a avaliação, o desenvolvimento e a promoção dos principais talentos da organização" – em vez de deixar essa responsabilidade apenas nas mãos do RH.

Presente nos times de alta performance (e geralmente ausente nos demais), o propósito da equipe executiva é um indicador por meio do qual o grupo pode mensurar o valor ímpar que agrega à performance e à cultura da organização.

A importância das normas de convivência

Os autores de *Senior leadership teams* (já mencionado neste capítulo) e os pesquisadores do Projeto Aristóteles[44] do Google reforçaram a importância da criação de normas de convivência para que os membros do time executivo tenham um ambiente de trabalho harmonioso, de confiança e altamente produtivo, no qual possam ser eles mesmos e trabalhar da melhor maneira.

Esse resultado surpreendeu os pesquisadores do Projeto Aristóteles, que partiram de uma hipótese totalmente diferente acerca do que favorece os melhores times: o nível de inteligência dos membros da equipe, a proporção entre extrovertidos e introvertidos, a convivência dos integrantes da equipe fora do trabalho. Esses fatores mostraram não ter qualquer relação com a efetividade dos times.

Justamente quando estavam penando para encontrar alguma correlação positiva sobre o que faziam os melhores times do Google, eles descobriram os estudos sobre segurança psicológica da professora de Harvard Amy Edmonson. Foi a chave para entender por que as equipes de alta performance trabalhavam de maneira inteligente coletivamente, tornando o resultado maior que a soma das partes, enquanto os demais times apresentavam comportamento disfuncional e sofriam muito para entregar resultados menos expressivos. O que faz com que times sejam efetivos não são as pessoas em si, mas como elas interagem. A pesquisa demonstrou que a "qualidade das normas de convivência do time" era um importante prenunciador de desempenho.

Dois comportamentos se destacaram entre as normas das melhores equipes e fizeram a diferença para potencializar a "inteligência coletiva". Uma delas era que "todos os membros deviam falar a mesma quantidade de tempo". Não havia nessas equipes bem-sucedidas vozes dominantes monopolizando a conversa ou subgrupos de pessoas falando entre si enquanto os demais permaneciam quietos, sem contribuir. Os pesquisadores chamaram esse fator de "equidade de distribuição do tempo de conversa". A outra norma identificada foi que, nos times mais efetivos, os membros eram "sensíveis às necessidades e aos sentimentos dos outros" e, por isso, conseguiam identificar tons de voz, níveis de energia e humor. Nas equipes menos eficientes, os integrantes focavam mais em tarefas e menos em sentimentos alheios. Esses grupos dedicam mais tempo ao raciocínio lógico e não são capazes de captar os sinais emocionais que criam segurança psicológica e confiança.

As normas de convivência dos times mais efetivos incluem "escuta ativa", que foi chamada pelos pesquisadores do Projeto Aristóteles de "escuta ostensiva" para enfatizar a importância dessa atitude nesses grupos. Nas interações, eles utilizavam técnicas que incluíam a repetição do que haviam escutado, checando o entendimento com perguntas do tipo: "Eu entendi a sua ideia corretamente?", não interrompiam o falante e olhavam para ele a fim de demonstrar total atenção.

A recomendação é que as normas tenham entre cinco e sete comportamentos, que sejam claras e focadas naquilo que de fato acarretará mais efetividade. Elas devem ser úteis para o time, não necessariamente "originais". À medida que o time evolui, as normas precisam ser revistas e atualizadas.

Apostando no futuro da organização

Parte importante da contribuição do CEO é a habilidade do mestre enxadrista de pensar vários movimentos à frente, posicionando a empresa nos próximos três a cinco anos e, em casos excepcionais, preparando de modo audacioso o caminho do negócio para os próximos quinze a vinte anos. Quando Pablo Di Si assumiu como CEO da Volkswagen América Latina em 2017,[45] a empresa não tinha autonomia para desenvolver novos carros e não era reconhecida dentro do Grupo VW como sendo capaz de realizar o lançamento completo de um carro. Di Si logo percebeu a importância de ser inovador e de desenvolver conhecimento técnico intensivo para manter a organização relevante: "Este mundo é baseado em conhecimento e não apenas no que você consegue produzir. Então, ter conhecimento é fator chave". A companhia coordenou uma série de lançamentos de alta qualidade no Brasil e na Argentina, resultando na maior temporada de lançamentos da história da região: "Nós lançamos vinte carros. Não houve nenhum atraso, nenhum estouro de orçamento".

Após conquistar reconhecimento como centro de inovação e desenvolvimento de excelência, Di Si montou um time digital no Brasil para produzir os novos produtos e serviços de *infotainment* que se tornou uma referência dentro do Grupo VW: "Antes, nós comprávamos o rádio da Alemanha, agora desenvolvemos e produzimos aqui e exportamos para setenta países do mundo VW".

A credibilidade conquistada com disciplina e entendimento das necessidades dos mercados locais permitiu que a VW Brasil produzisse o Nivus – o primeiro modelo desenvolvido no Brasil para o mercado latino-americano, que, na sequência, passou a ser produzido em Portugal para atender ao mercado europeu.

No longo prazo, é sabido que a produção atual de veículos com motores à combustão será substituída pelas tecnologias movidas a eletricidade e acompanhadas por crescente regulação ambiental. No entanto, mercados emergentes como Brasil, Índia e África ainda não conseguiram realizar a transição. Di Si viu uma oportunidade de reduzir a pegada de carbono da indústria nos mercados emergentes por uma alternativa não elétrica. Ele rapidamente construiu um plano de negócios e convenceu o Conselho de Administração da VW a construir um centro de pesquisa e desenvolvimento para biocombustíveis e etanol no Brasil – o único na indústria automotiva global. Di Si comentou: "Estou nesta jornada há dois anos. Eu não apoiei o etanol simplesmente por causa do composto em si. Apoiei porque, quando penso nos próximos dez ou vinte anos do Brasil, o mundo terá migrado para carros elétricos e os empregos por aqui vão sumir. Comecei a visitar fábricas, plantações de cana, associações, conhecer muitas pessoas de fora da indústria e então percebi que realmente tínhamos uma boa oportunidade com biocombustíveis e etanol no país".

Devido ao foco estratégico de longo prazo, Di Si foi promovido a presidente executivo da Volkswagen América Latina com responsabilidade direta por orquestrar a rede de relacionamentos políticos, técnicos e comerciais necessários para tornar a estratégia de biocombustíveis uma realidade.

Práticas recomendadas para desenvolver clareza

- Trate assuntos estratégicos de longo prazo e assuntos operacionais em reuniões diferentes. A maneira como se conduz os dois temas é bem diferente;
- Organize discussões profundas sobre a situação atual e as opções futuras com o time executivo. Utilize a inteligência coletiva para estabelecer um plano robusto para o futuro;
- Traduza a estratégia em uma visão inspiradora com mensagens que engajam emocionalmente e esclarecem por que a mudança é necessária e quais benefícios trará para as pessoas;
- Como equipe executiva, envolvam o próximo nível de liderança (todos juntos) para debater a estratégia e construírem o plano de implementação. Definam um *storytelling* a ser usado pelos líderes para gerar alinhamento;
- Descrevam de maneira clara os comportamentos esperados dos membros do time executivo, incluindo os que não serão tolerados. Garanta que todos estejam comprometidos com isso e que o grupo seja capaz de trocar feedbacks honestos para manter a exemplaridade;
- Realizem reuniões on-line com todos os colaboradores para atualizá-los sobre a implementação da estratégia e mantê-los informados e engajados.

Práticas a serem evitadas quando o assunto é clareza

- Iniciar imediatamente a execução da estratégia sem garantir que as pessoas tenham entendido o porquê das mudanças;
- Investir somente em comunicação racional de números e prazos, sem tempo para debate com os demais níveis da organização e sem conexão emocional;
- Definir que cada membro da equipe executiva desdobre as

prioridades estratégicas de maneira isolada, resultando em falta de sinergia e problemas de comunicação;
- Delegar a criação do propósito ou da visão da companhia para um time de experts em comunicação, com mínimo envolvimento do time executivo. Isso sugere falta de apropriação pela equipe executiva e resulta em perda de credibilidade;
- Permitir que membros do time executivo ignorem ou violem as normas de convivência sem que haja consequências.

Até aqui, abordamos as práticas e os comportamentos mais relevantes para criar um ambiente de total clareza. O próximo tópico será dedicado ao estabelecimento de padrões de desempenho, a fim de garantir a responsabilização do time e a alta performance sustentável.

2. ESTABELEÇA PADRÕES DE DESEMPENHO DESAFIADORES

O segundo fator que mais tem relação com o desempenho dos times executivos é o estabelecimento de uma régua alta, mas realista, de performance. A expressão "marcha de 20 milhas" foi criada por Jim Collins para explicar o que ele considera ser o ritmo de crescimento mais sustentável para um negócio. No livro *Vencedoras por opção*,[46] o autor descreve a jornada de 3 mil milhas de duas pessoas saindo de San Diego, na Califórnia, até o outro extremo dos Estados Unidos, no Maine. Um deles mantém uma rotina estável de 20 milhas por dia, ignorando as condições do tempo, se terá que enfrentar neve ou o calor do deserto. O outro caminha 40 milhas em um dia, fica exausto e decide descansar em dias de tempo ruim, acelera para 50 milhas por dia quando o tempo ajuda, mas logo se sente exaurido e sem condições de atravessar a tempestade de inverno que tem pela frente. No fim, o caminhante consistente em sua marcha de 20 milhas vence a corrida por margem considerável e deixa para trás o competidor que tinha muita autoconfiança e pouca disciplina.

O mesmo acontece na conhecida história da tartaruga e da lebre, das *Fábulas de Esopo*, em que a lebre começa a corrida muito confiante, porém, mais à frente, cai no sono – momento em que é ultrapassada pela tartaruga, que, em ritmo lento, mas constante, termina a corrida em primeiro lugar. Diferentemente da tartaruga, que, nem se quisesse, conseguiria correr mais rápido, os executivos em geral são capazes de correr em alta velocidade, mas precisam ter cuidado para não acelerar demais. O ideal é que encontrem um ritmo que possam manter até cruzar a linha de chegada.

Uma maratona, e não um *sprint*

Grandes variações anuais nos resultados, os famosos "voos de galinha", são prejudiciais para os negócios. Eles revelam ciclos imprevisíveis, com altos e baixos de performance, em que a empresa excede a expectativa em um ano e, no seguinte, entrega muito abaixo do esperado. Uma mentalidade disciplinada acompanhada de mecanismos de acompanhamento de resultados ajuda as empresas a avançarem constantemente, sem variação excessiva no desempenho, em que um ano de "vacas gordas" é seguido por outro de perda de investidores e bônus zero.

Isso traz à tona a importância do autocontrole, o que foi comprovado por um dos experimentos mais interessantes sobre desenvolvimento humano – o Teste do Marshmallow[47] – realizado pelo psicólogo e professor Walter Mischel nos Estados Unidos. A versão original do teste é da década de 1960 e pode ser vista em vários vídeos engraçados disponíveis no YouTube. Crianças na faixa dos 4 anos ganhavam algo que era muito tentador para o seu autocontrole: um pratinho com um único marshmallow. O adulto explicava que iria sair da sala e voltar dentro de alguns minutos. A criança poderia escolher entre comer o marshmallow imediatamente ou esperar pela volta do adulto e, como recompensa, ganhar um segundo marshmallow. Câmeras escondidas filmavam a agonia dos pequenos durante esses minutos que pareciam não passar nunca. Alguns tocavam, cheiravam o marshmallow e depois o colocavam de volta no prato, outros dançavam pela sala para esquecer a tentação, outros tentavam cochilar. Alguns resistiram e esperaram, outros não. Passados catorze anos, o pesquisador entrevistou pais, professores e colegas das crianças para entender como elas estavam. Ele descobriu que aquelas que tinham resistido à gratificação imediata do marshmallow tinham notas acadêmicas significativamente mais altas, melhor desempenho nos esportes, mais autoconfiança e melhores relacionamentos que as crianças que não se controlaram. Esse teste se revelou um preditor de longo prazo para muitos outros fatores de desenvolvimento dessas crianças.

140 Estabeleça a régua de performance de acordo com o mercado e os competidores

Para garantir uma entrega consistente de resultados – essencial para construir confiança com o mercado e com os colaboradores –, os objetivos devem ser desafiadores o suficiente para se destacarem da concorrência e realistas o suficiente para que as equipes consigam entregar resultados com algum esforço. É muito importante que os executivos não encarem as metas como algo "impossível de realizar", pois isso prejudica a responsabilização e pode fazer com que desistam antes mesmo de tentar.

Uma grande empresa com atuação na América Latina passou doze anos consecutivos sem entregar os resultados combinados, resultando em uma cultura onde os próprios executivos assumiam que os números não eram factíveis e esperavam uma revisão das metas no meio do ano para garantirem os bônus – o que de fato aconteceu durante vários anos. Quando não atingir as metas se torna um hábito, cria-se uma cultura de falta de *accountability*, indicando que os combinados podem ser descombinados e que não cumprir os acordos é aceitável ou desculpável.

Definir o quão desafiador deve ser um objetivo de crescimento varia de acordo com o setor e as condições do mercado. A altura da régua de performance deve ser estabelecida em conjunto pelo time executivo avaliando o que é necessário para ter sucesso na indústria que a empresa atua.

Um experiente CEO global comentou que uma empresa operando em um setor em alto crescimento pode expandir 50% por ano e, ainda assim, desaparecer do mercado se os competidores estiverem crescendo muito mais rápido. O conselho dele foi medir constantemente o progresso de acordo com o crescimento do mercado e o *benchmark* da concorrência, afinal manter a atenção redobrada é importante. "Você precisa sentir algum perigo para evitar o risco de se acomodar."

David Webster, presidente global Cargill Food Ingredients, falou sobre a importância da execução disciplinada para entregar os compromissos assumidos, explicando que "sucesso no longo prazo é construído por meio de uma série de sucessos no curto prazo".[48] Webster expôs como o negócio anterior liderado por ele, que apresentava crescimento de dois dígitos desde 2000 em um mercado que cresce 2-3% ao ano. "Há 21 anos, estamos crescendo quatro a cinco vezes mais rápido que o mercado."

Uma vez que a entrega de resultados consistentes por mais de quinze anos – "séries de sucessos de curto prazo" – é a marca mais visível dos times AAA, o que os CEOs dos melhores times fazem para estabelecer e manter padrões realistas de alta performance que outras empresas não conseguem?

Algumas organizações geram um resultado positivo de curto prazo ilusório, cortando investimentos importantes para o crescimento futuro do negócio ou demitindo pessoas que não são necessárias no momento, mesmo que tenham que recontratá-las meses depois com custos mais altos. Para evitar esses enganos, as métricas de performance devem acompanhar se a empresa está crescendo em receitas e lucros.

Crie rituais de acompanhamento de performance para evitar correrias de fim de ano

Padrões de desempenho e disciplina são reforçados por meio de processos que garantem um senso de estabilidade e melhoria contínua. Companhias acostumadas com "voos de galinha" apresentam grandes variações de resultado ao longo do ano e tendem a intensificar a correria nos últimos três meses para recuperar os números. Esse padrão é desfavorável para a criação de desempenho de longo prazo. Times executivos que promovem essa "gestão de crise" para salvar o ano perpetuam uma mentalidade de foco no curto prazo em vez de cultivar uma disciplina consistente de "marcha de 20 milhas".

Em vez de avaliar desempenho meramente pelos números, o que pode ser resultado de ações desestruturadas e heroísmos do líder, os times executivos mais efetivos utilizam como um dos critérios para avaliar como *high performers* os líderes que são disciplinados, que criam sistemas de monitoramento e padrões de comunicação com a equipe para gerar entregas consistentes e sem surpresas. Dar oportunidades e visibilidade para esses líderes fortalece um jeito de trabalhar organizado e com práticas consolidadas de gestão, além de enviar uma mensagem clara para os "bombeiros" da organização de que a disciplina é valorizada.

Gerencie as dinâmicas *hard* e *soft*

Nenhum ambiente exemplifica melhor a busca disciplinada por alta performance do que o de esportes competitivos. Johnny Sexton é o capitão do time irlandês Leinster Rugby e foi nomeado o melhor jogador mundial desse esporte em 2018,[49] mesmo ano em que a Irlanda ultrapassou o All Blacks da Nova Zelândia no topo do ranking mundial. Sexton, reconhecido por sua ética de trabalho e busca incansável pela excelência, foi entrevistado em fevereiro de 2022 sobre como ele lida hoje, sendo o capitão, com os jogadores competindo pela sua posição de abertura (*fly-half*) no jogo. Ele respondeu: "Os jogadores irão aprender se eu der o exemplo correto e mostrar os meus padrões, dia sim outro também." Da mesma maneira, os CEOs mais efetivos estabelecem um padrão pessoal e dão o exemplo diariamente. O exemplo mais evidente é a disciplina e a habilidade com a qual eles prepararam e conduzem as reuniões do time executivo.

Em tempos de Zoom, Google Meet e Microsoft Teams, as reuniões on-line se multiplicaram e consomem mais tempo da equipe executiva, sem necessariamente estarem mais produtivas. Para aumentar o foco colaborativo dos encontros, muitas empresas estão estabelecendo uma rotina de troca de informações com envio prévio de informações. Assim, o tempo das reuniões é dedicado para debates, perguntas e respostas e tomada de decisões. Como exemplo, a Netflix[50] redesenhou as reuniões para que durem no máximo trinta minutos, eliminando completamente as apresentações. A empresa reduziu em 65% o número desses encontros e mais de 85% dos colaboradores aprovaram o novo modelo.

Os CEOs mais efetivos fazem o seu dever de casa e, antes mesmo das reuniões, já estão agindo com clareza – priorizam poucos tópicos na agenda e as decisões que precisam ser tomadas, além de enviarem materiais para o time com alguns dias de antecedência. Chegam à sala um pouco antes do início dos encontros e começam pontualmente, relembrando os objetivos da reunião. Antes de falar de negócios, fazem um "check-in" com a equipe, perguntando a cada um como se sente e se tem alguma necessidade que gostaria de compartilhar. Isso garante que o grupo esteja totalmente presente, assim como aumenta a conexão e a empatia entre os membros. No fim do encontro, esses CEOs resumem os principais pontos discutidos e os próximos passos a serem tomados. Além da estrutura disciplinada, eles facilitam a participação da equipe e monitoram o nível de energia.

Monitorar o nível de energia do time é, sem dúvida, um diferencial dos melhores CEOs – eles param a reunião para restabelecer a energia quando sentem que o grupo travou. Isso pode ser feito com um simples intervalo para café, para que as pessoas movimentem o corpo. Outros CEOs fazem uso de humor para deixar o clima mais leve quando há muita tensão no ar. Alguns riem de si mesmos, para se aproximar do time e deixar a conversa mais "real".

Um membro de uma equipe executiva brasileira compartilhou uma situação em que o CEO parou a reunião para trazer à tona bloqueios emocionais que estavam evidentes, mas ninguém falava a respeito. O CEO simplesmente perguntou em tom tranquilo: "O.k., quem gostaria de falar o que está acontecendo com o time neste momento?", convidando as pessoas a expressarem qualquer impressão estranha que estivessem sentindo. Segundo o nosso entrevistado: "Ele parava toda discussão sobre transações para discutir questões emocionais. Gerava um tremendo desconforto na hora, mas limpava as emoções por um mês mais ou menos".

CEOs que têm habilidade de combinar discussões estruturadas com conexão emocional criam as condições ideais para interações produtivas.

Práticas recomendadas para desenvolver padrões de desempenho excelentes

- Comunique poucas prioridades (três a cinco) com ações específicas, prazos e responsáveis e tenha certeza de que todos entenderam o seu papel;
- Crie práticas de acompanhamento de resultados e processos para o time – e, assim, fiquem cientes dos objetivos, status das entregas e tomem decisões de correção de rota o mais cedo possível;
- Substitua líderes de performance inconsistente por líderes disciplinados para dar credibilidade ao processo de gestão de desempenho;
- Coloque os líderes de alta performance e potencial à frente dos projetos mais importantes;
- Cultive uma mentalidade de "vigilância" e agilidade de resposta a ameaças competitivas;
- Prepare as reuniões do time executivo com objetivos claros, inicie no horário e evite distrações com celulares e laptops. Resuma as principais decisões no fim do encontro e os próximos passos. A não ser por motivos de força maior, garanta que todos os membros da equipe executiva participem das reuniões do início ao fim;

- Quando necessário, use intervalos para restabelecer o nível de energia do time. Estimule a expressão de emoções que podem estar impedindo a comunicação transparente.

Práticas a serem evitadas quando o assunto é padrão de desempenho

- Estabelecer objetivos financeiros irreais e ajustá-los ao longo do ano para não desmotivar as pessoas;
- Considerar líderes de desempenho mediano como *high-performers* por medo de perdê-los (e por não ter preparado sucessores);
- Não estabelecer um plano de curto prazo (três a seis meses) para tomada de decisão sobre os líderes de baixa performance;
- Avaliar o desempenho da liderança apenas com base nos resultados financeiros, sem considerar como esses resultados são gerados e o quanto são sustentáveis.
- Permitir que líderes coercitivos, sem habilidade de desenvolver equipes sejam considerados líderes de "alto potencial";
- Aceitar desculpas vagas de líderes que repetidamente descumprem o combinado;
- Atrasar o início das reuniões do time executivo e terminar depois do horário estabelecido. Não enviar pautas nem materiais previamente. Permitir que membros da equipe executiva se ausentem ou saiam mais cedo dos encontros repetidas vezes. Adiar decisões importantes para futuras reuniões, deixando o time "travado";
- Ignorar emoções negativas reprimidas do time, na esperança de que o clima melhore naturalmente;
- Remarcar constantemente reuniões de feedback individual com os membros do time, passando a mensagem de que não são prioridade.

Embora não seja possível garantir que a utilização de uma ou várias das recomendações sobre clareza e padrões de desempenho gere melhora rápida nos resultados, sabemos por experiência que a incorporação gradual dessas práticas melhorará significativamente as chances de sucesso no longo prazo.

Os CEOs mais efetivos
alinham o time executivo
e toda a organização
em torno de uma
estratégia de negócios
que faça sentido
para as pessoas.

5

times reais

Alcançando o patamar dos times executivos de alta performance

"A conexão é a razão
pela qual estamos aqui.
É o que dá propósito e
significado às nossas vidas."

BRENÉ BROWN, pesquisadora,
palestrante e escritora estadunidense

Assim como um joalheiro alinha as faces de um diamante bruto, os melhores CEOs alinham pessoas em torno do time, a fim de que a equipe brilhe mais em conjunto do que qualquer membro o faria isoladamente. Eles sabem lapidar indivíduos talentosos de modo que trabalhem como um grupo unido.

Enquanto CEOs tradicionais maximizam o esforço individual, os CEOs que lideram os melhores times maximizam seu impacto por meio da atuação coletiva.

Este capítulo descreve como as empresas podem alcançar maiores níveis de performance sustentável ajudando suas equipes executivas a fazerem a transição de dependência parcial ou completa do CEO para uma situação de interdependência do time. Também vamos explicar alguns passos-chave pelos quais os membros do time podem ser ajudados a se conectarem uns com os outros e formarem um corpo de tomada de decisões poderoso o bastante para inspirar a organização a alcançar alto desempenho por mais de dez anos, tempo suficiente para atravessar diversos ciclos econômicos e de adaptação a mudanças na composição da equipe executiva, inclusive uma possível troca de CEO.

É sobre caminhar o último trecho da marcha das 20 milhas até o topo, seguindo o modelo de quatro estágios dos times executivos de Richard Hackman, em que o trabalho em equipe gera e sustenta retornos significativos para todos os stakeholders – clientes, colaboradores e investidores.

Quem já completou a peregrinação até Santiago de Compostela pode se identificar com a disciplina de passar incontáveis dias olhando para as conchas amarelas – símbolos do caminho –, que aparecem entre as árvores, em placas nas estradas e até em paredes de pequenas cidades indicando que estamos na rota certa. Às vezes, esses sinais desaparecem completamente, alertando-nos de que, em algum momento, pegamos a direção errada. Com o passar do tempo, como grãos de areia em uma ampulheta, o número de quilômetros até o destino final muda lentamente. O que parecia uma distância inimaginável no primeiro dia se torna um pouco menos absurda ao longo das semanas de caminhada. Para gerenciar a expectativa de completar uma distância tão extensa, os peregrinos aprendem a parar de focar exclusivamente em Santiago de Compostela e estabelecer alvos mais próximos, como um hostel ou a próxima cidadezinha.

Da mesma maneira, para manter-se na longa jornada até fazer uma equipe atingir o nível quatro, é preciso se concentrar em cada pequeno passo da trajetória, e não no destino final. É uma trilha que todo o time precisa percorrer junto. Como acontece com os peregrinos que fazem o Caminho de Santiago de Compostela, muitos times, ao alcançarem o nível quatro, percebem que "percorrer o caminho" era o propósito em si. Assim como em desenvolvimento humano, o desenvolvimento de equipes acontece em estágios a serem alcançados um de cada vez. Não há atalhos para levar um time executivo do nível um para o nível quatro.

Essas mudanças de níveis são uma jornada tanto psicológica quanto física. O destino final é atingir uma excelência em colaboração, tomada de decisão e performance raramente experienciada – a ponto de poucos CEOs e executivos saberem que é possível e, inclusive, já terem tido a chance de conferir pessoalmente.

COMO CRIAR UMA MENTALIDADE VENCEDORA PARA O TIME EXECUTIVO

Os vários tipos de liderança e de equipes executivas que abordamos neste livro não são modelos teóricos. São modelos empíricos baseados na observação dos comportamentos de liderança das organizações de mais alta performance em todo o mundo e descrevem de maneira acurada como os times executivos dessas empresas trabalham. Há diferenças consistentes em como esses modelos se apresentam nas equipes executivas de companhias de sucesso e nas de empresas medianas ou de baixo desempenho.

Os times executivos de organizações de baixa performance tendem a trabalhar em silos, servir primeiro aos acionistas e tomar decisões levando em consideração hierarquia e mecanismos de bônus. Em contraste, as equipes executivas das melhores empresas trabalham de modo transversal para empoderar e engajar a companhia e servir a vários stakeholders, além de priorizar clientes.

O trabalho em equipe não é apenas um jeito "avançado" de trabalhar, nem uma "carta na manga" para times executivos tradicionais usarem de vez em quando e continuarem liderando da maneira que sempre fizeram, de "cima para baixo".

A verdade é que, nos próximos anos, será exigido das equipes executivas um nível de excelência de trabalho cada vez maior, pois somente assim será possível crescer e sustentar a performance de uma companhia. Tornar um time executivo AAA ou mesmo um AA será a principal alavanca para ajudar a organização inteira a se adaptar às mudanças do mercado e sair na frente da concorrência.

O negócio, como um todo, é impulsionado pelo trabalho em equipe do time executivo. Uma vez que é necessário um esforço sistemático para compor o time, antes mesmo de acontecer uma melhora na performance com resultados mensuráveis, muitas empresas adiam enquanto podem o início do processo, arriscando-se a enfrentar concorrentes cuja equipe executiva é tão forte que não conseguirão acompanhar. Nas palavras de um empreendedor que entrevistamos, é como comparar "um elefante com um laser". Mudar a mentalidade de um grupo leva tempo, logo, quem não começar o quanto antes a desenvolver o seu time pode se deparar com uma curva de aprendizagem bastante elevada.

As equipes que operam abaixo dos níveis três e quatro do modelo de Hackman, conforme explicamos no capítulo 2, são detidas pela mentalidade individualista de que só é possível alcançar alta performance por meio de indivíduos (em geral, heróis), e não de times. Abaixo do nível três, estão os CEOs com um "eu" maximizado, governando equipes executivas *pro forma*, designadas para servir às necessidades desses CEOs e alimentar o ego deles. Nos níveis três e quatro, estão os CEOs com a mentalidade de "nós" maximizada, são aqueles que dividem o palco com o time executivo e celebram os sucessos com o grupo. Já que essa é a principal mudança – da mentalidade do "eu" para a do "nós" – pela qual os times precisam passar para experimentar o entendimento colaborativo dos níveis três e quatro, vamos demonstrar os benefícios desses níveis de um modo convincente até mesmo para os membros mais resistentes: resultados financeiros. Os melhores CEOs investem tempo desenvolvendo um time real porque o trabalho em equipe gera resultados exponencialmente superiores do em silos.

Nos capítulos anteriores, mostramos por A+B que times executivos bem liderados geram melhores resultados financeiros por mais tempo. Agora, vamos trazer evidências adicionais, reforçando essa verdade, pois é algo que merece (e precisa) ser reiterado.

TRABALHO EM TIMES – O PODER DE CRIAR UMA NOVA REALIDADE

Muitos líderes tradicionais, cirurgiões-chefe e treinadores esportivos se encantam com resultados quantificáveis e concretos, que são mais fáceis de serem percebidos – o "o quê". Treinadores esportivos, por exemplo, agem de maneira decisiva e *top-down*, ou de cima para baixo, em que um manda e todos obedecem, pedindo uma pausa no minuto final da partida para orientar os atletas sobre uma jogada meticulosa e ensaiada, a fim de alcançar um objetivo específico.

Em vez de uma lógica direta e linear de causa e efeito, do tipo "fazer A para atingir B", o *teaming*, termo usado para descrever a dinâmica entre membros dos times executivos bem-sucedidos, é realizado por meio de uma lógica não linear, probabilística e indireta. "Fazer A pode criar as condições ideais para que B aconteça em algum ponto." Uma vez que o *teaming* é um caminho para alcançar melhores níveis de colaboração e tomada de decisão, os CEOs precisam se familiarizar com esse modo de pensar. Isto é, precisam se perguntar: *Como um time motivado e capacitado pode atingir resultados superiores e sustentáveis?* e *Como transformar uma equipe em um time capaz de operar entre os níveis três e quatro?*

Para exemplificar como a dinâmica da equipe contribui para os resultados, Amy Edmondson, criadora do termo *teaming*, descreveu um projeto de pesquisa que liderou na área médica. O objetivo era verificar o impacto de diferentes estilos de liderança e comportamentos de times durante a implementação de uma nova técnica de cirurgia cardíaca (minimamente invasiva) em dezesseis hospitais dos Estados Unidos. A cirurgia cardíaca tradicional predominante em todo o mundo até então envolvia abrir o osso esterno (o peito do paciente) para ter acesso ao coração, parar o órgão, reparar o problema nele enquanto uma máquina mantinha artificialmente a circulação sanguínea e a respiração do paciente – que, claro, ficava anestesiado durante todo o procedimento. Quando a cirurgia terminava, o corte no peito era fechado. Ainda que a operação em si fosse segura, o processo de recuperação era extremamente lento, doloroso e deixava uma longa cicatriz vertical na região que havia sido cerrada. Com a técnica minimamente invasiva, a cirurgia cardíaca pode ser realizada por meio de uma pequena incisão nas costelas, o que permite uma recuperação mais rápida e menos dolorosa para o paciente.

Devido aos benefícios da cirurgia minimamente invasiva, os hospitais sabiam que seria uma questão de tempo para que a demanda por essa nova técnica crescesse, o que deixaria em grande desvantagem aqueles que não conseguissem oferecê-la com excelência. Assim, os hospitais enfrentaram, ao mesmo tempo, a necessidade de desenvolver times especializados na nova tecnologia e de garantir a segurança dos pacientes. Migrar do processo de cirurgia cardíaca tradicional para o minimamente invasivo foi bastante desafiador para o estilo "comando e controle", até então típico das equipes médicas responsáveis por cirurgias dessa natureza.

Para serem bem-sucedidas, as equipes que realizavam as cirurgias precisaram aprender a trabalhar de modo muito mais colaborativo e interativo. Com a nova abordagem cirúrgica, o papel do cirurgião-chefe mudou. De especialista prestigiado que comandava todos os aspectos da cirurgia cardíaca "de cima para baixo", ele passou a depender muito mais de um esforço coordenado de equipe. Em paralelo, as funções de suporte, como médicos auxiliares, enfermeiros e técnicos que haviam ficado à sombra do cirurgião-chefe por tanto tempo, precisaram assumir papéis mais ativos e *coordenados*.

Em sua pesquisa, Edmondson estudou minuto a minuto as práticas das dezesseis equipes de cirurgia que haviam adotado a nova técnica com sucesso e as comparou com as das equipes que haviam falhado. Ela descobriu que o fator que mais determinava o sucesso ou fracasso do procedimento cardíaco era um que ela não havia inicialmente considerado no estudo: *a forma* que o cirurgião-chefe, o líder do projeto, estruturava e apresentava a cirurgia para o restante da equipe. Os cirurgiões-chefe que usaram as três abordagens explicadas a seguir para orientar o time foram bem-sucedidos na criação de um ambiente de trabalho colaborativo que possibilitou a adoção de novas práticas. Todos os times de operação sob a liderança de cirurgiões-chefe que não adotaram essa postura falharam.

A primeira abordagem era como o cirurgião-chefe descrevia o seu próprio papel, deixando claro a relação de interdependência com o time. Em todos os casos bem-sucedidos, os líderes admitiam a sua própria condição de falibilidade, dizendo que todos estavam aprendendo juntos a nova e complexa técnica. Eles destacavam o quanto era crítico que *todos os membros do time trabalhassem juntos* para que a cirurgia fosse um sucesso.

A segunda abordagem dizia respeito ao papel dos membros da equipe cirúrgica. Os cirurgiões-chefe mais efetivos comunicavam que haviam escolhido "a dedo" cada integrante do time, conferindo valor à equipe e fazendo com que cada um sentisse orgulho e responsabilidade por ter sido escolhido para participar de um grupo tão especial. O projeto era apresentado como uma grande oportunidade de aprendizagem coletiva, promovendo uma mentalidade de crescimento e experimentação, para *encontrarem juntos* a melhor maneira de fazer a nova tecnologia funcionar. Os membros do time eram incluídos em avaliações pós-operação e se sentiam empoderados para expressar suas preocupações, o que fortalecia o senso de participação e responsabilidade conjunta para o sucesso da cirurgia cardíaca como um todo.

Nos projetos que deram errado, em contraste, os cirurgiões-chefe apresentavam a si mesmos como especialistas que sabiam mais que o time e podiam garantir o sucesso da operação sozinhos. Essa postura autocentrada criava uma hierarquia baseada na expertise, fazendo com que os membros do time com menos experiência ou menos status na estrutura do hospital sentissem que tinham pouco a contribuir.

A terceira abordagem que contribuiu para o sucesso dos times foi a comunicação positiva por parte de alguns cirurgiões-chefe. Ela era baseada em propósito, algo como: "auxiliar o paciente a ter uma recuperação mais rápida e tranquila da cirurgia". Ajudar o paciente era um apelo natural para profissionais que haviam escolhido a carreira médica para exercer uma influência positiva nas pessoas – ou o poder socializado, conforme definido por David McClelland. Já nos casos em que os times falharam, o modo de comunicar o projeto era outro: "desafiar os limites da cirurgia". Esse propósito motivava aqueles profissionais que escolheram as suas carreiras visando à aprendizagem contínua e à vitória sobre desafios – características típicas do motivo de realização descrito por McClelland. As equipes cirúrgicas malsucedidas tinham um estilo de propósito "defensivo", no sentido de destacar uma mensagem negativa. A sensação relatada pelos times era de serem obrigados a acompanhar os avanços de outros hospitais para não perder fatia de mercado ou de não terem escolha a não ser adotar uma nova tecnologia com altos riscos de falha.

Em termos de estilos de liderança, a pesquisa de Edmondson reforça a importância dos estilos visionário e democrático, em construir um senso de propósito compartilhado e engajar o time em inovar e resolver problemas. Ela também serve como advertência para o efeito tóxico de líderes que utilizam apenas o estilo modelador, como os cirurgiões-chefe que falharam. Esses líderes demandaram altos padrões de excelência por meio do próprio exemplo, sem comunicar claramente *por que* a operação era importante e sem explicar *como* os novos padrões deveriam ser alcançados.

Com base em suas descobertas, Edmondson formulou três orientações claras para ajudar os líderes a criarem o ambiente ideal para a melhoria de desempenho e o aprendizado dos times executivos:

1. Diga a si mesmo que o desafio diante de você é diferente de tudo o que você já realizou antes, e é uma oportunidade única para testar novas abordagens e aprender com elas;
2. Considere que a sua participação é essencial para alcançar o sucesso, mas que isso só acontecerá com a participação e o comprometimento de todo o time;
3. Observe a contribuição de cada membro no resultado e o quanto eles agregam à equipe com conhecimentos, ideias e sugestões que não teriam passado pela sua cabeça.

Edmondson acrescentou um último ponto para ajudar, em especial, os líderes mais céticos a adotarem essa nova mentalidade:
4. **Comunique-se com as pessoas partindo da premissa de que os três pontos anteriores são verdadeiros.**

Após estudarmos os insights de Edmondson, vamos examinar alguns segredos das equipes de esportes de elite já mencionadas no capítulo 2. A seguir, vamos falar sobre lições práticas de times extraordinários em dois esportes que dependem de ótimo trabalho de equipe para ter sucesso: basquete e rúgbi.

ALCANÇANDO O "ESTADO DE FLUXO": O QUE OS TIMES EXECUTIVOS PODEM APRENDER COM A NBA

O termo fluxo (ou *flow*, em inglês) foi popularizado pelo renomado psicólogo e pesquisador Mihaly Csikszentmihalyi.[51] De acordo com ele, o fluxo "é um estado no qual as pessoas estão tão envolvidas com o que estão fazendo que nada mais parece importar; a experiência é tão agradável que as pessoas continuarão fazendo mesmo que isto envolva algum sacrifício, pelo simples prazer de fazer".

O *flow* é um estado de excelência em performance, atingido quando um indivíduo é submetido ao nível máximo de desafio e habilidade que é capaz de entregar. Csikszentmihalyi explicitamente relaciona o *flow* com a realização de algo extremamente desafiador e significativo. "Os melhores momentos nas nossas vidas", ele diz, "ocorrem quando o nosso corpo ou mente é desafiado ao seu limite num esforço voluntário de realizar algo difícil ou de muito valor." Assim como é impossível começar tocando piano com os dois dedos indicadores em um instrumento desafinado na sua sala de estar e logo em seguida passar a tocar Rachmaninov em um piano Steinway em um concerto, atletas de elite não chegam a uma final de campeonato contando com inspiração, improviso e uma barra de proteínas para conquistar a medalha de ouro.

Operar como um time executivo de nível quatro, capaz de produzir resultados exponenciais, requer uma preparação cuidadosa. É preciso treinar o estado de *flow* de uma equipe executiva e, uma vez que estiver funcionando, ninguém segura esse grupo. Membros de excelentes times executivos que tiveram a experiência de *flow* se referem a ela como uma das mais energizantes de sua vida profissional.

Tendo em mente as palavras do poeta inglês Matthew Arnold, que "excelência é uma condição do espírito",[52] vamos analisar algumas estratégias de desenvolvimento de times que permitiram ao já citado lendário treinador de basquete Phil Jackson, construir o sucesso.

Jackson juntou conhecimentos de tradições antigas para criar o que ele chamou "uma mente" nos seus times – um senso intuitivo de presença e interdependência entre os membros da equipe que ajudou os jogadores a "reagirem" intuitivamente como uma entidade única, infundindo vontade coletiva, calma interior e autoconfiança mesmo em situações de pressão para ganhar partidas nos momentos finais. Para chegar lá, ele precisou antes aprender a lidar com as tendências individualistas das "estrelas" do time.

CONVENCENDO UMA ESTRELA INDIVIDUAL A JOGAR A FAVOR DO TIME: A TRANSFORMAÇÃO DE MICHAEL JORDAN

O mundo dos esportes exibe poucos exemplos de superatletas fazendo sacrifícios pessoais para ajudar a equipe a atingir o máximo potencial. A série *Arremesso final*, da Netflix, mostra como Michael Jordan – o jogador de basquete mais famoso de todos os tempos – transformou a si mesmo para que o time pudesse atingir a excelência.

Esse caso é muito significativo, pois foi a base para o sucesso do Chicago Bulls, até então uma equipe conhecida pela baixa performance no esporte. Poucos se lembram, mas, em 1984, o Chicago Bulls era um dos piores times da NBA. Os torcedores estadunidenses costumam ir atrás de times vencedores, e, naquela época, no estádio do Chicago Bulls, sobrava muito espaço para novos torcedores. A salvação do Bulls aconteceu durante o *College Draft*, um ritual de seleção de novos atletas que dá aos times mais fracos a oportunidade de escolher primeiro os jogadores amadores mais talentosos que queiram se tornar profissionais. O que faz um time ter sucesso na seleção de novos jogadores é fazer apostas calculadas – o que requer um estudo cuidadoso e um pouco de sorte. Dois times tiveram a chance de escolher antes do Chicago Bulls em 1984, e da mesma maneira que as dezenove editoras se recusaram a publicar o primeiro manuscrito de Harry Potter, nenhum deles escolheu o jovem de 18 anos da Carolina do Norte. Dá para imaginar o arrependimento dos dois olheiros que deixaram Michael Jordan passar despercebido.

Na primeira temporada com o Bull em 1984/85, Jordan foi eleito "o calouro do ano". A sua ética de trabalho e habilidade de aprender chamaram a atenção de todos. Em um ano, vestindo a icônica camisa 23, ele já era reconhecido como melhor jogador da NBA e o sucessor natural de lendas como Larry Bird, do Boston Celtics, e Magic Johnson, do LA Lakers. Apesar do talento extraordinário, Jordan era uma superestrela no meio de um time que não tinha bom desempenho. Toda vez que o Bulls enfrentava seus arquirrivais e campeões da NBA, os Pistons de Detroit, eles perdiam a partida. Michael Jordan falou sobre a barreira psicológica que a equipe enfrentava: "Como time, nós não tínhamos a autoconfiança de que podíamos vencer o Detroit". Se o Bulls não fosse fortalecido, era pouco provável que Jordan pudesse sequer vencer um campeonato mundial.

A mudança mais significativa na evolução do Chicago Bulls não aconteceu na quadra de basquete, e sim na sala do Board. O gerente-geral Bulls, Jerry Krause, defendia que uma grande organização e um grande time são capazes de vencer campeonatos – não apenas grandes jogadores. Ele queria estabelecer um estilo de jogo baseado na força da equipe e reduzir a dependência de Jordan, dificultando, assim, a vitória dos oponentes. O treinador principal do Bulls, Doug Collins, havia construído toda a estratégia ofensiva em torno de colocar a bola nas mãos de Jordan e estava resistente em mudar a tática de jogo. O Pistons rapidamente percebeu que, para vencer, bastava neutralizar um jogador – Jordan. Jerry Krause tomou uma decisão que virou o jogo: ele demitiu o treinador.

Para transformar o modo de jogar do time, Krause promoveu o treinador assistente Phil Jackson. O novo treinador acreditava em trabalho em equipe e imediatamente sugeriu criar comprometimento usando uma ética inspirada no Zen-Budismo e nas tradições sagradas dos povos nativo-americanos. Além de criar uma nova mentalidade para o time, ele introduziu uma nova estratégia de jogo chamada de triângulo ofensivo, constituída de movimentos rápidos e fluidos entre dois triângulos de jogadores de ataque. O triângulo ofensivo foi criado na escola de basquete da Universidade Estadual do Kansas, mas nunca havia sido testado em um time profissional da NBA – até o seu criador, Fred "Tex" Winter, ser contratado por Jackson como treinador assistente do Chicago Bulls. O triângulo, assim como as cirurgias cardíacas minimamente invasivas, demandava bem mais habilidade e cooperação entre os atletas do que o jeito tradicional de jogar basquete até então praticado pela equipe.

Para que a mudança funcionasse, primeiro Jackson precisava convencer a superestrela Michael Jordan sobre os benefícios daquela estratégia, em que ele poderia marcar menos pontos individuais, teria que depender mais dos colegas em quadra e confiar neles para marcar o ponto final e decisivo da partida, o que até então era responsabilidade dele. Apoiando-se na vontade feroz de Jordan de derrotar o Pistons, Jackson procurou persuadi-lo de que, a menos que ele mudasse a sua abordagem de jogo, eles nunca conseguiriam driblar a defesa do adversário.

Para uma pessoa autossuficiente e perfeccionista que adorava vencer, como Jordan, a nova estratégia foi contra os seus instintos. No entanto, depois de várias derrotas dolorosas para o Pistons, Jordan se convenceu de que marcar mais de trinta pontos sozinho não era suficiente para garantir a vitória. Em 1990, o maior atleta da NBA anunciou que faria um esforço consciente para redirecionar suas energias em prol do sucesso da equipe e não do seu sucesso individual. Jordan fez mais do que falar – ele desenvolveu novos comportamentos que reforçaram o seu intento de fortalecer o time.

Primeiro, Michael Jordan resolveu fortalecer o físico. "Eu estava sendo muito machucado durante as partidas e precisava administrar melhor a dor. Eu queria estar forte o bastante para ir para cima do Detroit." Seguindo o seu exemplo, a equipe inteira decidiu desistir das férias e treinar na academia.

Jordan tinha uma motivação mais profunda para mudar. Os maiores jogadores da época – Magic Johnson e Larry Bird – haviam auxiliado os seus times a vencerem campeonatos ao se tornarem jogadores melhores. Jordan era reconhecido como um atleta individualista brilhante, que não ajudava as jogadas dos outros, e essa comparação o frustrava. "Comecei a direcionar minha energia para os meus colegas e estimulá-los a se desenvolverem." Um membro do time lembrou como Jordan inspirava os demais a treinar: "Quando você vê o líder trabalhar duro, você sente que, se não der o seu melhor, deixa de pertencer ao time". Jordan fortaleceu a confiança de Scottie Pippin, o segundo melhor jogador da equipe: "Scottie e eu nos conectamos porque ele sentiu que tinha com quem contar. Eu também senti que podia contar com ele".

Jordan também ajudou Horace Grant, outro jogador talentoso, mas psicologicamente frágil. Ensinou-o a não reagir durante os jogos, não se irritar nem reclamar com o juiz, explicando que, ao agir assim, ele estava dando vantagem psicológica para o Pistons. A adoção da estratégia do "triângulo ofensivo" e o apoio aos colegas possibilitaram que o Chicago Bulls fosse menos dependente da performance heroica de um jogador e pudesse contar com o talento coletivo do time. Desse ponto em diante, o Bulls venceu seis campeonatos mundiais de basquete da NBA. Jackson treinou o time até 1998.

TIMES E EGOS – KOBE BRYANT

Após o bem-sucedido período com o Bulls, Jackson passou a treinar o LA Lakers – de 1999 até 2011. O time teve jogadores mundialmente conhecidos como Shaquille "Shaq" O'Neal e o talentoso Kobe Bryant, na época com 21 anos. No entanto, a performance da equipe era ruim, pois "faltava química" entre os jogadores. Jackson afirmou ao dono do Lakers em uma primeira reunião que acreditava que o time tinha potencial para vencer quatro campeonatos mundiais. Ele formou uma equipe experiente de treinadores e apoio, incluindo Tex Winter como treinador assistente. A estratégia de Jackson era "fazer com que os Lakers confiassem o suficiente uns nos outros para trabalharem juntos, de maneira efetiva, e fazerem a transição de 'eu' para 'nós'". O maior talento do time também era o seu maior desafio – Kobe Bryant se considerava *ainda melhor* que o seu ídolo Michael Jordan, e sua necessidade de provar as próprias habilidades por meio de jogadas *solo* estavam atrapalhando a dinâmica de passe rápido de bola entre os jogadores, necessário para que o "triângulo ofensivo" funcionasse.

Muitos líderes mudam para uma nova empresa e sofrem para repetir a performance que tinham na companhia anterior. Por vezes, devido à pressão por resultados de curto prazo, eles tentam "copiar e colar" o que deu certo com uma equipe específica na cultura anterior e não investem o tempo necessário para formar o time adequado de acordo com a nova cultura, capaz de produzir resultados superiores em um ambiente organizacional diferente.

Phil Jackson foi recebido pelo Lakers como um potencial "salvador" com uma experiência preciosa em vencer campeonatos. Ele organizou um treinamento para ensinar aos jogadores os fundamentos do sistema de triângulos, começando com passe de bola básico e arremessos. Voltar a praticar as habilidades fundamentais do esporte era muito agradável para os atletas. Um deles reportou que "qualquer coisa que o Phil dissesse ou nos pedisse que fizéssemos, da maneira que ele quisesse, faríamos; estávamos todos em um espírito comum de 'jardim de infância'. E isso nos tornou uma máquina, um time eficiente que pôde ser comparado com alguns dos melhores times da história". Eles se sentiam privilegiados de estarem aprendendo a jogar com os mesmos treinadores que ajudaram o Bulls a conquistar múltiplas vitórias.

Apesar do entusiasmo, Jackson percebeu que o time tinha desafios de desenvolvimento diferentes do Bulls. Mesmo tendo enviado uma leitura prévia sobre a estratégia do triângulo e sobre meditação, ele notou que a equipe não conseguia focar no que ele dizia. "Eles olhavam para o teto, eles se mexiam, balançavam os pés." Esse era um problema que ele nunca havia enfrentado com o Bulls.

Para curar a falta de atenção dos jogadores, Jackson focou em meditação, tai chi chuan e nos ensinamentos de Nichiren, um monge budista do século XIII. Ele ensinava seus discípulos a criar conexão sem acomodar as pessoas em um mesmo modelo de comportamento, mas "respeitando as qualidades únicas de cada indivíduo". Nichiren dizia que "se o espírito de muitos em corpo, mas um em mente prevalecesse entre as pessoas, elas alcançariam seus objetivos – já se fossem um em corpo, mas diferentes na mente, elas não conseguiriam fazer nada muito relevante".

Jackson acreditava que a prática de meditação poderia ajudar o Lakers a quebrar o padrão autocentrado e possibilitar o surgimento de um relacionamento diferente entre jogadores e com o mundo ao redor deles.

O treinador sabia que precisava desintoxicar os atletas de um universo que reforça comportamentos egoístas. Desde muito cedo, os jogadores de basquete profissional "eram rodeados de uma legião de agentes, empresários e bajuladores dizendo que eles eram 'os tais'".

Em vez de reforçar os valores individualistas que prejudicavam o espírito daquela nova tática, o objetivo de Jackson era "oferecer para o time um refúgio de toda a loucura e colocar os jogadores em contato com a profunda necessidade de conexão". Desde o início, a base futura para o sucesso da equipe foi a interdependência.

Os comportamentos de Kobe Bryant eram o maior obstáculo para o sucesso do time. Ele agia como um ser solitário, voltava para o hotel sozinho e telefonava para os amigos logo após o jogo, quase não interagia com os colegas para conhecê-los melhor. Jackson também notava que ele não era receptivo a feedback e pouco aprendia com os que recebia. Em dado momento em que o Lakers havia sofrido uma série de derrotas, o capitão do time, Shaq, com os colegas, confrontaram o estilo não colaborativo de Kobe. Em outra avaliação, Jackson elevou a pressão e o próprio confrontou Kobe publicamente sobre sua atitude individualista e como isso estava prejudicando a equipe. "Eu tentei ser o mais direto possível e mostrar a ele na frente dos outros jogadores como os erros egoístas dele faziam mal ao time", disse Jackson, acrescentando: "Agora eu entendo por que as pessoas não gostam de jogar com você. Você precisa jogar junto". Ele deixou claro: "Se Kobe não quisesse dividir a bola com os outros jogadores, eu teria o prazer de encontrar outro time para ele".

Jackson também perguntou se e quando Kobe estaria interessado em se tornar capitão do time, sugerindo que, aos 25 anos, seria a idade certa.

"Amanhã", Kobe respondeu.

"Você não pode ser o capitão se não consegue liderar os outros", foi a resposta do treinador.

O alerta para Kobe de que, se ele não se adaptasse ao sistema da equipe, seria vendido teve impacto. Logo, ele começou a passar mais tempo socializando com os colegas e apoiando a estratégia do triângulo. Em pouco tempo, a performance do time melhorou muito, resultando em uma onda de 27 vitórias e apenas uma derrota, terminando a temporada com 67-15, a melhor pontuação da NBA.

A chave para colocar o Lakers em uma trajetória de sucesso foi enfrentar o problema que havia puxado o time para trás por três anos. Um dos membros da equipe descreveu a atitude individualista de Kobe como "(...) uma bomba prestes a explodir. Nós sabíamos que alguém tinha que lidar com isso, mas ninguém queria fazê-lo. Até que Phil fez o que precisava ser feito, e todos nós jogamos muito mais livres agora".

O ALL BLACKS: LIÇÕES DO MELHOR TIME ESPORTIVO DE TODOS OS TEMPOS[53]

Em termos de alta performance sustentável nos esportes, as gerações de quinze homens que, por mais de cento e dez anos, representam a pequena Nova Zelândia são os melhores exemplos. Entre 1909 e 2019, os All Blacks ganharam 77% das 580 partidas de rúgbi que disputaram, tornando-se o time mais bem-sucedido de todos os tempos.

Desde que o rúgbi introduziu um sistema mundial de ranqueamento em 2003, por mais que o All Blacks tenha ocupado a primeira posição durante 80% do tempo e vencido a primeira Copa do Mundo de Rúgbi em 1987, o time passou vinte e quatro anos sem repetir a vitória nesse mundial. Com isso, o All Blacks adquiriu a fama de "travar" em grandes finais. Depois de serem eliminados pela França nas quartas de final em 2007, uma experiência frustrante para o número 1 do ranking, o time e a equipe de treinadores decidiram que precisavam mudar.

A partir de então, o All Blacks elevou-se a um status lendário em termos de alta performance. Além de vencer duas Copas do Mundo seguidas, em 2011 e 2015 – o único time de rúgbi a conseguir tal feito –, durante nove anos o All Blacks ocupou o primeiro lugar do ranking mundial desse esporte (de 2009 a 2018).

Como a equipe alcançou excelência sustentável? Dan Carter, principal jogador do All Blacks antes e durante esse período, descreveu em uma entrevista o orgulho que todos os membros do time sentem por terem a "custódia da camisa do All Blacks", agregando ao legado de grandes jogadores neozelandeses do passado e se tornando um modelo de referência para futuros atletas. Desde muito cedo, a ambição de Carter era se tornar um "grande All Black", e ele estabeleceu padrões de desempenho incansáveis em termos de treino e preparação para alcançar esse objetivo. Durante os primeiros sete anos como um All Black, uma rotina de duas horas de ginástica e três horas no campo de rúgbi era a sua definição de alta performance. Depois de deixar a Copa do Mundo de 2007 nas quartas de final e ser criticado como um dos piores jogadores da história da equipe, Carter e os treinadores tiveram um insight. Perceberam que haviam dedicado todo o tempo para preparação física, não sobrando nenhum para a preparação mental. Eles decidiram redesenhar o padrão de alto desempenho de "treinar mais do que todos os outros" para "ter as ferramentas para atuar sob pressão".

A combinação de novas ferramentas psicológicas e esforço disciplinado de treino transformaram o All Blacks de ótimos para lendas. Os treinadores do All Blacks apoiaram os membros da equipe a enfrentarem o medo do fracasso, instigando em cada jogador a confiança para "caminhar em direção ao medo e à pressão" e "tomar decisões no campo, confiar em si e jogar de acordo com o que se apresenta" em vez de ficar intimidado pela pressão e jogar de maneira conservadora. Como parte da transformação do time, Carter desenvolveu um foco intenso na parte mental do jogo, que descreveu como "vivendo no presente e dentro do que você pode controlar – tornando-se um com o processo, e não com o resultado".

Ele explicou também como a cultura de time do All Blacks lida com os egos inflados de alguns atletas – a famosa regra "sem babacas". Segundo Cartes, um All Black é escolhido de forma holística "baseado nas características pessoais, na capacidade de fazer sacrifícios em prol do time, e não somente pela habilidade no rúgbi". Isso explica uma das crenças mais importantes do time: "Pessoas melhores fazem melhores All Blacks". O respeitado "time de liderança" de jogadores veteranos tem conversas francas com qualquer atleta que não se adapte à forte cultura de equipe e não hesita em tirar quem não colabora.

Um dos pilares de alta performance entre 2009 e 2018 foi o propósito compartilhado do time, criado depois da vitória na Copa do Mundo de 2011. Além disso, cada jogador elaborou e compartilhou o seu propósito pessoal, descrevendo por que estava na equipe e como contribuiu para o propósito maior. Os All Blacks eram encorajados a se lembrarem de como eram privilegiados de jogarem o esporte que eles amavam e representarem o seu país.

De uma perspectiva de alta performance sustentável, Carter explicou que uma única mudança de mentalidade ajudou a equipe a sustentar a liderança mundial por tanto tempo: a tendência humana de relaxar imediatamente após terem atingido o objetivo. Quando eles venceram a Copa do Mundo de 2011, após perderem cinco vezes em vinte e quatro anos, Carter usou a expressão de Jim Collins ao dizer: "Hoje somos campeões mundiais – fizemos o caminho *good to great*".

Inspirados no propósito do time, Carter conta como o time fazia a si mesmo uma série de perguntas baseadas na nova identidade adquirida: "O melhor time da história do rúgbi pode ter uma temporada fraca depois de vencer a Copa do Mundo?". A resposta da equipe era: "Claro que não!". O processo de viverem o propósito ajudou os membros do time a se enxergarem de maneira diferente, mais positiva, e a imaginarem níveis ainda maiores de desempenho como sendo uma extensão natural por serem o melhor time da história do rúgbi mundial.

Sobre o All Blacks ter se mantido no topo do rúgbi mundial por nove anos, Carter atribuiu a conquista ao propósito e aos valores da equipe, dizendo que eles haviam sido "o melhor time do mundo por nove anos porque tinham um propósito claro para o grupo".

Tornar um time executivo AAA ou mesmo um AA será a principal alavanca para ajudar a organização inteira a se adaptar às mudanças do mercado e sair na frente da concorrência.

6 times reais

Transformando times executivos para escalar a rentabilidade

"Na hora final, onde realmente importava,
os jogadores formaram um time de campeões
baseado em confiança mútua.
O jogador que mais colaborou,
para surpresa de todos, foi Kobe Bryant.
Não muito tempo antes disso,
ele teria ignorado a ideia. Mas ele cresceu,
e o grupo cresceu com ele.
"Nós passamos por muitas batalhas", ele disse.
"A confiança cresce naturalmente.
Quanto mais guerras enfrentamos juntos,
mais conhecemos as pessoas que
estão do nosso lado na batalha.
Uma respiração. Uma mente. Um espírito."

PHIL JACKSON, *Os onze anéis*

Agora que conhecemos o trabalho de Amy Edmondson com equipes de cirurgia cardíaca, as realizações de Phil Jackson à frente do Chicago Bulls e do LA Lakers e a dominância do All Blacks no rúgbi, é importante conhecer e examinar as lições práticas que os CEOs e os times executivos em busca da excelência podem aplicar.

Há três características que predizem de modo assertivo a habilidade de um time executivo alcançar a alta performance:

1. Alinhar a equipe em torno de valores comuns;
2. Fortalecer a confiança interpessoal;
3. Desenvolver colaboração.

1. ALINHAR A EQUIPE EM TORNO DE VALORES COMUNS

Alinhamento é como um ímã que atrai várias peças para a mesma direção: nesse caso, a direção do propósito. Os valores em ação são ao mesmo tempo catalisadores do propósito e sinais de um time executivo capaz de operar nos níveis três e quatro. Uma companhia com um propósito organizacional claro, mas sem valores compartilhados, é como um Lamborghini estacionado sem combustível. De fora impressiona, você pode até tirar selfies ao lado do carro, mas não sairá do lugar.

Os valores compartilhados são a força que dá vida ao propósito. Eles energizam o time executivo, para que os membros se unam em uma causa na qual acreditam e façam a mudança organizacional andar e ganhar velocidade. O que são os valores? São aquilo que realmente importa para cada um, o que nos faz agir. Nossos valores refletem as nossas necessidades mais essenciais. Quando um líder declara um valor e age consistentemente de acordo com o que declarou, ele gera confiança.

Por outro lado, determinados valores também podem travar o nosso processo de desenvolvimento, revelando uma dissonância entre como agimos e como gostaríamos de ser vistos. Um conhecido CEO empreendedor no Brasil deu várias entrevistas falando sobre o seu compromisso estratégico com a sustentabilidade, com as pessoas e com o trabalho em equipe. Enquanto isso, membros do time direto do CEO se queixavam de como ele pressionava as pessoas para competirem entre si e condenava publicamente quem falhasse em entregar os resultados de curto prazo. Esse CEO declarava seguir certos valores, mas seu comportamento dizia o contrário; na verdade, esse executivo sequer tinha consciência dos próprios valores.

Para fortalecer e perpetuar a cultura, é fundamental que os líderes primeiro definam e se apropriem dos valores organizacionais. Assim, eles poderão transmitir credibilidade e inspirar os demais colaboradores. Os valores só têm impacto quando são genuinamente vividos e quando as pessoas percebem coerência entre os valores declarados pelo CEO e pelo time executivo e as decisões tomadas no dia a dia.

VALORES EM AÇÃO: AMGEN, GE E CARGILL

A Amgen era uma das empresas de tecnologia mais respeitadas dos Estados Unidos e de melhor performance no mundo. Em 1994, ela se tornou uma das três companhias industriais da história a receber a prestigiosa Medalha Nacional de Tecnologia. O valor da ação da Amgen subiu de 17 dólares na data de seu IPO em 1983 para 2.784 dólares em 2000. Esse crescimento foi atribuído principalmente à cultura corporativa criada pelo CEO, Gordon Binder, durante os seus doze anos de gestão. Binder revelou que a cultura da empresa era originalmente de uma startup de biotecnologia, uma mistura de pesquisadores cientistas trabalhando em um ambiente colaborativo: "pessoas de muita energia, dedicação à causa de encontrar a cura de doenças e foco no sucesso coletivo". Em meio ao crescimento explosivo, a Amgen conseguiu manter a cultura organizacional coesa, centrada em torno de oito valores que incluíam: trabalho em equipe, criação de valor, colaboração e ética. O time executivo debateu espontaneamente cada um dos valores durante uma reunião, enquanto um moderador registrava e projetava aquele conteúdo em uma tela, facilitando o entendimento e gerando comprometimento entre os membros da equipe. Binder declarou que fazer todo o time executivo da Amgen comprometer-se com os valores da companhia foi a coisa mais importante que ele fez pela empresa.

Sob a liderança de Binder, o time executivo da Amgen conseguiu garantir a continuidade da cultura, usando os valores como pilares. Durante os dez anos seguintes, até a aposentadoria do CEO, os mesmos valores guiaram os processos de recrutamento, desenvolvimento e desligamento de pessoas. Binder costumava apresentar pessoalmente os valores da Amgen para os novos colaboradores, em conformidade com a sua crença de que "a gestão por valores só é real se toda a empresa praticar e se os líderes assumirem o papel mais ativo".[54]

A General Electric (GE) e a Cargill são dois dos mais famosos exemplos de empresas de alta performance mundial por décadas, feito alcançado por meio de culturas organizacionais fortes e baseadas em valores. A estratégia da GE durante a gestão do lendário Jack Welch era: "Ocupar o primeiro ou o segundo lugar em todos os mercados em que atuamos e transformar a companhia, a fim de que tenha a velocidade e a agilidade de uma empresa pequena". Essa estratégia de crescimento impulsionou a mudança da cultura burocrática e de silos herdada por Welch para uma de trabalho em times e de velocidade. Para tangibilizar os atributos da nova cultura, Welch liderou a criação dos valores da GE e os implementou por meio de uma matriz de quatro quadrantes, em que o eixo vertical sinalizava os valores e o horizontal, os resultados (ou números).

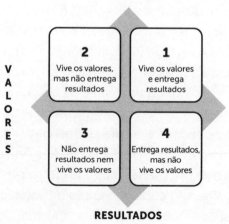

A matriz, que mais tarde evoluiu para um modelo de nove quadrantes, o famoso 9-Box, era simples e, ao mesmo tempo, poderosa para guiar as decisões da GE rumo ao primeiro ou segundo lugar e construir a reputação de uma das empresas mais respeitadas do mundo pelos líderes.

No eixo vertical, a questão era se o líder demonstrava os valores da GE. Ele agia de maneira decisiva em prol da agilidade? Ele demonstrava simplicidade? Tinha autoconfiança para desafiar a burocracia? No eixo horizontal, a questão era se o indivíduo entregava os números. Um "sim" nos dois quadrantes posicionava o líder no quadrante um, nas palavras de Welch, "em frente e para cima". Já um "não" nas duas questões levava o indivíduo ao quadrante três, o que significava "está fora". Os líderes que deixavam de entregar os números, mas demonstravam os valores da companhia – quadrante dois – mereciam uma segunda e, eventualmente, uma terceira chance, na maioria das vezes em outra posição. O quadrante que Welch descrevia como uma "dor de cabeça" era o quatro, de alta performance e baixa adesão aos valores. "O problema é o líder que entrega os números, mas não compartilha dos valores da companhia. Nós tentamos aconselhá-lo, nós insistimos nele, nós sofremos com a pessoa."[55]

O quadrante de "alta performance e baixa adesão aos valores" apanhava muitos líderes na GE que se preocupavam mais com o desempenho das suas áreas do que com a companhia como um todo. Para o CEO, a empresa precisava estar pronta para dispensar essas pessoas se elas não se adaptassem, pois Welch sabia que o individualismo poderia acabar com o espírito de equipe que ele estava tentando fortalecer.

Na Cargill, empresa global de nutrição animal de origem familiar que está na oitava geração e emprega cerca de 170 mil colaboradores, a avaliação é diferente. O alinhamento com os valores é o fator mais importante para o sucesso sustentável do negócio. David Webster, presidente global da Cargill Food Ingredients, foi mais radical que Welch. Falando sobre o resultado estelar da sua divisão, que tem uma taxa de crescimento anual composta de 14% desde 2000 em um mercado que costuma crescer 2 a 3% ao ano, Webster afirmou que os líderes de alta performance que não demonstram os valores da companhia não são difíceis de lidar. Para ele, "diante de bons resultados e mau comportamento, eu não hesito em tomar a decisão: eles estão fora".

Sobre dar o exemplo, colocando em prática os valores da empresa, Webster[56] nos contou que ele passa menos de 10% do tempo em reuniões individuais de desempenho com os membros do time. Os outros 90% do tempo são dedicados ao "como", ou seja, o modo como os líderes influenciam os seus colegas, como trabalham para redesenhar planos comerciais, como lideram a companhia. Nas reuniões anuais de performance, ele orienta a equipe sobre como identificar talentos para a organização, como ler um ambiente, inspirar pessoas e fazer perguntas que levem a insights poderosos.

OS MEMBROS DO TIME EXECUTIVO ESTÃO DISPOSTOS A TRABALHAR EM EQUIPE?

Para times que almejam operar nos níveis três e quatro, trabalhar em equipe é um valor crucial que cada executivo deve adotar.

Ao refletir sobre os desafios de escolher o candidato certo para uma vaga na equipe executiva, um CEO nos disse que os finalistas deveriam ser "aptos e dispostos" – termos emprestados das companhias aéreas ao se referirem a passageiros que ocupam as poltronas próximas à saída de emergência. Por ser bastante alto, esse CEO geralmente escolhia se sentar na saída de emergência, pois aqueles lugares oferecem mais espaço para acomodar as pernas. Ele observou que primeiro os comissários checavam se as pessoas estavam fisicamente aptas para ocupar esses assentos. Somente era permitido a adultos se sentarem ali, porque era preciso ter força suficiente para manipular e abrir a porta de emergência, que pesa entre 15 e 20 quilos, dependendo do modelo da aeronave. O CEO lembrou-se da primeira vez que um comissário lhe perguntou se estava disposto a assumir a responsabilidade de abrir a saída de emergência e seguir as instruções da tripulação para ajudar os passageiros a deixarem a aeronave se fosse necessário. A menos que estivesse apto e disposto, por motivos de segurança, ele seria convidado a sentar-se em outra fileira.

O CEO utilizou essa experiência, adaptando-a para o contexto do processo sucessório da empresa. Tanto o candidato interno quanto o externo tinham aptidão técnica para realizar o trabalho – eram ambiciosos e possuíam boas habilidades técnicas e de solução de problemas. A preocupação do CEO era o quanto eles estavam dispostos a se desenvolver para assumir as responsabilidades atreladas àquela nova posição. Eles a enxergariam como a sua principal responsabilidade e se dedicariam a entender as demais áreas e a colaborar com os membros do time nos mais diversos assuntos da companhia nos quais não tinham experiência? Estariam dispostos a conferir autonomia às equipes para que colaborassem com outras áreas pensando no sucesso da companhia como um todo? Ou simplesmente se ocupariam da própria área e exerceriam controle nos times diretos, a fim de provar que a área deles era melhor que as demais?

Para fazer parte de um time executivo real, é preciso que aconteçam duas transformações na autoimagem do líder. A primeira é passar de contribuidor especialista em uma ou duas áreas afins, como marketing e vendas ou operações e logística, para um líder de negócios, capaz de pensar em todos os processos da companhia que atendem o cliente final. A segunda mudança está ligada à primeira e envolve migrar de uma liderança baseada na expertise técnica e na experiência (aqueles altos padrões de performance do estilo modelador, explicados no capítulo 3) para uma "por meio dos outros", combinando diferentes estilos de liderança a fim de criar um ambiente no qual o time direto tem liberdade e está preparado para tomar decisões com menos input da liderança.

Ao escolher entre candidatos com grandes habilidades técnicas ou perfil de liderança, o CEO respondeu que preferia abrir mão de aspectos técnicos se o candidato demonstrasse real disposição e compromisso para desenvolver os comportamentos de um excelente líder.

NÃO TOLERE DETRATORES

O alinhamento dos membros do time com os valores definidos deve ser observado pelo CEO, havendo consequências claras em caso de não cumprimento para garantir o engajamento da equipe.

O CEO bem-sucedido de uma grande multinacional, em conversa conosco, lembrou-se de uma situação em que um CEO para quem ele se reportava convocou uma reunião com a equipe para informar sobre uma decisão estratégica que exigiria total comprometimento de todos, inclusive daqueles que tinham se pronunciado contra ela. O CEO reconheceu que a nova estratégia era disruptiva e que o entusiasmo e o comprometimento dos membros do time em relação a ela variavam. Então, solicitou que cada um avaliasse de modo confidencial, em uma escala de um a dez, o quão entusiasmado se sentia com a nova estratégia. Feito isso, o CEO surpreendeu vários integrantes da equipe ao afirmar que, enquanto o CFO provavelmente havia se avaliado com um nove, ele mesmo se dava nota seis. Por mais que não estivesse tão entusiasmado com o novo caminho, ele acreditava que era a decisão necessária para o futuro da empresa e, por isso, estava totalmente comprometido com ela.

Depois de mostrar que a hesitação e o medo que tinham era algo natural, ao admitir que o engajamento variava entre os membros, o CEO olhou para cada executivo ao redor da mesa e disse: "Reconheço que a estratégia é disruptiva. E vou cuidar dos feridos. Se você se sentir ferido, me procure e fale comigo, a porta estará sempre aberta. Mas eu vou eliminar os detratores". Com poucas frases, ele foi claro acerca do direcionamento futuro e afirmou que, se descobrisse alguém "jogando contra", reclamando das decisões ou perturbando a coesão do time, ele tiraria aquela pessoa da equipe. Para que os valores sejam levados a sério, os melhores CEOs asseguram publicamente o compromisso de cada integrante do time desde o início.

Além do alinhamento do time com os valores da empresa, vamos focar em outras duas esferas: confiança e cooperação, que são grandes indicativos da eficiência da equipe executiva nos níveis três e quatro.

Estatisticamente, quando os diagnósticos de times executivos revelam que a confiança é baixa entre os membros da equipe, a colaboração segue a mesma tendência, pois nos inclinamos a evitar a companhia das pessoas em quem não confiamos. O oposto também é verdadeiro: um alto índice de colaboração entre os integrantes de um grupo costumam indicar um alto nível de confiança.

2. A IMPORTÂNCIA DE FORTALECER CONFIANÇA INTERPESSOAL

A confiança é o principal facilitador para a colaboração e o desenvolvimento de times, pois é a base do relacionamento entre os integrantes do grupo. Uma vez que as pessoas certas tenham sido escolhidas, que o propósito esteja claro e os valores acordados, a relação de confiança faz com que os membros trabalhem juntos para entregar o resultado. A confiança pode passar despercebida quando as coisas vão bem, mas, quando as equipes estão em dificuldade, a causa dessa intempérie sempre está ligada à diminuição de confiança entre o CEO e sua equipe ou entre os membros do time executivo.

Um dos trabalhos mais recomendados entre os consultores globais de gestão, *The trusted advisor* [O conselheiro de confiança], escrito por David Maister,[57] propõe a "equação da confiança" para melhor explicar os componentes-chave das relações de confiança no trabalho:

$$C = C1 + C2 + I/IP$$

C = **confiança**
C1 = *credibilidade*
C2 = *confiabilidade*
I = *intimidade*
IP = *interesse pessoal*

A credibilidade é o fator mais tangível da confiança, é uma mistura de competência e experiência. Ela é tanto racional – baseada em comprovações formais sobre o nível de preparo de alguém, como diplomas ou títulos – quanto emocional – baseada em recomendações positivas e reputação. A confiabilidade tem a ver com a consistência de um comportamento esperado. Ela é construída com o tempo, por meio de repetidas experiências positivas entre o que foi prometido e o que foi realizado. Ela se traduz em um sentimento de tranquilidade, de saber que se pode contar com alguém para entregar os resultados dentro do tempo e do escopo combinado.

Tanto a credibilidade quanto a confiabilidade são bem conhecidas e comumente associadas à construção de confiança no trabalho. No entanto, são outros dois fatores que mais influenciam na confiança: a intimidade e o interesse próprio.

Pode até parecer estranho, mas intimidade é uma condição essencial para um time de alta performance. É a habilidade de se conectar emocionalmente com os outros e de se sentir à vontade para expressar opiniões sinceras, preocupações e vulnerabilidades. Quando um grupo convive com intimidade, as pessoas se preocupam menos com o que os outros pensam delas e se focam mais em encontrar soluções para os problemas e ajudar uns aos outros. A intimidade cria vínculos duradouros e relações mais satisfatórias no trabalho.

Por fim, não há nada mais prejudicial para a confiança do que um membro cujo interesse pessoal fala mais alto. Por mais que alguém seja competente, confiável ou próximo, focar de modo exagerado em um interesse pessoal gera desconfiança. E isso não está apenas relacionado a questões éticas, como desviar dinheiro da empresa ou mentir para proteger os seus interesses. Na verdade, acontece sempre que o ego assume o comando: o desejo de estar certo, a falta de disposição para ouvir os outros, a necessidade de dar a última palavra, a lista quilométrica de pendências que acaba tomando o espaço da agenda do colega de equipe etc. Demonstrações de interesse próprio são bastante comuns entre os executivos e a maioria não tem a menor consciência disso.

Também é bastante ruim para a confiança de um time mostrar que a emoção que o colega decidiu externar nos incomoda – ou então dar a entender, pelas nossas ações, que só estamos interessados em escutar aquilo que serve aos nossos próprios objetivos.

Esses múltiplos fatores fazem da confiança algo complexo, pois acabamos precisando "pontuar" em todos eles para conquistar a confiança de alguém. Você pode admirar a competência de um colega (credibilidade), mas não se sentir confortável na presença dele (intimidade). Você pode confiar na capacidade de entrega de um membro que está sob pressão (confiabilidade), mas questionar os motivos dele (interesse próprio). Isso ajuda a explicar por que os níveis médios a baixos de confiança entre os integrantes de uma equipe executiva são a regra, e não a exceção. Nas várias vezes que entrevistamos times que estão enfrentando problemas de performance, ouvimos dos membros, em privado, sobre falta de confiança.

EXPONDO A QUESTÃO DA CONFIANÇA

A falta de confiança pode ser um assunto difícil e até constrangedor de ser discutido no contexto organizacional. Se há uma lacuna de confiança no time, é provável que não haja um ambiente com segurança psicológica o bastante para que as pessoas possam trazer à tona o problema. Assim como muitos líderes a princípio se negam a encarar os resultados ruins de um feedback 360, dando desculpas em vez de lidar com o problema, as equipes têm dificuldade de reconhecer em um primeiro momento que muitos problemas de desempenho têm como principal causa a desconfiança.

O CEO de um time executivo grande, composto por treze membros, era considerado ineficaz pelo Conselho e visto internamente como muito competitivo e político. Em um ato de coragem, ele decidiu fazer uma pesquisa sobre o impacto da liderança, que foi respondida pelos membros do time. Assim que o resultado saiu, nós o compartilhamos com o CEO, que ficou chateado, mas não surpreso em confirmar o quanto a situação estava ruim. O trabalho em equipe era a pior nota entre os índices de performance, e o fator confiança era a principal causa disso. Antes de apresentar os resultados para a equipe executiva, nós explicamos os fatores de performance abordados na pesquisa e perguntamos aos membros se eles tinham um palpite sobre quais seriam os resultados. Quando apresentamos o fator "trabalho em equipe", nós perguntamos: "Como está o nível de confiança entre vocês?". Dois integrantes não hesitaram em responder que estava excelente e que, apesar dos problemas, a relação profissional era sólida, marcada por muita confiança e respeito. Os demais membros do time apenas balançaram a cabeça, concordando. Logo depois, quando mostramos os resultados da pesquisa que eles haviam respondido de maneira anônima, explicando que os resultados de confiança da equipe estavam entre os mais baixos de toda a base de dados (com mais de 5 mil empresas), eles ficaram chocados. Alguns reagiram, afirmando que as questões não eram claras e que deviam ter sido mal interpretadas ou manipuladas para gerar resultados tão absurdos. Interessante que, com exceção da confiança, todos os outros resultados pareciam realistas para o time. A hipótese de que os treze membros da equipe haviam interpretado de modo errado apenas as questões sobre confiança era absurda, mas evidenciava o nível de desconforto do time em reconhecer alguns comportamentos oportunistas e rivalidades de poder que vários executivos percebiam no grupo.

Em outro time executivo, um CEO bastante controlador era a principal fonte de desconfiança na opinião dos membros da equipe entrevistada. A dificuldade do CEO em se abrir com as pessoas vinha de uma crença de que mostrar vulnerabilidade era sinônimo de fraqueza. Ele ilustrou bem esse ponto quando lhe perguntamos se estaria disposto a falar sobre si mesmo na frente do time para desfazer a impressão de emocionalmente distante, duro e super-racional. Ele disse: "Se eu mostrar quem eu sou, eles podem usar isso contra mim".

COMO O CEO PODE MELHORAR A RELAÇÃO DE CONFIANÇA COM O TIME

Diante da desconfiança, alguns CEOs se refugiam no pensamento mágico de que o problema vai "melhorar naturalmente", em vez de tomar medidas práticas para resolvê-lo. Como disse Lencioni: "O ingrediente-chave para construir confiança não é tempo, é coragem".[58]

A primeira coisa que o CEO pode fazer para melhorar a confiança é falar abertamente sobre seus valores, aprendizados de erros que cometeu, gostos pessoais e momentos importantes da vida que moldaram quem ele é. Conhecer os valores do CEO permite que o time perceba como as ações dele se alinham a esses valores. Quanto mais alinhamento e consistência as pessoas identificarem, maior a probabilidade de construir confiança.

Um CEO que sucedeu um executivo supercontrolador famoso por dizer: "Eu não confio em pessoas, confio em resultados" começou o processo de construção de confiança perguntando para a sua assistente como o antecessor agia em determinadas situações – e fazendo exatamente o oposto. Enquanto o CEO anterior fingia saber mais que todo mundo, o novo CEO iniciou a sua primeira reunião na empresa dizendo: "Eu não tenho todas as respostas, nem espero que alguém do time as tenha. Se eu não souber alguma coisa, não terei problemas em dizer que não sei e em perguntar para quem sabe". Fazer esse tipo de afirmação em uma cultura de liderança cuja credibilidade do CEO anterior estava pautada em parecer infalível exigiu coragem e causou uma impressão. O CEO também utilizava de humor para rir de si mesmo, minimizando suas grandes realizações e dizendo que era "um líder ruim melhorado", que havia errado muito na carreira e, de alguma maneira, sobrevivido para contar essa história. Algumas frases que ele usava para construir confiança eram:

"Desculpe, eu estava distraído; você pode repetir o que acabou de falar?"

"Honestamente, não tenho ideia de como resolver isso. Alguém tem alguma sugestão?"

"Estou me debatendo com esse ponto, pode me ajudar a entender?"

"O erro foi meu, me desculpe."

Na primeira reunião individual com os membros do time executivo, ele disse: "Quero que vocês assumam que têm um cheque em branco, com a minha total confiança, e ajam de acordo". Os integrantes da equipe admitiram que, a princípio, estavam céticos com a fala do "cheque em branco", pois confiança não se constrói apenas com palavras. Com o tempo, se algum membro do time fizesse algo que afetasse a confiança depositada, o CEO tiraria dele o "cheque", explicando o porquê de sua atitude e como aquela pessoa poderia reconquistar sua confiança.

Se as ações do CEO forem coerentes com o que ele fala, mostrando consistência ao longo do tempo, a confiança do time vai aumentando gradualmente – como ocorreu no caso citado nos parágrafos anteriores. Após dezoito meses na posição, o novo CEO realizou uma pesquisa sobre o impacto da sua liderança, e os níveis de colaboração e confiança estavam entre os mais altos da base de dados, juntos aos de empresas de classe mundial.

PRÁTICAS PARA AUMENTAR A CONFIANÇA ENTRE OS MEMBROS DO TIME

Conversas frequentes

Cristina Nogueira é uma das principais consultoras independentes de transformação cultural no Brasil, conselheira de empresas e ex-executiva da Microsoft e SAP, participando de projetos globais. Um dos maiores insights de Cristina sobre desenvolvimento de equipes executivas é que, para aproveitar ao máximo os benefícios da diversidade dos times, o que os executivos precisam fazer é investir em tempo de qualidade para conviver e conversar sobre assuntos que vão além dos aspectos profissionais. Quanto melhor o convívio entre os integrantes da equipe, mais fortes se tornam os laços de confiança. Como consequência, o grupo consegue trabalhar de maneira mais colaborativa e gerar ideias inovadoras.

Na visão dela, comentários mecanicistas sobre o funcionamento do time, como "precisamos azeitar o modo como as partes do time interagem" ou "nosso time é uma máquina de vendas", ignoram o fato de que seres humanos não são como engrenagens de uma máquina. Cristina aconselha: "Precisamos deixar essa linguagem automatizada e nos centrar mais nas relações humanas".[59]

Durante o período em que esteve na Microsoft, Cristina desenvolveu uma rotina para fortalecer o nível de confiança entre os membros do seu time executivo. A ideia era maximizar as oportunidades de contato informal entre as pessoas. Nas reuniões semanais, ela reservava uma hora e meia com toda a equipe, e nesse tempo eles podiam trazer para a mesa qualquer assunto não relacionado aos projetos em andamento. Era nesse período que ela criava um ambiente de confiança em que poderiam inclusive dar feedbacks sobre como estavam se sentindo. Era chamado de o espaço para "conversar sobre as conversas". Adicionalmente, incentivava que cada integrante do time buscasse vinte minutos de conversa por mês com seus colegas, para estreitarem as relações. Esse processo criou um nível tão grande de intimidade e entendimento que, segundo Cristina, as reuniões formais de feedback se tornaram completamente redundantes. "Não precisávamos de feedback formal, pois não tínhamos mais do que falar", disse ela.

Um CEO global teve uma experiência parecida, de "reuniões sem pauta" nas tardes de segundas-feiras para ajudar os membros do time a se conectarem. Ele explicou que primeiro toda a equipe executiva saía para almoçar e conversar fora do escritório. "Falávamos sobre o que cada um tinha feito no fim de semana e depois voltávamos para o escritório, mas a reunião da tarde era sem pauta. Eu costumava circular pela sala e perguntar quem queria propor pontos para discutir, porque algo que aprendi ao longo de minha carreira é que existe o lado estruturado da gestão do dia a dia, mas outras coisas acontecem em meio a isso, e precisamos lidar com cada momento", disse ele.

Reservar tempo para o time de uma maneira menos estruturada foi uma ferramenta-chave utilizada por esses dois líderes para equilibrar um ambiente corporativo repleto de regras e focado em tarefas, aliviando, assim, a pressão que a maioria dos executivos enfrenta.

Os colegas de confiança

Esse exercício ajuda a aumentar a consciência das equipes sobre como a confiança é gerada e percebida, tornando-a visível por meio de exemplos concretos. Entrevistamos os membros do time executivo de uma empresa industrial global e obtivemos uma resposta unânime sobre a forte relação de confiança percebida entre o CEO e o CHRO (vice-presidente de RH). Com a permissão dos dois, utilizamos o exemplo deles durante um workshop para descrever como a confiança impacta a dinâmica de trabalho. Perguntamos às pessoas da equipe quais evidências elas observavam para afirmar que o CEO e o CHRO mantinham uma boa relação de confiança. Depois de um silêncio inicial diante de uma pergunta pouco comum, elas começaram a fazer alguns comentários genéricos: "a forma como eles se tratam" ou "eles se conhecem há muito tempo".

Nós pedimos ao grupo que fosse mais específico sobre o que eles *viam* o CEO e o CHRO *fazerem* que sugeria um alto nível de confiança. Nesse ponto, começaram a surgir comentários diferentes, tais como:

"Eles passam na sala um do outro, informalmente."

"Eles passam bastante tempo alinhando o posicionamento sobre diversos assuntos."

"Nas reuniões, o CEO normalmente apoia as opiniões do CHRO e vice-versa."

"Eles ficam visivelmente confortáveis na presença um do outro – sorriem e fazem contato visual enquanto falam."

"O CHRO é geralmente o primeiro a desafiar uma ideia do CEO se discordar dela, e o CEO ouve o que ele tem a dizer. Isso é sinal de confiança."

Nesse momento, pedimos ao CEO e ao CHRO que refletissem sobre as observações do time e se eles concordavam com elas. O CEO respondeu: "Eu não tinha parado para pensar nisso até agora, mas as impressões da equipe fazem sentido. Eu realmente respeito a opinião do CHRO e peço conselhos sobre decisões importantes porque sei que ele vai me falar abertamente se achar que a ideia não é boa". Depois desse primeiro exemplo, o time começou a entender como a confiança se manifestava. Então, pedimos licença para utilizar como exemplo outra dupla, que também foi bastante mencionada nas entrevistas individuais como modelo de relação de confiança. A química da confiança assume formas diferentes, de acordo com as pessoas envolvidas. O que percebemos é que as "duplas de confiança" nem sempre se conhecem por anos ou cultivam algum relacionamento fora do trabalho. Por vezes, a confiança surge como resultado de um esforço consciente de trabalhar juntos de maneira efetiva. E se ambos estiverem dispostos, ela pode ser construída rapidamente.

Os encrenqueiros

Uma pessoa disfuncional pode ser suficiente para destruir a confiança entre a equipe executiva. O mesmo acontece se há uma relação "tóxica" entre dois membros que competem entre si ou criam uma polarização no time.

É importante que o CEO trate dessas questões rápido, antes que o estrago seja grande, fazendo com que os integrantes do time percebam o impacto negativo que geram nos demais e que assumam a responsabilidade de resolver as diferenças interpessoais.

O principal objetivo de abordar esse assunto delicado é fortalecer o time, a fim de que todos percebam quais comportamentos prejudicam o trabalho em equipe e de que seja dada a oportunidade de conscientização e de mudança aos responsáveis pela ruptura.

No início da intervenção, não pedimos aos membros envolvidos na situação de desconfiança que se pronunciem, mas convidamos os demais integrantes da equipe a falar sobre os sinais visíveis de falta de confiança entre a dupla sinalizada com linhas vermelhas.

Alguns comentários típicos são:

"Eu percebo os times diretos deles discutindo em reuniões e culpando uns aos outros. Fica claro para mim que o comportamento das equipes reflete a competição e a péssima relação entre os líderes."

"Eles reclamam um do outro para o CEO, criticam um ao outro em público, mas não se falam diretamente para resolver os problemas. Isso faz todo o time executivo perder tempo e energia, além de criar polarização."

"Eles sentam longe um do outro e não se olham ou conversam entre si. A falta de respeito entre eles é palpável e acaba com o espírito de equipe."

Por vezes, um único indivíduo tem várias linhas vermelhas, sinalizando que ele mantém relações ruins com vários colegas. Como vimos na regra "sem babacas" do All Blacks, um membro tóxico é rapidamente identificado pela equipe, mas é preciso que o CEO decida o que fazer com ele. Essa dinâmica expõe o problema da desconfiança, para que possa ser encarado e resolvido.

Recomendamos que o exercício das linhas vermelhas seja conduzido apenas por facilitadores experientes e que seja bem alinhado com o CEO. Isso garante que decisões sejam tomadas na sequência do exercício para endereçar o comportamento dos membros que estão impedindo o bom funcionamento do time. Se esses indivíduos, ainda assim, optarem por não mudar, devem ser removidos do time.

Quando os arquitetos romanos construíam uma ponte, eles organizavam pedras simétricas levemente inclinadas umas nas outras e, no meio, sustentavam com um pilar, uma pedra "caução" responsável por manter todas as outras e sustentar o peso. A colaboração é esse pilar para a alta performance dos times, é o que lhes possibilita ir mais longe juntos do que iriam individualmente.

3. DESENVOLVER COLABORAÇÃO

Se o CEO estiver convencido de que é necessário que todos os membros da equipe executiva colaborem de maneira efetiva para implementar o propósito e a estratégia – e estiver disposto a investir tempo e recursos no trabalho entre as diferentes áreas –, há vários passos a serem tomados:
- Apresentar os desafios das áreas e a dinâmica de "dar e receber" ajuda;
- "Dar cobertura" às pessoas;
- Praticar habilidades de escuta ativa, empatia e facilitação;
- Desafiar uns aos outros para crescer;
- Círculos de feedback e coaching entre colegas do time.

APRESENTAR OS DESAFIOS DAS ÁREAS E A DINÂMICA DE "DAR E RECEBER" AJUDA

No início do livro, abordamos a importância de identificar um "propósito de time" em que a equipe executiva determina o seu papel singular na organização e prioriza os principais desafios de negócio, aqueles que só podem ser resolvidos em conjunto pelo time executivo. Uma vez que esses desafios forem identificados, eles se tornam o principal trabalho dos executivos, que formam subtimes para ajudar a endereçá-los.

Um primeiro passo para a colaboração é fazer com que os integrantes da equipe entendam as batalhas uns dos outros e identifiquem sobreposições que podem ser eliminadas e sinergias a serem aproveitadas, além de apoio prático que podem oferecer aos colegas. Ao conversar com membros de times executivos que consideram que o grupo é inefetivo em relação à colaboração e à confiança, eles nos disseram que a maior barreira para trabalharem juntos é entenderem as atividades de cada área, os desafios que cada um enfrenta no dia a dia e que tipo de ajuda os colegas precisam e podem oferecer.

Uma maneira prática e efetiva de trabalhar esse ponto é pedir que cada membro da equipe prepare uma breve apresentação de cinco a dez minutos sobre a área que lidera, com as seguintes informações:

- Principais objetivos de negócio e indicadores da área e como ela contribui para os resultados da empresa;
- Organograma com as principais posições e nomes das pessoas-chave da área;
- Expertise da área, que pode ser útil para outros membros do time;
- Grandes desafios que a área está enfrentando para atingir seus objetivos de negócio;
- Ajuda que a área gostaria de obter dos outros integrantes da equipe executiva.

É impressionante como um exercício tão simples melhora o entendimento dos desafios e oportunidades do time e cria pontes entre áreas que até então se comportavam como silos. Ao identificar desafios comuns e disponibilizar pessoas-chave das áreas para trabalharem em busca de soluções, os integrantes da equipe executiva começam a se ajudar na prática, eliminar problemas e construir confiança entre os membros dos times diretos que ganham a chance de trabalharem juntos em projetos multifuncionais.

Mike Markovits é fundador da Markovits Consulting Services e executivo que liderou a área de desenvolvimento executivo da GE em Crotonville; no passado, foi vice-presidente global de desenvolvimento organizacional da IBM. Mike reconhece a necessidade de fortalecer a interdependência entre as diferentes áreas de um time executivo e de promover o interesse no sucesso coletivo, não somente no de sua área. Para isso, compartilhou conosco uma dinâmica simples e efetiva, chamada de "dar e receber ajuda", que ele aplicou com diversos times executivos na GE. Ele descreveu o exercício da seguinte maneira:

"Os objetivos estão definidos. Você é o líder de Tecnologia. Tome aqui a folha com seus objetivos. Você é o líder de Finanças. Seus objetivos são esses – faça isso até que todos os executivos tenham em mãos esse documento. Depois, você cola cada folha na parede e todos ficam em pé, em frente ao papel onde estão escritos os objetivos da sua área. Por exemplo, eu ficaria em frente à folha direcionada ao RH. Feito isso, cada membro do time circula pela sala e lê os objetivos dos colegas. Ao lado de cada papel, há duas colunas: uma para o líder da área escrever o tipo de ajuda que gostaria de receber dos colegas e outra para os colegas oferecerem a ajuda que podem dar.[60]

Depois disso, os membros do time circulam pela sala e conversam entre si sobre as ajudas que gostariam de receber e as que estão dispostos a oferecer. Se um integrante da equipe não puder ajudar a resolver o problema do colega por falta de orçamento ou necessidade de alocar colaboradores em tempo integral para a demanda, o time executivo pode decidir coletivamente sobre a criação de recursos adicionais ou a redistribuição de recursos".

"DAR COBERTURA" ÀS PESSOAS

Dado que os times executivos de nível quatro representam o grau máximo de decisões compartilhadas e que os membros são incentivados a desafiarem uns aos outros com o objetivo de encontrar a melhor solução, há um risco de estimular comportamentos competitivos que destroem a confiança. Mike Markovits compartilhou uma experiência que ele acredita ter sido muito positiva para o líder e para a equipe na época. No início de sua carreira, em uma planta industrial, Mike era parte de um time executivo que reportava para um CEO bastante irritadiço, conhecido pelo temperamento explosivo.

"Ele ficava bravo com facilidade e, quando isso acontecia, gritava com quem estivesse por perto. Algumas pessoas aguentavam bem, mas outras sofriam com isso. Eu vi essa cena acontecer muitas e muitas vezes, pois a minha sala ficava ao lado da dele. As pessoas saíam de lá cabisbaixas. Eu sabia quando ele estava tendo um bom ou um mau dia, e quando estava ficando irritado. Então, nesses momentos, eu entrava na sala dele, fechava a porta e perguntava: 'O que está acontecendo?'. E, em geral, ele me explicava aos berros. Em parte, esse era o meu papel, mas também é a minha personalidade. Eu sabia que ele não estava gritando comigo. Ele estava frustrado com alguma coisa e queria desabafar. As pessoas que passavam por ali naquele momento pensavam: 'Meu Deus, o Mike está levando mais uma bronca daquelas, o que será que ele fez de errado?'. Eu sabia que, ao agir desse modo, estava ajudando-o a voltar para a sua melhor versão, assim ele não faria isso com outras pessoas que tinham muito mais dificuldade de processar a situação do que eu. Para mim, isso era 'dar cobertura' para ele como líder".

Mike também agia assim com os colegas. Ele acreditava na importância de vê-los não como competidores, mas, sim, fazer o possível para ajudá-los a serem bem-sucedidos em suas missões. "Se as pessoas do time estão interessadas apenas no sucesso individual, isso é um problema. É bom que estejam interessadas no sucesso umas das outras", declarou Mike. Parte do papel dele era realizar o desenvolvimento global da estratégia Seis Sigma, e esse papel se sobrepunha à função de Ruth Fattori, líder da área de qualidade da companhia. Mike buscava sempre elogiar o trabalho de Ruth para o CEO, dizendo: "Ruth está fazendo um trabalho excelente" ou "Você ouviu a ideia de Ruth sobre isso? Eu achei ótima". Mike estava usando o seu capital político para "dar cobertura" a alguém que ele poderia ter interpretado como uma rival. "Eu queria colocar as pessoas para cima, a fim de avançar com as mudanças, porque eu acreditava na estratégia Seis Sigma", disse Mike.

Essa atitude exemplar e "livre de ego" ilustra o nível profundo de suporte mútuo e comprometimento que caracteriza os melhores times executivos.

ESCUTA ATIVA, EMPATIA E FACILITAÇÃO

A maneira mais fácil de identificar se um time executivo está indo bem é observar como os membros interagem com a tecnologia e entre si durante as reuniões. As normas de convivência das melhores equipes costumam especificar que celulares e laptops devem ficar fora da sala ou desligados, para garantir que todos estejam 100% presentes, física e mentalmente. A primeira indicação de que um time executivo é disfuncional é quando vários integrantes respondem a e-mails ou mensagens, ou revisam a própria apresentação, enquanto os colegas estão com a palavra. Mesmo quando são instruídos a não usar a tecnologia dentro da sala, em equipes disfuncionais a mentalidade se revela, ainda que seja na hora do *coffee break*. Em vez de aproveitarem para conversar com os colegas, adicionando energia na agenda do time, costumam sair rápido da sala, pegam o celular e começam a dar instruções detalhadas para a equipe sobre vários assuntos, enquanto outros vão "despachar as pendências" no laptop. Nesses momentos, a impressão que é passada é a de que alguns membros consideram o trabalho do time executivo uma distração do seu "trabalho real" de liderar a sua área, por isso raramente estão mentalmente presentes.

Lembre-se de como Dan Carter do All Blacks descrevia a importância de treinar a mente para alcançar performance sustentada, e como Phil Jackson usava meditação e técnicas de visualização para ajudar o Chicago Bulls e o LA Lakers a atingir uma só mente? Parte do problema dos times executivos é que a maioria das pessoas não consegue mais se manter concentrada por períodos longos. As mentes dos líderes têm sido tão acostumadas a resolver problemas com agilidade e a pular de questões complexas para detalhes operacionais do dia a dia, que a qualidade do raciocínio foi prejudicada. Eles alegam que é quase impossível desacelerar, refletir com calma e sustentar a atenção em um único assunto. Com isso, a qualidade do diálogo com os colegas, algo necessário para a tomada de decisões estratégicas, fica muito comprometida.

Vários times executivos adotam práticas para trazer o foco para o presente, como meditação em grupo ou técnicas de respiração. Ficar em silêncio, com os olhos fechados, focando na respiração por alguns minutos, acalma a mente e faz com que as pessoas percebam o quão reativas e aceleradas estão. Em menos de cinco minutos desses exercícios, já é possível provar uma experiência de relaxamento e paz.

Outro procedimento que as melhores equipes executivas fazem é iniciar as reuniões com um *check-in*, no qual cada um fala brevemente sobre como está se sentindo e a sua expectativa para aquele encontro, em uma maneira de sincronizar a energia do time antes de começar o trabalho em si. No fechamento da reunião, eles fazem um breve *check-out*, em que os membros compartilham o que estão "levando" do encontro e seus aprendizados. Essas práticas ajudam a criar um senso de "uma só mente", além de equalizar a energia e servir de momento de reflexão coletiva para o time.

Nesse sentido, para que os times possam se autogerenciar com sucesso, debater novas ideias e superar diferenças de opinião, é extremamente importante que, além de empatia e escuta ativa, desenvolvam habilidades de facilitação. Desse modo, poderão organizar reuniões produtivas sem depender do CEO ou de um moderador externo. Alternar a responsabilidade de liderar as reuniões como facilitador foi a prática adotada por um CEO para garantir que todos os membros da equipe tivessem a oportunidade de aprender a coordenar o grupo e estabelecer acordos. Na visão do CEO, "passar o bastão" permitiu que o time desenvolvesse uma mentalidade diferente: "o exercício de facilitação obriga-o a ouvir com mais atenção. Você precisa coordenar as respostas em vez de expressar a sua opinião sobre qual seria a melhor solução".

O efeito cumulativo de escutar ativamente, demonstrar empatia e praticar a facilitação do time possibilita a criação do estado de fluxo ou *flow* – ou seja, ajudar uns aos outros a acessar níveis mais altos de inteligência coletiva e criatividade.

DESAFIAR UNS AOS OUTROS PARA CRESCER

Não tem por que desenvolver altos níveis de confiança se o time não pretende fazer uso dela. Assim como também não faz sentido reunir uma equipe diversa, com pessoas com diferentes valores, experiências e conhecimentos se o papel delas é concordar de forma polida quando o CEO aprova uma iniciativa absurda. A expressão "pensamento de grupo" (*groupthink*, em inglês) foi criada em 1972 pelo psicólogo Irving Janis para descrever como indivíduos que participam de tomadas de decisão em grupo tendem a moldar suas opiniões para permanecerem em harmonia com o grupo.[61]

Outro inimigo perigoso do trabalho em equipe é o conluio entre membros do time, em que fazem "acordos secretos" de não se desafiarem em público ou se oporem aos interesses uns dos outros na frente do CEO e dos demais integrantes da equipe, aqueles que "ficaram de fora" da aliança. Esse comportamento algumas vezes é encontrado em organizações na qual um novo CEO está tentando criar sinergias entre áreas, mas seus líderes estão relutantes a renunciar aos próprios interesses.

Para evitar as consequências negativas do pensamento de grupo e do conluio, os membros do time executivo precisam ser estimulados a exercer o pensamento crítico e o debate de ideias, em nome do interesse da companhia. Desafiar o consenso da equipe diante de uma ideia para a qual o CEO sinalizou concordância é um ato de coragem e integridade por parte do executivo e também, na maioria das vezes, um sinal de segurança psicológica do ambiente.

Em times executivos bem-sucedidos, as pessoas são maduras o suficiente para aceitar discordâncias e acatar soluções mais efetivas. O conflito produtivo, ainda que seja desconfortável, é aceitável e encarado como parte do processo natural para se chegar às melhores decisões para a empresa. Quando há confiança, o debate intelectual acalorado e fricções ocasionais são toleradas como parte do jogo e a crítica não é levada para o lado pessoal. Na ausência de segurança psicológica e confiança interpessoal, o conflito pode virar politicagem e busca por culpados. Isso explica em parte por que tantos times de baixa performance tendem a evitar conflitos.

CÍRCULOS DE FEEDBACK E COACHING ENTRE COLEGAS DO TIME

Um dos grandes diferenciais de excelentes times executivos é a habilidade dos membros de se tornarem melhores líderes para as suas áreas e passarem a contribuir mais para o crescimento da companhia.

Somado aos elementos que fortalecem os times executivos – tais como valores compartilhados, prática de escuta ativa, empatia e capacidade de lidar com o conflito produtivo –, há uma ferramenta poderosa: feedback.

Nenhuma palavra desperta mais ansiedade no coração dos executivos. Exatamente por isso, a prática de feedback – quando praticado com a intenção de apoiar o desenvolvimento – pode ser libertadora para líderes e times.

Todos os membros da equipe executiva podem (e devem) participar do exercício de feedback que iremos propor. Recomendamos que o processo seja conduzido por um facilitador experiente e apenas conte com a presença dos integrantes do time executivo, para garantir a confidencialidade e a confiança que o processo requer.

Os principais benefícios do exercício incluem:
- Os membros do time aprendem a associar feedback a uma prática de apoio ao desenvolvimento e insight, em vez de críticas e julgamento;
- Desenvolvimento de habilidades de dar feedback construtivo baseado em evidências;
- Fortalecimento da confiança entre os integrantes do grupo por meio de uma experiência emocional compartilhada;
- Aumento da consciência das pessoas sobre como são percebidas pelos colegas;
- Construção de uma mentalidade de aprendizado entre os membros que pode evoluir para *peer coaching* (coaching entre colegas do time).

O exercício de feedback requer um tempo de preparação, cerca de trinta minutos, durante o qual cada membro do time escreve os pontos-chave do feedback que irá compartilhar com os colegas durante a dinâmica. O protocolo simples que sugerimos para os integrantes da equipe usarem na dinâmica é:
- Nome do colega;
- Liste três comportamentos positivos ou pontos fortes que você observou no seu colega nos últimos doze meses e que, na sua opinião, contribuíram para o time;
- Forneça um exemplo simples que confirme cada comportamento e descreva o impacto positivo que isso gerou em você ou nos demais.

Costumamos fazer um exemplo no *flip chart* para que as pessoas usem como referência, como: "Fábio, um ponto forte seu que eu admiro é a sua disposição de colaborar com outras áreas. Quando eu pedi que me ajudasse a resolver um problema que eu estava enfrentando com o time em novembro, você prontamente se ofereceu para me encontrar e conversar, mesmo estando ocupado. O conselho que você me deu foi bastante útil. Obrigado!".

Seguindo com o exercício de feedback, agora focado em desenvolvimento:
- Identifique uma área na qual você acredita que a pessoa possa melhorar ou contribuir mais com o time;
- Forneça um exemplo simples de como esse comportamento se manifesta e o impacto dele no grupo;
- Sugira uma ação prática para a pessoa melhorar no quesito abordado e mostre o impacto positivo que isso trará para a equipe.

Assim como fizemos com o feedback positivo, demonstramos um exemplo da área de melhoria: "Fábio, uma área na qual vejo que você pode melhorar é dando mais autonomia para o seu time resolver problemas na sua ausência. No mês passado, tivemos um gargalo de produção porque um dos seus gerentes respondeu que precisava alinhar com você antes de implementar a ação, ainda que ele seja preparado e experiente. O benefício de dar mais autonomia a ele seria maior agilidade na solução de problemas".

Quando a equipe terminar de escrever, instruímos a todos sobre como dar feedback:
- O primeiro voluntário será convidado a sentar-se na cadeira que chamamos de *hot seat* (cadeira quente), situada na frente de um semicírculo de cadeiras a ser ocupado pelos outros membros do time;
- Falamos ao voluntário que ele pode tomar nota dos feedbacks se quiser e pode fazer perguntas de esclarecimento caso não entenda algum ponto, mas que não deve nesse momento questionar o conteúdo do feedback. Apenas ouvir e agradecer;
- Um a um, os membros do time olham para o voluntário e compartilham primeiro os três pontos do feedback positivo;
- Depois que todos tiverem compartilhado os feedbacks positivos, perguntamos ao voluntário como se sentiu ao ouvir os colegas. Em geral, a pessoa responde que está se sentindo leve, feliz e grata.

Então, perguntamos se ela gostaria de receber algumas sugestões de melhoria, e convidamos cada integrante da equipe, seguindo a mesma ordem, a compartilhar um ponto de melhoria. Após essa segunda rodada de feedbacks, questionamos ao voluntário se aquelas sugestões foram úteis. Depois de alguns breves comentários, pedimos a ele que se sente no semicírculo junto dos colegas e convidamos outro membro da equipe para repetir o mesmo processo, até que todos tenham o seu momento de se sentarem no *hot seat*.

Ao final, nós facilitamos uma discussão em grupo sobre o que as pessoas aprenderam no processo de feedback. Os principais comentários incluem:

"Foi extremamente útil perceber que tenho uma área de desenvolvimento para focar que fará grande diferença para o time, e receber sugestões práticas de como melhorar. Eu estava preocupado, pensei que receberia uma lista enorme!";

"Foi muito poderoso ouvir vários colegas falarem sobre um ponto forte que eu nem sabia que tinha, além de ouvir coisas que já apareceram em outros 360 graus";

"Foi bem fora do comum escutar tantos feedbacks positivos. Em outras empresas, eu estava condicionado a só ouvir o que não estava bom. Desta vez, foi bem mais motivador e prático!".

Também perguntamos se teve alguma coisa que eles acharam difícil no processo e os estimulamos a tomarem ações em relação aos feedbacks recebidos e a se ajudarem nessa jornada de desenvolvimento. Exercícios de feedback presenciais como esse podem ser emocionalmente desafiadores para alguns – por isso, é melhor planejá-los para o fim da tarde, assim as pessoas poderão se recuperar durante a noite e refletir sobre a experiência.

Esse exercício de *hot seat* ou mesmo versões mais curtas de feedback em grupos ajudam a criar as condições de segurança psicológica de que os executivos precisam para ganhar confiança em dar e receber feedbacks construtivos.

Todas as práticas de desenvolvimento de times que compartilhamos neste capítulo são caminhos que auxiliam as equipes executivas a trabalharem com maior interdependência. Quando o time executivo trabalha baseado em valores compartilhados, confiança e colaboração, e isso é imitado pelos demais líderes da organização e suas equipes, a cultura organizacional se transforma pelo exemplo.

Os valores
compartilhados
são a força
que dá vida
ao propósito.

7

transformação cultural

A principal alavanca
do time executivo para
elevar a performance

"A única coisa de
real importância que
um líder faz é
criar e gerenciar a
cultura corporativa."

EDGAR SCHEIN, suiço-americano,
professor emérito do MIT
Sloan School of Management

A CULTURA COMO ALAVANCA DA TRANSFORMAÇÃO ORGANIZACIONAL

Cultura corporativa é o contexto social de uma empresa que impacta o seu crescimento e estrutura todas as decisões para intensificar e sustentar um processo de transformação. Diversas pesquisas comprovam que investir na cultura é o que gera melhor resultado para as organizações. Para James Heskett,[62] professor da Harvard Business School, "uma cultura efetiva pode representar 20% a 30% do diferencial no desempenho quando comparado com concorrentes 'culturalmente inexpressivos'".

Embora cada organização tenha cultura própria, quatro atributos são comuns às culturas corporativas[63] com destaque no mercado:

1. **A cultura é compartilhada**. São os comportamentos, valores e as expectativas que regulam as relações entre um grupo de pessoas;
2. **A cultura é difusa**. Ela pode ser percebida em todos os níveis da organização nos comportamentos, símbolos e sistemas. É o modelo mental pelo qual o grupo interpreta e responde ao ambiente;
3. **A cultura é duradoura**. As pessoas vêm e vão, a cultura fica. Isso porque as pessoas tendem a buscar ambientes que combinem com seus valores e suas expectativas, e a empresa tende a contratar pessoas que se encaixem nos seus padrões. Dessa maneira, o modelo se retroalimenta;
4. **A cultura é implícita**. As pessoas a sentem e respondem a ela instantaneamente, mas têm dificuldade de descrevê-la de modo objetivo. Essa característica explica a dificuldade da maioria das organizações em mensurar a cultura.

Vamos conhecer um exemplo prático de como a transformação cultural impulsionou o crescimento da maior empresa brasileira de café: o Grupo 3corações.

A CULTURA ROBUSTA DO GRUPO 3CORAÇÕES

Em 1985, Pedro Lima, um jovem estudante do quinto período da Escola Superior de Agricultura de Mossoró, tomou uma decisão que mudaria radicalmente o rumo da sua vida assim como de milhares de brasileiros que hoje fazem parte do seu projeto. Ele resolveu largar a universidade e voltar para a sua cidade natal – a pequena São Miguel, no Rio Grande do Norte – para empreender e gerenciar a marca de café do pai, o Café Nossa Senhora de Fátima.

Ao lado dos irmãos Paulo e Vicente, um dos primeiros passos de Pedro foi criar um nome mais fácil de fixar na mente do consumidor. A marca virou Café Santa Clara, com a benção de dona Joana, sua mãe, que havia colocado como condição para os filhos que trocassem para outro nome santo.

Em 1989, Vicente recebeu a missão de estabelecer a primeira fábrica do Café Santa Clara em Eusébio, região metropolitana de Fortaleza, Ceará. A disciplina no trabalho e a habilidade de construir parcerias duradouras fizeram com que a Santa Clara conquistasse rapidamente a liderança de mercado no Ceará e posteriormente no Nordeste e no Norte. A partir de então, o objetivo era fortalecer e expandir o negócio para todo o Brasil. Em 2005, a família Lima firmou uma *joint-venture*, ou empreendimento conjunto (50/50), com a família empreendedora israelense Strauss, donos da Strauss Coffee BV. Com essa parceria, o grupo agregou para o seu portfólio uma marca pela qual Pedro Lima era apaixonado (assim como milhares de consumidores do inigualável cappuccino): a 3corações.

Pedro acredita que "é muito importante para o empreendedor saber escolher sócios. A sociedade só é boa quando todo mundo foca no mesmo objetivo".[64] E nesse espírito, a 3corações acelerou sua trajetória de crescimento pelo Brasil tanto de modo orgânico quanto com a aquisição de diversas marcas regionais.

Em 2011, com uma forte presença de mercado em todo o território nacional, a 3C realizou, com a ajuda de uma empresa especializada, a primeira pesquisa de clima organizacional, para entender melhor as impressões e necessidades do seu "povo", como chamam carinhosamente os sete mil colaboradores diretos do grupo. O intuito da companhia era entender os impactos do crescimento nos colaboradores e ouvir deles como o Grupo 3C poderia manter vivo o espírito de empreendedorismo para sustentar as futuras etapas de seu crescimento.

Os resultados da pesquisa surpreenderam o time executivo, colocando a 3C na média do mercado geral de empresas no Brasil, com 68% de favorabilidade. Um resultado bom, mas totalmente insatisfatório para os padrões de excelência da companhia. Sabendo o quanto o fator humano poderia ser uma chave para o crescimento do negócio, Pedro Lima perguntou: "Se fizermos a nossa parte, de quanto tempo precisamos para chegar ao nível das empresas de melhor engajamento?". Pedro e o seu time executivo se dedicaram com total atenção para entender detalhadamente os resultados e aprovar um plano de ação ambicioso e imediato.

Os pontos fortes da pesquisa destacavam equipes engajadas e confiantes na liderança e no futuro da empresa, alinhadas aos valores e com orgulho de pertencer. Os principais pontos de desenvolvimento estavam relacionados às condições de trabalho da operação, falta de treinamento e processos para aumentar a eficiência operacional, necessidade de maior colaboração entre áreas e maior clareza de critérios de gestão do desempenho. Alguns resultados geraram surpresa para o time executivo: "Como não vimos isso antes?".

Como primeiras medidas, foram feitos vários investimentos para atender às necessidades dos colaboradores da operação em termos de recursos de trabalho e capacitação técnica. Em paralelo, a pesquisa foi apresentada a todos os reportes do time executivo, que juntos construíram um plano de ação corporativo e assumiram a responsabilidade de compartilhar os resultados com as suas equipes. Além disso, os workshops de plano de ação com os sessenta executivos seniores da empresa revelaram falta de alinhamento de algumas práticas, especialmente em gestão de desempenho. Os critérios usados para promoções e contratações – por nunca terem sido colocados na mesa e discutidos *entre* as áreas – variavam de uma área para outra, contribuindo para erros de contratação e uma impressão de falta de meritocracia em algumas promoções. Os workshops também apontaram para a necessidade de profissionalizar a gestão da companhia – o que é muito comum nas empresas familiares bem-sucedidas –, fazendo com que gestores de uma formação predominantemente técnica adquirissem habilidades tais como dar feedback objetivo sobre performance e desenvolver equipes. O plano de ação reforçava a necessidade de um suporte organizacional mais robusto em termos de processos, estrutura organizacional e capacitação.

Assim, iniciou-se um ciclo intenso de mudança organizacional, alinhado aos ousados objetivos estratégicos e aos valores da companhia. Foram realizadas diversas reorganizações na estrutura da empresa para melhorar a eficiência operacional e aumentar a colaboração entre áreas, reduzindo assim o impacto dos silos e estimulando o senso de dono em todos os colaboradores. O redesenho do sistema de gestão de desempenho e a criação de um programa prático de desenvolvimento de liderança atenderam diretamente aos pedidos dos colaboradores na pesquisa, reforçando um círculo virtuoso de confiança. Um modelo de comportamentos prioritários permitiu destacar novos elementos, como visão sistêmica, colaboração e gestão de pessoas, que passaram a nortear as novas promoções e contratações, melhorando a assertividade cultural de ambos os processos.

A exemplaridade na evolução cultural foi garantida pela disciplina do presidente e do time executivo, que participaram ativamente da construção dos novos comportamentos prioritários e do modelo de gestão de desempenho. Além disso, o time executivo passou a ser avaliado pelas equipes diretas e pelos colegas em *assessments* anuais de liderança e se responsabilizaram pelos próprios planos de ação. Eles foram os primeiros da fila, se expuseram, pediram feedback para melhorar.

Essa atitude de curiosidade e humildade gerou grande impacto nas equipes diretas. No primeiro ano, elas não estavam habituadas a oferecer feedback para os diretores e alguns tiveram dificuldade para abrir o coração. Um líder de alto potencial da companhia comentou durante o checkout de um dos workshops: "Nunca vou esquecer deste dia, em que vi o meu presidente sentado no meio de nós pedindo feedback de como ele poderia melhorar como líder. Se ele se dispõe a fazer isso, quem sou eu para achar que não preciso de ajuda?". Com o passar do tempo, o time como um todo foi adquirindo proximidade e habilidade, e a troca de feedbacks tornou-se mais natural. Os encontros semestrais passaram a ser aguardados de maneira positiva, como um momento de aprendizagem e construção de relacionamentos entre líderes de diferentes áreas.

O processo criou uma mentalidade de avaliação e decisão compartilhada, em que todos os gestores trabalham juntos para eleger os talentos da companhia. Permitiu também definir ações de desenvolvimento para apoiar os que "não estavam prontos" ou para acelerar decisões de desligamento.

Com o objetivo de fortalecer a capacitação, a confiança e a colaboração entre as principais lideranças do futuro da empresa foi criado o "Acelera Coração" – Programa de MBA Executivo realizado pela Fundação Getúlio Vargas (FGV/SP). Idealizado pelo presidente Pedro Lima, autodidata disciplinado e apaixonado por conhecimentos de gestão que se envolveu pessoalmente no desenho do programa, todo customizado para atender às necessidades do negócio 3corações. A primeira turma do MBA Executivo formou-se em dezembro de 2021, na sede da FGV em São Paulo, em um evento de dois dias em que os 33 executivos formandos se organizaram em equipes de projeto e apresentaram soluções aplicadas ao negócio, em temas como inovação, digitalização, sustentabilidade e responsabilidade social. O presidente e o time executivo fizeram questão de participar de todo o evento, formando uma banca para debater os projetos e avaliar a viabilidade de implantação. A cerimônia de colação de grau foi emocionante, com um breve discurso de cada diretor parabenizando a turma e falando do orgulho que sentiam pela dedicação e qualidade dos projetos apresentados. Pedro Lima se emocionou ao encerrar o evento comentando: "Meu sonho era ter um diploma universitário para poder fazer este MBA com vocês!".

A demonstração de cuidado com as pessoas, um valor fundamental da cultura 3corações, se intensificou em março de 2020, logo que a pandemia da covid-19 eclodiu. O time executivo criou a "célula de saúde" com a participação de gestores de diversas áreas (RH, Jurídico, Processos etc.) que se reuniam diariamente das 8h às 9h para acompanhar o status de saúde dos colaboradores e tomar decisões emergenciais. A qualquer sintoma de covid-19, a célula de saúde com telemedicina era acionada e o colaborador, afastado, e em seguida acompanhado pela equipe médica. A maneira responsável de condução da crise sanitária permitiu que a empresa continuasse crescendo em vendas e contratando pessoas. "Temos cerca de 90 mil clientes, mas com a pandemia surgiram outros canais. Estamos aumentando o time de vendedores para chegar a 500 mil clientes",[65] disse Pedro Lima.

A 3corações é uma empresa de muitos rituais. Um dos mais marcantes e valorizados pelos colaboradores é a cerimônia de "troca de crachás", realizada para homenagear as "pratas da casa". Após o colaborador completar o primeiro ano de 3corações, ele recebe um novo crachá de uma cor diferente com a mensagem "um ano de paixão". Ao completar cinco anos, ele troca novamente a cor do crachá para comemorar "cinco anos de paixão". E assim sucessivamente, a cada cinco anos. Os colaboradores que se aposentam na companhia recebem um presente mais que especial: um crachá permanente feito de aço com passe livre em qualquer unidade do grupo, para simbolizar o laço duradouro e as portas abertas sempre que quiserem voltar para tomar um café.

Como reconhecimento da sua geração de valor, a 3corações celebra a performance financeira que mantém uma taxa média de crescimento de 12,66% ao ano nos últimos treze anos. A resposta do mercado vem na forma de diversas premiações. Em 2020 e 2021, a 3corações foi eleita a melhor empresa na categoria Café do ranking das Melhores do Agronegócio, prêmio concedido pela revista *Globo Rural*. A empresa também recebeu por cinco anos consecutivos (2015 a 2020) o prêmio de Melhor Empresa de Atendimento ao Consumidor, no ranking do Reclame Aqui em parceria com *Época Negócios*. Pedro Lima conectou a importância do serviço ao consumidor com o cuidado com as pessoas: "Ter este reconhecimento reflete os nossos sessenta anos de paixão e compromisso. O segredo dessa conquista está no cuidar, está nas pessoas que fazem este atendimento. Para nós, conquistar a posição de melhor empresa em atendimento ao consumidor é motivo de orgulho para toda a equipe".

Como resultado da atitude disciplinada do time executivo e do envolvimento contínuo dos líderes e colaboradores da companhia nos planos de ação, os resultados da pesquisa de clima foram positivos. Em 2013, evoluíram para 69%, passando para 74% em 2015 e saltando sete pontos percentuais em 2017, aumentando para 81% de favorabilidade e entrando para o prestigioso grupo do P90, que reúne os 10% de empresas com os melhores resultados do Brasil. Os números seguiram evoluindo para 83% em 2019, mantendo a 3corações entre as empresas de melhor clima organizacional do mercado.

Desde 2010, a 3corações participa do ranking "As melhores empresas para se trabalhar", promovido pela Great Place To Work (GPTW) e revista *Época Negócios* – e se mantém na lista por onze anos consecutivos. A conquista é fruto do trabalho colaborativo e feito por pessoas apaixonadas, que tem como foco a melhoria de resultados por meio de uma cultura de confiança, alto desempenho e inovação.

Esses dados comprovam a forte conexão que existe entre culturas organizacionais saudáveis e resultados financeiros sustentáveis. A 3corações é exemplo de que uma cultura corporativa de alta performance se retroalimenta de propósito e de uma gestão de pessoas profissionalizada. É também uma inspiração de liderança visionária e baseada em valores, como ilustra a fala do presidente Pedro Lima: "Este meu projeto me trouxe uma causa, que é uma das coisas mais importantes na vida de uma pessoa. Me trouxe uma busca por criar valor, o máximo de valor possível. No resultado da empresa, na relação com os consumidores, na qualidade do produto e nas parcerias".[66]

O QUE PODEMOS APRENDER COM CULTURAS CORPORATIVAS DE ALTA PERFORMANCE

Culturas corporativas fortes e duradouras não acontecem por acaso, elas são cultivadas de maneira intencional e estratégica. Para tanto, o primeiro passo é conhecer as impressões dos colaboradores, um termômetro para medir a saúde do ambiente. Assim como as empresas mais efetivas em gestão cultural, a 3C faz isso por meio de pesquisas frequentes, seguidas de planos de ação concretos para atender às principais necessidades das pessoas. O diagnóstico permite preservar os principais atributos da cultura e identificar e incorporar eventuais mudanças necessárias.

A 3C entende que a gestão da cultura não é um projeto de RH, é um processo contínuo que envolve e responsabiliza todas as lideranças. Isso faz com que o trabalho de desenvolvimento organizacional ganhe velocidade e alcance toda a organização. Os executivos, a começar pelo presidente e seu time direto, são os primeiros a experimentar as mudanças na maneira de trabalhar, a fim de verificar como os processos funcionam e como melhor adaptá-los para toda a companhia. Na cultura da 3C, não "falta tempo" para cuidar de temas estratégicos de gestão de pessoas, pois eles são prioridade.

Além dos comportamentos e dos processos corporativos alinhados à cultura e à estratégia, as empresas que conseguem perpetuar culturas fortes investem em rituais. Eles dão vida aos valores compartilhados e geram senso de identificação e pertencimento. Conseguimos observar no caso da 3corações um bom mix dos principais ingredientes de uma empresa que cresce impulsionada pela força da sua cultura e da sua gente.

A IMPORTÂNCIA DOS VALORES NA CONSTRUÇÃO DA CULTURA

Todos temos convicções e princípios que governam as nossas decisões do dia a dia. Esse conjunto de convicções são os nossos **valores** e expressam as **motivações pelas quais agimos** – de modo consciente ou inconsciente. Os valores dos líderes são o principal ingrediente na formação da cultura da empresa. Para criar significado, senso de direcionamento e credibilidade em torno da cultura, as ações da liderança precisam ser consistentes com os valores comunicados.

Quando as decisões da liderança são tomadas com base em valores motivados pela confiança e promoção do interesse coletivo, elas geram impacto positivo na cultura. O engajamento das pessoas aumenta e o espírito de serviço é fortalecido.

Por outro lado, quando as decisões da liderança são baseadas em valores motivados pelo medo e pela preservação do interesse próprio, elas impedem a evolução cultural. O influente pesquisador organizacional Richard Barrett[67] chamou esse processo de entropia cultural: o grau de energia desperdiçado em atividades improdutivas e interações frustrantes é como um tanque de combustível furado, drenando a força motriz da transformação.

O solo fértil para **culturas corporativas saudáveis** e de **alta performance** é um sistema de **valores** organizacionais capaz de **reduzir o medo** e **aumentar a confiança**. O medo pode surgir de uma cultura de constrangimento público diante de erros, da burocracia e do controle excessivo por falta de confiança nas pessoas, de apontar culpados para evitar assumir as próprias responsabilidades etc. O ponto crucial é entender se a alta liderança é fonte geradora de medo na organização. Por isso, obter feedback e trabalhar de maneira assertiva para melhorar o impacto do time executivo é meio caminho andado para elevar a confiança e transformar a cultura organizacional.

DO MEDO À CONFIANÇA

1. Medo da mudança 2. Comunicação *top-down* 3. Medo de errar e caça às bruxas	➡	1. Visão otimista e compartilhada 2. Diálogo aberto 3. Estímulo à inovação, tomada de riscos e responsabilização

Barrett[68] fez uma análise perspicaz dos possíveis impactos do time executivo na cultura da organização. Com base na distribuição da entropia cultural ao longo dos níveis hierárquicos, as pesquisas identificaram diferentes padrões de comportamento e seus efeitos. Foram criados cinco ranges de entropia cultural:

- <7% – Entropia muito baixa. O comportamento do líder não está baseado no medo;
- 7-10% – Entropia baixa. O líder precisa monitorar o seu comportamento quando estiver preocupado ou desequilibrado emocionalmente;

- 11-15% – Entropia moderada. Por vezes, o comportamento do líder não apoia os resultados desejados;
- 16-20% – Entropia alta. A integridade pessoal do líder está sendo comprometida pelos seus medos;
- A partir de 21% – Entropia muito alta. O líder precisa de apoio e orientação para melhorar seu autoconhecimento e estilo de liderança.

A seguir, mostramos as três descobertas mais significativas da análise:

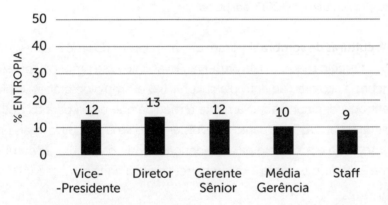

Fonte: Richard Barrett,[69] 2017 (adaptado).

As **culturas orientadas por valores** apresentam níveis reduzidos de entropia em todas as camadas da organização. São resultado de uma gestão cultural consciente que começa pela escolha dos valores a serem reforçados coletivamente. Esses valores estão alinhados com o propósito e promovem um ambiente de confiança, colaboração e orientação a serviço. Nessas culturas, a energia está focada na realização da estratégia e as pessoas são reconhecidas por se comportarem de acordo com os valores da empresa. A cultura é um processo monitorado por meio de métricas e feedback e os resultados de performance refletem positivamente o investimento.

Esse é o processo que conecta, gera confiança e segurança psicológica.

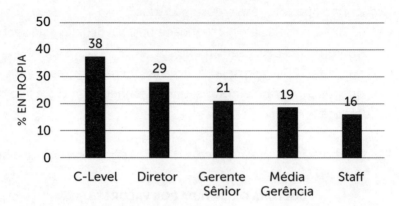

CULTURA DE SOMBRA

Fonte: Richard Barrett,[70] 2017 (adaptado).

As **culturas de sombra** sinalizam que as decisões do time executivo são motivadas pelo medo e pela preservação do interesse próprio. É possível perceber o alto grau de entropia cultural. No exemplo do gráfico, o nível de entropia diminui gradativamente à medida que passa para os outros níveis da organização. Quanto mais distante do time executivo, mais propício se torna o ambiente para mudanças. Onde há cultura de sombra, o time executivo se torna a maior barreira para a transformação cultural.

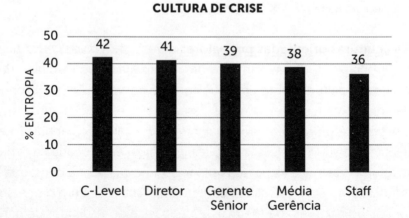

CULTURA DE CRISE

Fonte: Richard Barrett,[71] 2017 (adaptado).

O gráfico 3 mostra um impacto ainda mais grave do time executivo, a **cultura de crise**. Esse ambiente é caracterizado por altos níveis de entropia cultural em toda a organização. Os sinais mais evidentes desse tipo de cultura são a falta de clareza e de direcionamento estratégico, a burocracia e controle excessivos e a falta de confiança. Os resultados financeiros refletem as consequências do ambiente – há muito tempo e dinheiro "indo pelo ralo" –, o que aumenta o estresse. Casos de *burnout* e perda de talentos para o mercado são frequentes. Os líderes sentem a necessidade de mudar a cultura, mas não têm força suficiente para iniciar ou sustentar o processo. Essa é a cultura produzida pelos chefes bombeiros, que nunca param de apagar incêndios.

POR QUE A MAIORIA DAS TRANSFORMAÇÕES CULTURAIS FALHA

Em 2000, a *Harvard Business Review*[72] divulgou um estudo que se tornou famoso na área de gestão organizacional, revelando que cerca de **70% dos esforços de transformação cultural falham**.

Vejamos o exemplo de uma tradicional empresa brasileira de origem familiar com uma gestão profissionalizada. A companhia operava em diversos segmentos e organizava seus negócios por meio de uma holding. O Conselho de Administração decidiu conceder à holding amplos poderes para implementar uma arrojada estratégia de crescimento e inovação, que garantisse a sustentabilidade do portfólio de negócios. A nova estratégia, desenhada com apoio de uma consultoria internacional, havia encantado o Conselho com a promessa de aumentar a sinergia e gerar mais valor para os negócios.

O CEO da holding reuniu o time executivo para discutir o plano de implementação da estratégia. Para surpresa de ninguém, no centro da apresentação de mais de cem slides da consultoria, estava ela: a transformação cultural. "Vamos transformar este negócio!", disse o CEO com determinação. A holding investiu em um robusto diagnóstico cultural por meio de pesquisa on-line e grupos focais envolvendo colaboradores das diversas empresas do grupo.

Os resultados do diagnóstico revelaram falta de clareza sobre o direcionamento de longo prazo da organização e sobre os papéis e responsabilidades de cada um. As equipes trabalhavam em silos e o grau de colaboração e confiança entre áreas era baixo ou inexistente. Os colaboradores pediam mais oportunidades de desenvolvimento de carreira e feedback. As empresas competiam entre si por posições no ranking de performance e para chamar atenção do Conselho de Administração. A holding até então era percebida pelas empresas do grupo como um órgão de fiscalização e controle, que muito demandava e pouco contribuía para a gestão dos negócios.

A consultoria apresentou o diagnóstico cultural em uma sessão coletiva para os CEOs das empresas do grupo. Por meio de uma dinâmica de priorização e votação, os CEOs definiram os comportamentos-chave da nova cultura corporativa que abriria caminho para a estratégia de crescimento. Foram escolhidos, entre outros, o diálogo aberto, a liderança pelo exemplo, a colaboração, a objetividade e a capacidade de transformar erros em aprendizados. Apesar do nível de energia relativamente baixo diante de um tema tão central, os CEOs concordaram com os próximos passos do plano de transformação, que focava em três pontos: (1) comunicação interna massiva; (2) desenvolvimento de liderança nos novos comportamentos e (3) medição e acompanhamento dos indicadores-chave da transformação (composto de um mix de métricas de saúde do negócio e evolução dos novos comportamentos da cultura).

Ao final da sessão, ficou combinado que os CEOs das empresas desdobrariam o plano com os respectivos times executivos e fariam um reporte trimestral para a holding, uma maneira de manter o ritmo da implementação. O time executivo da holding comemorou o resultado: "Agora ficou claro para todos, ninguém pode dar a desculpa de que não sabe o que tem que fazer", disse o CEO.

Os meses foram passando e os reportes trimestrais do plano de transformação cultural eram apresentados nas reuniões de modo bastante acelerado, sem debate sobre o impacto das ações de transformação. O foco da pauta da holding continuava sendo a performance de curto prazo dos negócios e eventuais oportunidades de aquisições para aumentar o portfólio.

O acompanhamento da transformação cultural ficou sob a gestão da área de RH da holding, que organizava encontros com os líderes de RH das empresas para discutir a evolução dos comportamentos e o cronograma das ações de comunicação e desenvolvimento. Nas reuniões com os RHs, era possível perceber o mesmo ambiente de silos, disputa e baixa confiança do fórum de CEOs.

Um ano depois, era chegada a hora de prestar contas dos indicadores da transformação cultural. A equipe de RH da holding organizou um workshop para apresentar os resultados e calibrar o plano de ação para o próximo ciclo de transformação. Pela primeira vez, houve a participação de quarenta reportes diretos dos CEOs das empresas, para dar mais representatividade ao processo.

No início do workshop, foi oferecido um café da manhã em um espaço de eventos decorado com banners coloridos sobre a transformação cultural. O CEO da holding chegou acompanhado do seu time executivo. O RH pediu que o CEO fizesse uma abertura de quinze minutos e passasse o bastão para a consultoria apresentar os resultados. O CEO falou animado sobre as realizações do primeiro ano, enfatizando que o melhor ainda estava por vir. A abertura durou cerca de uma hora e meia. O evento seguiu com a apresentação de resultados. A clareza em relação à estratégia e aos papéis e responsabilidades havia melhorado, assim como as oportunidades de desenvolvimento de carreira e o otimismo em relação ao futuro. Como pontos de melhoria, três questões sobressaíram: a falta de espaço para correr riscos calculados; a falta de autonomia e o baixo grau de confiança entre as pessoas. O CEO quis entender o porquê desses pontos de melhoria e fez várias perguntas. Primeiro, perguntas abertas, para quem quisesse responder. Depois, perguntou diretamente aos membros do time executivo o que eles achavam dos resultados. Todos concordaram com as hipóteses levantadas pelo CEO, sem acrescentar fatos novos. Dado que o grupo não trazia exemplos que ajudassem a entender os pontos de melhoria, o CEO desejou bom trabalho e avisou que voltaria no meio da tarde com a equipe executiva para ouvir as recomendações do plano de ação.

Com quase duas horas e meia de atraso em função dos discursos demorados do CEO da holding, os quarenta líderes se dividiram em subgrupos e começaram a construção do plano de ação. O almoço estava sendo servido, mas a maioria preferiu não almoçar para focar na atividade, já que havia pouco tempo. Uma das etapas mais importantes do processo era a análise de causas, que permitia aprofundar a compreensão dos resultados e propor ações de correção. No entanto, conforme os resultados da pesquisa haviam mostrado, a percepção era de falta de espaço para correr riscos e baixa confiança entre as pessoas. Ninguém tinha coragem de falar abertamente sobre a real causa dos problemas. Faltava objetividade e não havia diálogo, muito menos "aberto", como estampavam os banners espalhados pela sala. Os grupos se enredaram em discussões superficiais e, por falta de prática em trabalharem juntos, não conseguiram entrar em consenso sobre as prioridades para o próximo ciclo de transformação cultural.

No meio da tarde, o CEO chegou com o time executivo para assistir às apresentações. Eles se depararam com um grupo cansado, ansioso e com fome, quase se escondendo atrás dos *flip charts* preparados no último minuto. "E aí, pessoal, como foi o trabalho? Vamos ver o que vocês fizeram. Quem quer começar?", perguntou o CEO. Os grupos, que não haviam escolhido seus porta-vozes, preferiram fazer um esquema de jogral, que logo foi interrompido pelo CEO. "Eu não acredito no que estou vendo aqui. Vocês tiveram um dia para fazer uma tarefa tão simples e chamam isso de produto final? Vocês estão de brincadeira? Sabem quanto custa a hora deste time executivo? Eu não quero ouvir mais nada. Façam o que foi pedido e nós voltaremos em três horas. Ninguém sairá deste evento sem entregar o plano de ação".

Depois da fala do CEO, o clima foi de tensão, constrangimento e confusão. Os líderes se movimentavam pela sala e, por vezes, culpavam uns aos outros pelo fiasco. Passada a reação inicial, eles fizeram um brainstorming e preencheram os *flip charts* com listas de tarefas. Continuavam sem consenso, mas já podiam "mostrar serviço". Optaram por focar em planos que gerassem resultado de curto prazo, na tentativa de agradar ao CEO e ao seu time executivo. Inovação e pensamento estratégico passaram bem longe da elegante sala de eventos.

Três horas depois, o CEO e o seu *squad* estavam de volta. Mais calmo, o CEO fez uma brincadeira, na tentativa de amenizar o clima, que despertou risos nervosos nos participantes. O primeiro grupo iniciou a apresentação, que durou cerca de dez minutos. Ao final, o CEO pediu a palavra, sem deixar claro qual era o seu feedback sobre as ideias sugeridas. Falou por mais de uma hora e meia sobre o que ele acreditava ser o melhor plano de ação e pediu para que um membro do time executivo anotasse tudo. Não houve debate e os demais grupos sequer apresentaram os planos que haviam preparado. Por volta das dez da noite, diante de um time exausto e frustrado, o CEO parecia satisfeito. "O que vocês acharam? Viram como não tem mistério? Estamos no caminho certo!". Todos concordaram prontamente e se comprometeram a executar as ideias que haviam escutado.

Não há nada que gere mais cinismo em um processo de transformação cultural do que o exemplo de um CEO que ocupa o espaço, só fala e não demonstra interesse em entender o que as pessoas de fato vivenciam na empresa.

OS PRINCIPAIS ERROS QUE IMPEDEM A EVOLUÇÃO DA CULTURA

Heskett[73] afirmou que mais de 90% dos líderes seniores concordam que é necessário melhorar a cultura organizacional. Porém, menos de 20% decidem fazer algo a respeito. Diante da dificuldade de contabilizar os resultados das iniciativas culturais no curto prazo, a maioria dos executivos não prioriza até que o tema se faça absolutamente necessário.

A **falta de propósito claro** – a começar pelo Conselho de Administração – **é a causa número 1 de fracasso das iniciativas de transformação cultural**. Observando a dinâmica da maioria das organizações, percebe-se que a linguagem dominante nas reuniões de Conselho é a de resultados financeiros e métricas de curto prazo. Isso explica a baixa atratividade do "ativo" cultura corporativa, cujos resultados costumam levar de dois a três anos para se tornarem positivos e sustentáveis.[74] Diante do Conselho de Administração e dos acionistas de muitas empresas, o **CEO é cobrado unicamente pela performance do negócio**. Ponto. E se não atender às expectativas do Conselho, o CEO pode ser taxado de "fraco", que "não dá conta" do desafio.

Essas são as arenas nas quais se desenvolvem os CEOs heroicos, que absorvem a pressão do Conselho e adaptam a "performance de palco" na interação com as equipes. Conceitualmente, eles entendem as recomendações das consultorias sobre transformações culturais serem "indispensáveis e inadiáveis". Muitos conseguem articular o discurso de forma contundente, mas poucos conseguem sustentar o processo.

A **falta de exemplaridade do CEO**, como evidenciado no citado caso da holding, é a maneira mais rápida que minar a credibilidade da transformação cultural. Isso porque o comportamento do CEO é espelhado pelo time executivo e assim sucessivamente, causando uma enorme dissonância entre o que é comunicado pela equipe executiva e o que é praticado e vivenciado no dia a dia pelos gerentes e colaboradores.

Outro erro que impede a transformação cultural é a **falta de engajamento de todos os níveis da organização** desde o início do processo. Há alguns anos, uma das principais recomendações das consultorias para transformações culturais bem-sucedidas era "comece pelo topo". Após um trabalho intensivo para preparar o time executivo, que durava em torno de seis meses, iniciava-se a mobilização escalonada dos demais colaboradores. Porém, a pandemia da covid-19 reverteu a ordem da pirâmide e deixou claro para as empresas a importância de engajar os melhores colaboradores de todos os níveis, sob o risco de perdê-los. É a "economia freelancer", que atrai cada vez mais profissionais, especialmente da Geração Z (nascidos entre 1995 e 2012), que somarão 20% da força de trabalho global até 2025.[75] Tornar a cultura organizacional atrativa para os talentos de hoje e do futuro é imprescindível para o sucesso. Isso requer diálogo e construção coletiva, para que a diversidade de pessoas que compõem a organização possa se identificar com a cultura e desenvolva uma relação emocional com a empresa.

Um estudo da McKinsey[76] mostrou que, quando pessoas de diversos níveis são envolvidas e responsabilizadas pelas mudanças, a probabilidade de sucesso da transformação cultural aumenta em até 30%. No gráfico a seguir, notamos que a principal oportunidade de melhoria nos processos de transformação cultural está no envolvimento da média gerência (diferença de 25 pontos percentuais entre as transformações bem-sucedidas e as malsucedidas) e no engajamento dos demais colaboradores/staff (diferença de 27 pontos percentuais entre as transformações bem-sucedidas e as malsucedidas). No exemplo da holding, apenas os líderes seniores foram envolvidos no plano de ação da cultura e só a partir do segundo ano de mobilização, tornando o processo lento e pouco representativo para boa parte dos colaboradores.

Os processos de transformação cultural devem começar pelo topo e pela média gerência, em resposta aos anseios dos colaboradores. Cada camada da organização precisa focar em servir à camada imediatamente abaixo, em vez de ficar tentando agradar aos chefes!

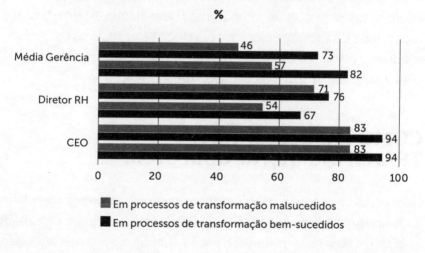

QUÃO ENGAJADOS ESTÃO OS DIFERENTES NÍVEIS DA ORGANIZAÇÃO NA TRANSFORMAÇÃO CULTURAL?[77]

Por fim, uma postura frequente que explica a estatística de 70% de insucesso das transformações culturais é **insistir nas pessoas erradas para a nova cultura**. É difícil para o time executivo tomar a decisão de desligar profissionais que tenham conhecimentos raros ou profundos da história da empresa ou de alguma tecnologia, ou que sejam de extrema confiança dos acionistas. Porém, quando posições-chave são ocupadas por pessoas que não representam os valores e comportamentos da nova cultura, a fé coletiva na transformação fica abalada.

ENGAJAMENTO DE STAKEHOLDERS: A IMPORTÂNCIA DO CONSELHO DE ADMINISTRAÇÃO

Sem o suporte efetivo do Conselho de Administração, as chances de sucesso de qualquer iniciativa de transformação cultural são baixas. O Conselho tem o papel primordial de orientar o desenvolvimento da cultura desejada, observando o alinhamento com os objetivos de médio e longo prazos do negócio e o atendimento das necessidades de todos os stakeholders, incluindo os colaboradores, que garantem a continuidade do negócio. Apesar da importância evidente, ainda são raros os exemplos de Conselhos de Administração genuinamente engajados na transformação cultural. As práticas[78] mais recomendadas para aumentar o envolvimento do Conselho são: estabelecer *check-points* regulares sobre a transformação cultural nas reuniões de Conselho, inserir práticas de cultura como pontos de auditoria externa, avaliar a capacidade de liderança cultural dos principais executivos em processos de recrutamento e sucessão e participar ativamente de comunicações institucionais sobre a cultura da organização.

COMO IMPULSIONAR A TRANSFORMAÇÃO CULTURAL

Quando são movidos por um propósito significativo, prioridades claras e comprometimento genuíno, o CEO e o time executivo se tornam as grandes alavancas da transformação cultural. Seguem as principais recomendações para liderar uma transformação bem-sucedida:

ANTES DA ESTRATÉGIA, O PROPÓSITO. Conforme destacamos no capítulo 1, a recomendação comum (e correta) nos processos de transformação cultural é traçar uma narrativa clara conectando a nova cultura com a estratégia de negócios. É preciso mostrar onde a empresa quer chegar e qual é o papel de cada um para ajudá-la a alcançar o objetivo. **Posicionar a cultura como viabilizadora para a execução da estratégia é importante, mas não suficiente.**

Somos resistentes a mudanças por natureza – e processos de transformação mexem com medos, "certezas" e expectativas em nível coletivo –, o que torna o movimento ainda mais complexo. Ter um propósito inspirador permite que as organizações realizem e sustentem grandes transformações, principalmente nos momentos de crise, em que não faltam "desculpas verdadeiras" para adiar decisões importantes e focar no curtíssimo prazo. O compromisso com o propósito precisa ser abraçado pelo Conselho de Administração ou quem quer que represente os donos do negócio. Se não houver alinhamento coletivo e conexão emocional com uma causa que vá além do interesse próprio dos acionistas e dos executivos, a transformação cultural terá uma "falha estrutural" importante. Como comentamos anteriormente, o modelo *top-down* é desmotivante demais para a era digital.

COMECE PELO TOPO E PELA BASE. Em tempos de *great resignation* – ou saída voluntária massiva de colaboradores do mercado formal para aderir a outros tipos de relações de trabalho –, engajar representantes de todos os níveis de colaboradores desde o início impulsiona uma mudança efetiva. Muitas organizações resistem à recomendação de envolver a base tão cedo devido ao risco de expor os líderes que "não estão prontos" para serem exemplo da nova cultura. Para minimizar esse risco, é importante trabalhar uma mentalidade de aprendizagem, ou de crescimento,[79] que implica desconstruir modelos heroicos de perfeição e lidar com os erros ao longo do percurso. Líderes que estiverem abertos e dispostos para aprender na jornada serão um ótimo exemplo, pois a transformação cultural é um processo em que todos se desenvolvem juntos e na mesma direção.

ESCOLHA PROFISSIONAIS DE ALTO POTENCIAL E ALINHADOS COM A NOVA CULTURA PARA LIDERAR TODAS AS FRENTES DA TRANSFORMAÇÃO. A cultura corporativa é um processo extremamente simbólico. O layout do escritório, o *dress code*, o "funcionário do mês", os jargões internos, tudo comunica. E nada comunica melhor do que as pessoas escolhidas para liderar uma transformação: os modelos de referência. Para identificar quem são esses modelos, pesquise informalmente em diferentes fóruns utilizando perguntas como: "Quando você pensa no comportamento X da nova cultura, quem vem à sua mente?". Alguns nomes aparecerão no topo da lista. Avalie com o time executivo se as pessoas citadas na pesquisa "boca de urna" têm avaliações positivas em termos de potencial e desempenho, se de fato representam o futuro que está sendo construído. Aqueles que passarem por esses crivos serão grandes aliados da mudança cultural, devido à sua legitimidade. A escolha de modelos de referência apenas em função do cargo ou de qualquer outro requisito formal pode ser um erro por representar "mais do mesmo", tudo o que não se quer em uma transformação cultural.

TRATE A CULTURA COMO UM PROCESSO E NÃO UM PROJETO.
O perigo de tratar a cultura como projeto é que ele tem início, meio e fim – enquanto todo processo é contínuo. A cultura de uma empresa tem vida própria, está em constante adaptação, ainda que não haja uma iniciativa formal da gestão. É comum as organizações investirem muito tempo e dinheiro no começo de uma jornada de transformação cultural, tal como fazem com grandes projetos, e esperarem que a cultura siga a mesma dinâmica. "Quando começaremos a implantar a cultura?" ou "Até quando vai o projeto de cultura?" são perguntas frequentes dos líderes, na expectativa de verem resultados rápidos e concretos. Para que ela seja uma alavanca de geração de resultados, a cultura deve ser tratada de maneira intencional, estratégica e contínua, tal como as principais fontes de valor da companhia.

CRIE UMA FERRAMENTA DE DIAGNÓSTICO ON-LINE PARA MEDIR FREQUENTEMENTE O PULSO DA TRANSFORMAÇÃO CULTURAL.
O que é medido pode ser melhor gerenciado. Essa máxima do mercado se aplica perfeitamente à cultura. Dado o ritmo das mudanças nos negócios, é recomendável medir o status da evolução cultural a cada seis meses. A maneira mais simples de fazer a medição é por meio de uma ferramenta on-line com poucas perguntas, que pode

ser desenvolvida internamente ou com a ajuda de fornecedores externos. Não é necessário mobilizar a organização inteira. Segundo as regras da estatística, uma amostragem válida para sentir o "pulso" da nova cultura é entre 10 e 15% do número total de colaboradores, considerando empresas de até 10 mil pessoas.

PRÁTICAS QUE ACELERAM OS RESULTADOS DA TRANSFORMAÇÃO CULTURAL

Em muitos casos bem-sucedidos de transformação cultural, vemos a média gerência atuando no papel de **embaixadores da cultura**. Esse grupo é formado por colaboradores de destaque, que já representam a cultura desejada. Os embaixadores são responsáveis por disseminar as mensagens da nova cultura e por se comunicar com uma quantidade expressiva de colaboradores da base. Eles alimentam o time executivo com feedbacks e insights sobre o ritmo da transformação e são envolvidos no planejamento e na execução dos planos de ação da cultura. Por estarem próximos dos desafios do dia a dia, os embaixadores conseguem identificar de maneira mais assertiva as necessidades do pessoal da operação e propor ações culturais mais adequadas. Recomendamos que haja um embaixador da cultura para cada 50-75 colaboradores, a fim de formar uma massa crítica de pessoas que promovam a mudança cultural em toda a empresa.

Um dos grandes desafios da transformação cultural é encontrar ferramentas efetivas para estimular a prática dos novos comportamentos pelos diferentes públicos da empresa. Pesquisas indicam que não basta só comunicar, é preciso traduzir em ações, ou melhor ainda: apresentar novas escolhas comportamentais. Uma abordagem emergente e de muito potencial é a criação de **nudges**, termo da Economia Comportamental que pode ser traduzido como **"empurrõezinhos"**.

No livro *Rápido e devagar*,[80] Daniel Kahneman, professor da Universidade de Princeton e ganhador do prêmio Nobel de Economia em 2002, explica que temos dois cérebros. O primeiro é lento, objetivo, consciente e baseado em dados. O segundo é rápido, intuitivo, inconsciente e baseado em emoções. Qual dos dois cérebros você apostaria que está no comando da sua tomada de decisões? Se você se considera altamente racional, pode se surpreender. Os pesquisadores descobriram que o segundo cérebro, impulsivo e emocional, está por trás de 95% das decisões que tomamos. Mesmo quando acreditamos que estamos sendo racionais, é provável que nossas escolhas tenham sido influenciadas por vieses inconscientes. É para isso que servem os *nudges*, para "desenviesar" a nossa percepção e abrir espaço para caminhos diferentes.

O *nudge* no contexto da transformação cultural consiste em observar o comportamento dos colaboradores, a rotina e o ambiente de trabalho e propor alterações nesse ambiente que facilitem a escolha de comportamentos desejados. É uma maneira de facilitar a mudança, dando literalmente um "empurrãozinho".

Um bom exemplo de *nudge*[81] para transformar a cultura foi dado pelo ex-prefeito de Nova York, Michael Bloomberg, que mudou o layout do gabinete da prefeitura, criando um "escritório panorâmico" típico das salas de redação da imprensa. Ele pediu que fossem removidas todas as paredes, para deixar o espaço amplo, com "cercadinhos" baixos apenas para delimitar a mesa de trabalho de cada um. Bloomberg ocupava a mesa bem no centro do espaço, fazia reuniões e atendia telefonemas na frente de todos. Foi uma mudança radical. Um ex-funcionário comentou: "Como espaço de trabalho, é algo inconcebível, com que você acha que nunca irá se acostumar (...), mas ao ver o prefeito em reuniões com a alta cúpula, à vista de todos, você começa a compreender que esse modelo de comunicação aberta não é besteira. E funciona". Bloomberg queria estimular a colaboração e a troca rápida e aberta de informações, e alterou o ambiente físico para modelar esse comportamento.

Outro *nudge*[82] que ilustra bem o potencial da ferramenta foi utilizado pelo Google nas lanchonetes da empresa em Boulder, no Colorado, com o objetivo de estimular os colaboradores a optarem por uma alimentação mais saudável, reduzindo o consumo de doces e gorduras. Em vez de cortar os doces e lanches gordurosos, eles passaram a servi-los em embalagens opacas e colocá-los nas prateleiras mais baixas, exigindo algum esforço por parte dos colaboradores. Nas prateleiras mais visíveis, ao alcance dos olhos, foram colocadas frutas frescas, castanhas e barras de cereais. Apenas a mudança na disposição dos lanches gerou um resultado surpreendente: durante o experimento, as calorias consumidas na forma de doces diminuíram 30% e as calorias na forma de gorduras caíram 40% com a substituição por lanches mais saudáveis.

Flávia Ávila, pesquisadora pioneira na área de economia comportamental no Brasil e fundadora da In Behavior Lab,[83] consultoria que desenvolve soluções para grandes empresas públicas e privadas, afirma que: "*Nudges* são ferramentas poderosas para incentivar ou reduzir comportamentos e acelerar a transformação cultural de uma organização".

Para iniciar a implantação de *nudges*, o primeiro recurso necessário é ter bons conhecimentos dos conceitos de economia comportamental, aliado à experiência prática em metodologias experimentais. Flávia orienta um passo a passo para as empresas interessadas em desenvolver os próprios experimentos culturais:

1. Determine qual o comportamento-alvo que precisa ser mudado e as reais barreiras que podem impedir a mudança.
2. Selecione as ferramentas à disposição para aplicar o *nudge* e quais poderiam ser mais efetivas para aquele desafio.
3. Considere o contexto de uma decisão: quais as escolhas disponíveis, o ambiente e as barreiras e o que acontece no momento da escolha. A observação ao vivo e a presença *in loco* do pesquisador aumentam a probabilidade de sucesso de um *nudge*.
4. Identifique quais vieses e tendências humanas podem influenciar o colaborador a mudar o comportamento – estudos de caso na área são valiosos tanto no mapeamento quanto no desenho dos *nudges*.

A pesquisadora alerta que a estratégia de *nudges* é baseada em evidências empíricas e científicas robustas. Logo, é recomendado testar antes de escalar a solução, com pequenos experimentos que comprovem se os *nudges* foram efetivos ou não para gerar a mudança, e, com base nisso, aprimorá-los sempre.

QUANTO TEMPO LEVA PARA TRANSFORMAR A CULTURA DE UMA EMPRESA?

Apesar de a cultura organizacional ser um processo contínuo, que precisa ser gerenciado com intencionalidade e regularidade, a mudança cultural não precisa ser demorada. Dependendo do contexto específico, da estratégia de mobilização adotada e do comprometimento e exemplaridade do CEO e do time executivo, uma organização pode se transformar em até dois anos. Para demonstrar um processo de transformação cultural rápido e impactante em um ambiente de crise, escolhemos o *case* bem-sucedido da Unimed Fortaleza.

UM PROCESSO DE TRANSFORMAÇÃO CULTURAL QUE "#DEUCERTO"

Em março de 2020, eclodiu a pandemia. Dois meses depois, em maio, o Ceará era o segundo estado brasileiro em número de casos de covid-19 – com 14,5 casos a cada 100 mil habitantes, o dobro da média nacional.[84] Faltavam leitos hospitalares, testes para detectar a doença, vacinas e profissionais de saúde capacitados para tratar de uma enfermidade até então desconhecida. A equipe de saúde estava adoecendo física e mentalmente. Os afastamentos de colaboradores para tratamento de saúde aumentavam a cada dia, assim como o número de pacientes internados. O clima era de angústia, cansaço e medo. Muitos profissionais decidiram se distanciar temporariamente de suas famílias para cumprir as medidas sanitárias. Decisão que protegeu o físico, porém abalou ainda mais o emocional.

Na Unimed Fortaleza – empresa com mais de 350 mil clientes, 4 mil médicos cooperados e cerca de 3.850 colaboradores diretos –, a crise a ser gerenciada era sem precedentes e crescia a cada dia. O time executivo se reuniu para fazer um plano de ação de enfrentamento à covid-19.[85] As prioridades eram claras: providenciar toda a estrutura necessária para o atendimento dos pacientes e cuidar da saúde física e mental dos colaboradores. O presidente, Elias Leite, via essas duas prioridades como faces de uma mesma moeda: "Eu acredito fortemente que o encantamento do cliente externo é consequência direta do encantamento do cliente interno, ou seja, do nosso colaborador".

Diante dos desafios, a Unimed Fortaleza manteve o compromisso de encantamento do cliente por meio da sua cultura organizacional de "cortesia com resultado", pilar de transformação do time executivo da gestão 2018/2022.

Para enfrentar a pandemia assolando a região, a equipe de RH organizou uma força-tarefa no estacionamento do Hospital Regional da Unimed (HRU) para recrutar e treinar cerca de novecentos novos colaboradores em um período de três meses. Em paralelo, outras equipes cuidavam da rápida construção do Hospital de Campanha, que funcionou por um período total de 4,5 meses durante os dois picos da pandemia (2020 e 2021) e atendeu quase 1.500 pacientes. A direção médica do hospital realizava reuniões de status diárias no início da manhã para orientar as equipes e fazer ajustes finos no plano de ação. Os cinco comportamentos essenciais da transformação cultural foram percebidos na prática: "Movidos por **paixão**, trabalhamos com **colaboração** entre todas as áreas, agindo com **autonomia**, **proatividade** e **objetividade**, para melhor cuidar das pessoas."[86]

Para energizar os colaboradores e transformar essa energia em cuidado com o paciente, a atuação do time executivo foi essencial, com destaque para o trio formado pelo presidente, Elias Leite, e os diretores do HRU, Flavio Ibiapina e Fernanda Colares. A proximidade com "a ponta", o interesse em ouvir as necessidades dos colaboradores e pacientes e a alta confiança entre os executivos foram fatores críticos para que as decisões fossem tomadas com velocidade e foco no negócio como um todo.

Com o objetivo de dar clareza e direcionamento em meio a tanto caos, o presidente decidiu gravar vídeos curtos com boletins diários da pandemia. Ele comunicava em linguagem simples o número de casos de covid-19 nos hospitais da rede, a quantidade de pacientes intubados, leitos disponíveis etc. Além disso, orientava sobre cuidados de saúde e prevenção e sempre terminava com uma mensagem otimista: "#VaiDarCerto". Os vídeos eram repassados internamente aos colaboradores e postados nas redes sociais. O bordão, marca registrada do presidente Elias Leite, viralizou. Alguns estabelecimentos de Fortaleza estamparam em suas fachadas a mensagem e outros propagaram a onda de otimismo nas redes sociais. McDonald's, Pague

Menos, Mundo Pet, Colégio Farias Brito e muitas outras empresas aderiram ao movimento. A M. Dias Branco, líder nacional de biscoitos e massas, postou nas redes sociais a imagem de um biscoito com a *hashtag* #vaidarcerto feita de pedaços de massa. Era uma maneira de homenagear os profissionais da saúde e propagar uma mensagem de esperança como antídoto para tanta incerteza.

Mesmo diante do estresse e da pressão de curto prazo, a empresa decidiu manter as ações de desenvolvimento de líderes e equipes. Como afirmou Luanna Façanha, líder de RH: "É preciso cuidar de quem cuida, nós estamos aqui para isto". Para a alta liderança, foi oferecido suporte individual por meio de coaching executivo. Aos gestores do HRU foi oferecido acompanhamento psicológico semanal durante o período mais crítico da crise. Cerca de duzentos líderes de todas as áreas e níveis participaram de workshops de desenvolvimento focados em promover os cinco comportamentos essenciais da cultura, por meio do Programa Evoluir. O programa foi adaptado durante a pandemia, com sessões presenciais e on-line, de acordo com os protocolos de segurança vigentes. As equipes do HRU contavam ainda com encontros de desenvolvimento específicos para tratar temas como confiança, segurança psicológica e integração dos novos membros.

Seguindo o plano de "cuidar de quem cuida", foram criados programas de saúde e bem-estar, como o plantão psicológico aos colaboradores, intervenção que acolhe a pessoa no exato momento da crise, para ajudá-la a lidar com seus limites, recursos emocionais e medos. Por iniciativa dos colaboradores do HRU, surgiu também a musicoterapia. Alguns colaboradores com habilidades musicais se ofereciam para tocar instrumentos como violão, flauta e acordeão para acalmar os pacientes e trazer serenidade e leveza ao ambiente.

A cooperativa adaptou suas práticas culturais, com ações de reconhecimento que fortaleceram o conceito de que uma gestão humanizada com cortesia traz grandes resultados. Foram mais de quatrocentos colaboradores promovidos durante a pandemia e muitos reconhecimentos realizados por meio das ações de endomarketing.

Na sede administrativa, as equipes trabalharam para adaptar os processos e as ferramentas de gestão à realidade de trabalho pós-pandemia. A empresa criou um comitê para desenhar o novo modelo de trabalho, em três opções: presencial, remoto e híbrido. Outro comitê foi responsável por atualizar os modelos de gestão de desempenho e carreira, trazendo mais clareza e simplicidade nas avaliações e reforçando a frequência dos feedbacks, respondendo ao pedido frequente dos colaboradores nas pesquisas de engajamento. Os três modelos foram bem recebidos pelas equipes.

A Unimed Fortaleza evoluiu em indicadores estratégicos medidos pelo Great Place to Work (GPTW), como o IVR (*Innovation Velocity Ratio*) – que avalia o ritmo de inovação de uma empresa, eliminando barreiras que retardam a agilidade e a inovação. A avaliação geral da cooperativa passou do estágio um, caracterizado como "relação de atrito", para o estágio dois, de "proporção funcional" – sendo que três das cinco diretorias já se encontram no estágio três ou "taxa de aceleração", considerado o mais avançado. No indicador que mede a jornada da liderança, a empresa foi avaliada no estágio de "bom líder", no qual 87% dos colaboradores afirmaram ter uma experiência consistentemente positiva com seus líderes.

Como resultado de um trabalho de gestão comprometido e baseado no fortalecimento da cultura, o período de pandemia trouxe, além das melhorias internas, reconhecimentos do mercado. O HRU, maior hospital da rede Unimed no Brasil, foi reconhecido entre os melhores hospitais do mundo pela pesquisa "World's Best Hospitals 2021", divulgada pela *Newsweek*. O prêmio teve participação de 25 países e 2 mil hospitais, que foram reconhecidos pela excelência da equipe médica, pelos cuidados de enfermagem de primeira linha e pela tecnologia de ponta. Na premiação do GPTW, a Unimed Fortaleza, que ocupava o segundo lugar em 2020, avançou rumo ao topo e foi eleita "A melhor empresa para se trabalhar" do Ceará em 2021. A organização permaneceu no topo como "A melhor operadora de saúde do Brasil" em 2021. No ranking nacional, avançou nove posições, saindo da 33ª melhor empresa em 2020 para a 24ª "Melhor empresa para se trabalhar" do Brasil em 2021.

A transformação cultural da Unimed Fortaleza só foi possível devido ao trabalho colaborativo das equipes de todas as áreas, que enfrentaram os seus medos e se desenvolveram para entregar cuidado humanizado aos clientes. O maior estímulo e a maior fonte de aprendizado nessa transformação foi o exemplo diário do presidente.

"A PALAVRA CONVENCE, O EXEMPLO ARRASTA"

Essa citação atribuída ao antigo filósofo Confúcio traduz com clareza a principal mensagem para a construção de culturas corporativas vencedoras: a exemplaridade. Nos dois casos bem-sucedidos apresentados neste capítulo, esse foi o fator determinante para os bons resultados. Mostrar o "como" fazer o que gostaria que os outros fizessem, é o que dá legitimidade ao líder e cria ressonância positiva no ambiente. Por isso, antes de comunicar qualquer iniciativa de transformação cultural, é importante que o CEO e o time executivo se perguntem com sinceridade e transparência: "Estamos 100% comprometidos em **ser o exemplo** de todas as coisas que estamos decidindo?".

Para criar significado,
senso de direcionamento
e credibilidade em
torno da cultura,
as ações da liderança
precisam ser consistentes
com os valores comunicados.

8

transformação pessoal

A alma da liderança

"Qualquer coisa que
você possa fazer ou sonhar,
você pode começar.
A coragem contém,
em si mesma, o poder,
o gênio e a magia."

JOHANN GOETHE (1749-1832),
escritor alemão

O maior desafio da transformação pessoal é acreditar que ela é possível.

Uma vez estabelecida uma relação de confiança com os executivos, é comum os ouvirmos admitindo: "Não acredito que as pessoas possam mudar" ou "Conto com sua a ajuda, mas não boto muita fé neste processo, pois, ao longo de minha carreira, não vi muitas pessoas mudando". Afinal, será que as pessoas mudam?

Em fevereiro de 2014, quando Satya Nadella assumiu a posição de CEO da Microsoft, o desafio de transformar o negócio era imenso. "A inovação havia sido substituída pela burocracia. O trabalho em equipes, pela politicagem interna. Estávamos ficando para trás", contou Nadella.[87] Diante de tantos problemas, sendo o mais expressivo a perda quase total de participação de mercado na revolução dos smartphones, o que mais incomodava Nadella estava resumido no *cartoon* a seguir, desenhado em 2011 por Manu Cornet, funcionário da Google.

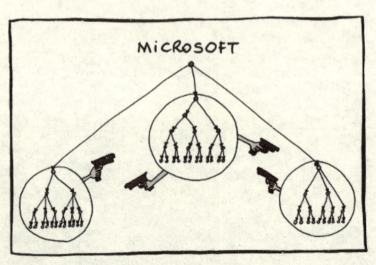

Fonte: Manu Cornet,[88] 2011 (adaptado).

A mensagem era clara: a empresa havia se tornado um ambiente de guerra entre setores. O pior, segundo Nadella, "era perceber que os próprios colaboradores da Microsoft concordavam com isso". Como CEO, ele não hesitou em priorizar uma transformação cultural da empresa. Nadella compartilhou o conceito que havia permitido revolucionar a própria maneira de pensar: *mindset* (ou mentalidade). A técnica foi criada pela professora Carol Dweck; e seu livro *Mindset*[89] – ambos já citados anteriormente – foi distribuído a todos os líderes da Microsoft à pedido do CEO, servindo de base para a transformação cultural.

Em um TED Talk[90] que conta com mais de 2,5 milhões de visualizações, Dweck explica que o citado experimento foi desenhado inicialmente para entender como crianças de 10 anos lidavam com problemas. Já no início do processo, a pesquisadora identificou dois padrões de resposta. No primeiro grupo, as crianças respondiam: "Ótimo, adoro desafios" ou "Eu esperava que este processo fosse educativo". Elas acreditavam que, caso se esforçassem, desenvolveriam novas habilidades. Essa atitude foi denominada mentalidade de crescimento. Já as crianças do segundo grupo reagiram de maneira ansiosa e negativa, sentiram-se avaliadas e foram resistentes à experiência. Dweck chamou a atitude de mentalidade fixa.

Na segunda rodada do experimento, as crianças de mentalidade fixa responderam ao teste do seguinte modo: (1) algumas tentaram "colar" na prova, em vez de estudar mais; (2) outras encontraram colegas que foram pior avaliados do que elas e preferiram falar deles para se sentirem melhor; e (3) outro grupo não compareceu, desistiu de participar do experimento. A atividade cerebral das crianças que continuaram foi mapeada e os resultados impressionaram: o grupo de mentalidade de crescimento demonstrou uma atividade cerebral intensa, fervilhante. O de mentalidade fixa, não. O que as crianças com mentalidade de crescimento estavam fazendo? Estavam processando, corrigindo e aprendendo com a experiência. Dweck repetiu o experimento com milhares de crianças nos Estados Unidos e concluiu que toda vez que nos dispomos a abraçar um desafio que exige esforço e persistência, nós formamos novas conexões neurais e expandimos nossas habilidades. Isso se chama neuroplasticidade do cérebro e atesta a nossa capacidade de mudar.

O experimento revela que, se você acreditar que é possível mudar, se adaptará aos desafios da vida e crescerá. No entanto, se não acreditar na possibilidade de mudança, evitará os desafios por medo de falhar. A transformação é uma questão de atitude.

Partindo disso, Nadella resumiu seu aprendizado sobre a mentalidade de crescimento: "(...) Se você considerar duas pessoas, sendo que uma delas é a 'aprende-tudo' e a outra a 'sabe-tudo', a 'aprende-tudo' sempre vai vencer a 'sabe-tudo' no longo prazo, mesmo que inicialmente tenha menos capacidade inata".[91] Desde que se tornou CEO, Nadella tem sido reconhecido pela grande reinvenção da Microsoft, mostrando que a transformação de performance começa pela transformação das pessoas. Em 2014, o valor de mercado da Microsoft era de 300 bilhões de dólares. Hoje, vale mais de 1 trilhão de dólares e faz parte do exclusivíssimo grupo de companhias com classificação AAA.[92]

DISPOSIÇÃO E PERSISTÊNCIA: AS CHAVES PARA A TRANSFORMAÇÃO PESSOAL

"Devido à nossa capacidade de criar e desenvolver novas redes neurais por meio do comportamento, não somos necessariamente prisioneiros de nossos genes ou nossas experiências da infância. Líderes podem mudar, se eles estiverem dispostos a se esforçar o bastante."[93]
– Daniel Goleman

O já citado psicólogo e autor best-seller Daniel Goleman ficou mundialmente conhecido pelo livro *Inteligência emocional*, publicado em 1995, que se manteve por mais de um ano e meio na lista dos mais vendidos do *The New York Times*. Por que um livro de psicologia chamou tanta atenção? Porque Goleman conseguiu expor, comprovar e estruturar de maneira prática um conhecimento que é benéfico para a vida de todos: a inteligência emocional. O autor define inteligência emocional como "a capacidade de identificar nossos próprios sentimentos e os dos outros, de motivar a nós mesmos e de gerenciar bem as emoções dentro de nós e em nossos relacionamentos". Diversos estudos liderados por Goleman comprovaram que os resultados anuais nas áreas cujos líderes apresentavam inteligência emocional tinham um desempenho 20% acima dos demais setores da organização.

A habilidade analítica, visão sistêmica, visão de longo prazo, capacidade de reconhecer padrões e tantas outras características associadas ao QI são importantes na hora de lidar com a complexidade do ambiente de negócios – mas são requisitos básicos, não fazem a diferença na performance. Em se tratando de desempenho, a inteligência emocional é duas vezes mais importante que qualquer outro fator para funções em todos os níveis. Quanto mais seniores eram as pessoas que se destacavam por alta performance, maior era o peso da inteligência emocional. Goleman comprovou que, entre os perfis de altos executivos, **90% da diferença** estava relacionada a **habilidades *soft* de liderança**.[94]

A boa notícia é que há evidências científicas e empíricas de que essas habilidades podem ser aprendidas. A seguir, vamos explorar quatro competências-chave de inteligência emocional para o sucesso na liderança e em todos os aspectos da vida.

1. AUTOCONSCIÊNCIA

A **autoconsciência** é a base da transformação pessoal. Para se conectar com os outros e gerar impacto positivo, você precisa primeiro saber lidar com as próprias emoções, necessidades e motivações. Pessoas autoconscientes entendem como as emoções afetam o seu desempenho e os seus relacionamentos. Demonstram autoconfiança e têm senso de valor próprio. Um líder autoconsciente é capaz de recusar um convite para assumir uma posição de alto prestígio e remuneração, por considerar que a oferta não está alinhada com seus valores ou sua visão de futuro. Por agirem em sintonia com as necessidades e motivações (próprias e dos outros), os líderes autoconscientes constroem ambientes de trabalho energizantes, que favorecem o sucesso a longo prazo. Uma vez que essa característica vale ouro, veja como detectar os principais comportamentos da autoconsciência emocional:

- Você é capaz de avaliar, de modo realista, as suas habilidades e os seus pontos a serem aprimorados?

- Fala abertamente das próprias falhas, sem dar desculpas?
- Você busca feedbacks e elabora um plano de ação para melhorar?
- Conhece seus pontos fortes e se apoia neles para crescer?
- Costuma rir de si mesmo?

2. AUTOGESTÃO

Em situações de grande pressão, ambiguidade e incerteza, o comportamento emocional do líder tem um impacto decisivo: pode disseminar otimismo, calma e alinhamento, ou colocar tudo a perder. Quanto mais complicada a situação enfrentada, mais importante é não julgar, evitar reagir de maneira impulsiva e fazer as perguntas certas, indo ao cerne do problema. Assim, o líder será capaz de formular uma resposta racional e equilibrada. Para Roberto Ziemer, um dos coaches executivos mais experientes do Brasil e especialista em abordagens de transformação pessoal, "**autogestão**, ou domínio pessoal, é a capacidade de lidar de maneira construtiva e proativa com comportamentos reativos e crenças limitantes. É também o principal desafio de transformação pessoal que os executivos enfrentam atualmente".[95] Além disso, a falta de autogestão é uma das maiores causas de desligamento de executivos, por vezes comprometendo anos de reputação profissional.

A autogestão nos dá clareza mental e energia para enfrentar situações estressantes, contendo nossas emoções disruptivas. Ela é essencial para a liderança, uma vez que as emoções do líder são vistas por todos e influenciam as pessoas.

Alguns sinais típicos de autogestão:

- Você reflete o suficiente antes de tomar uma decisão importante?
- Consegue se manter calmo em situações de medo ou incerteza?
- Costuma resistir a impulsos e prazeres imediatos que podem trazer consequências negativas para si e para os outros?
- Quando o time fracassa, você faz perguntas para esclarecer a situação em vez de procurar culpados?
- Quando sente que está irritado ou decepcionado com alguém, você pede um tempo para acalmar os ânimos antes

de conversarem?

3. EMPATIA

A terceira habilidade essencial para liderar é a **empatia**. Uma das condições para demonstrá-la é *estar presente*. Marshall Rosenberg, autor do best-seller *Comunicação não violenta*, explicou: "A empatia requer toda a nossa atenção na mensagem da outra pessoa. É preciso esvaziar a mente e estar presente com todo o seu ser, dando ao outro o tempo e o espaço que ele precisa para se expressar plenamente até que se sinta compreendido".[96]

Nos dias atuais, as organizações requerem bastante a empatia, pois ajuda a criar conexões autênticas que fortalecem a confiança. É impossível construir um time executivo real sem empatia, uma vez que uma equipe é uma mistura de emoções. O CEO precisa primeiro identificar e harmonizar as opiniões e os sentimentos de todas as pessoas do time para que elas tenham clareza e condições para decidirem juntas. A empatia também é a chave para criar relacionamentos duradouros com clientes, acionistas e parceiros. Como afirmou o CEO Roberto Ziemer: "Entender e gerenciar de forma equilibrada as necessidades de todos os stakeholders é cada vez mais importante para a evolução, o bem-estar e a sustentabilidade de qualquer organização".[97]

Outra chave para a empatia é a escuta ativa. Na rotina de agendas lotadas e videoconferências uma após a outra, já é difícil para muitos líderes demonstrarem paciência para ouvir o que as pessoas pensam, que dirá o que sentem. Ao irem "direto ao ponto", a fim de oferecer uma solução para o problema, os líderes correm o risco de não darem tempo suficiente para o outro se expressar e formular as próprias respostas. Na correria do dia a dia, para ganhar tempo, eles cortam a conexão e a empatia. Alguns exemplos desses comportamentos:

- Aconselhar: "Eu acho que você deveria fazer isto..." "Você não pensou em fazer aquilo...?";
- Desresponsabilizar: "A culpa não foi sua..." "Você fez o que qualquer um faria...";
- Contar histórias: "Isso me lembra de algo que aconteceu comigo uma vez...";
- Cortar o papo: "Bola para a frente, tudo passa!";
- Corrigir: "Desculpe, mas tenho que discordar. A história não

foi bem assim...".

Para ajustar o radar da empatia, é útil fazer uma autoavaliação respondendo às perguntas a seguir:

- Você consegue acolher os sentimentos e as perspectivas dos outros, ainda que discorde deles?
- Durante as interações, você costuma ler os sinais não verbais (tom de voz, expressões faciais, linguagem corporal)?
- Você demonstra interesse genuíno em entender as preocupações e necessidades dos outros?
- As pessoas costumam procurá-lo para conversar sobre problemas e pedir ajuda?
- Diante de alguém que está passando por uma dificuldade pessoal, você oferece ajuda prática?

Duas evidências auxiliam verificar se a liderança está de fato sendo empática: (1) ao final de uma conversa com o líder, a outra pessoa expressa uma sensação de alívio ou relaxamento e (2) a pessoa se tranquiliza e para de falar por não sentir mais necessidade. Para ter certeza de que interpretou bem os sinais, o líder pergunta ao término da conversa: "Gostaria de comentar mais alguma coisa?".

4. INFLUÊNCIA

"A única maneira no mundo de influenciar outras pessoas é falar sobre o que elas mais querem e mostrá-las como podem conseguir."[98]
– Dale Carnegie, autor de *Como fazer amigos e influenciar pessoas*,
um dos livros de negócios mais vendidos no mundo desde 1936.

Não há como liderar com efetividade sem exercer **influência**. Causar impacto positivo nas pessoas é considerada a principal motivação dos líderes mais efetivos, algo comprovado pelo trabalho de David McClelland, psicólogo e professor de Harvard, conforme exploramos em detalhes no capítulo 3. A liderança que tem habilidade em exercer influência conhece os desejos profundos das pessoas e lhes indica um caminho para realizá-los. Esses líderes se conectam com a sua equipe por meio de valores compartilhados, criando clareza, direcionamento e conexão emocional. Percebem as características positivas dos outros e, com base nelas, tecem elogios sinceros. São bons em lembrar nomes e histórias vividas com as pessoas, fazendo com que se sintam valorizadas. Exercer influência é algo típico dos estilos de liderança visionário e treinador. **A influência positiva é a habilidade do líder AAA que mais se destaca.** Além da motivação, outro fator crítico para o desenvolvimento da influência é a maturidade executiva, que tem a ver com a capacidade de processar e satisfazer primeiro as próprias necessidades, para depois focar nos interesses do time e da organização.

CONFIE NAS SUAS EMOÇÕES

Algumas pessoas têm tanta dificuldade de entrar em contato com as próprias emoções que lhes parece absurdo afirmar que o melhor caminho para tomar decisões efetivas é prestar atenção no que se "sente", e não apenas no que se "pensa". As emoções estão presentes em todas as decisões que tomamos. Quando ignoramos o impacto das emoções, o que, na verdade, estamos ignorando é algo que nos é natural. A Heartmath Institute,[99] organização estadunidense que desenvolve pesquisas há mais de trinta anos, estuda a comunicação entre o cérebro e o coração e suas interações na gestão do estresse e na tomada de decisão. Os experimentos encontraram **variações na frequência cardíaca vinculadas às experiências emocionais pelas quais passamos**. Ao avaliar a alteração na frequência das ondas cerebrais em paralelo com a frequência cardíaca, os pesquisadores identificaram um nível de frequência interessante, que foi chamado de coerência cardíaca. Trata-se de um estado de autocontrole que permite às nossas mentes racional e emocional trabalharem em sintonia. Dessa maneira, nossas decisões tendem a ser mais equilibradas. Como, porém, alcançar essa coerência cardíaca? As técnicas recomendadas pelos pesquisadores são simples e consistem basicamente em manter contato com as emoções, com lembranças que nos gerem sentimentos agradáveis, aquietando a mente e o coração. Conquistar essa coerência interna entre mente e coração facilita o processo de transformação pessoal sustentável.

A NEUROCIÊNCIA DA INFLUÊNCIA EFETIVA

A neurociência contribui de modo fundamental para o entendimento da relação entre liderança e liderados. Os pesquisadores conseguiram comprovar o que Phil Jackson denominou de "uma só mente": **os melhores líderes literalmente conectam mentes por meio de seus comportamentos exemplares**. Nesse sentido, o sucesso na liderança tem mais a ver com promover sentimentos positivos nas pessoas, a fim de que colaborem para alcançar um objetivo, do que com a capacidade de lidar com um desafio específico. Com base na neurociência, Daniel Goleman e Richard Boyatzis[100] desenvolveram o que ficou conhecido como **inteligência social** – um conjunto de competências interpessoais atuantes em determinados neurocircuitos –, a fim de inspirar o comportamento de times e organizações inteiras.

A inteligência social se apoia na descoberta dos **neurônios espelho**, células cerebrais cuja função é imitar comportamentos observados. Quando detectamos emoções nos outros, os neurônios espelho reproduzem de imediato as mesmas emoções em nosso cérebro. Isso explica o efeito cascata que os comportamentos dos líderes têm nas empresas. Um experimento[101] para entender o impacto dos neurônios espelho na liderança comparou dois grupos: o primeiro recebeu um **feedback negativo** sobre seu desempenho, mas acompanhado de sinais emocionais positivos (chamar as pessoas pelo nome, sorrir e acenar com a cabeça em concordância). O segundo recebeu um **feedback positivo** sobre seu desempenho, e acompanhado de sinais emocionais negativos (franzir a testa, cerrar os olhos e manter a "cara fechada"). Depois, os dois grupos foram entrevistados pelos pesquisadores. As pessoas que haviam recebido feedback positivo com sinais emocionais negativos revelaram maior insatisfação com o seu desempenho do que as que haviam de fato recebido feedback negativo, mas com sinais emocionais positivos!

Na comunicação interpessoal, apenas 7% do impacto da mensagem é transmitido por meio das palavras. E onde estão os 93%

restantes? Estão no tom de voz, com 38%, e na linguagem não verbal, com 55%.[102] Na percepção do seu interlocutor, a maneira como você fala é **cinco vezes** mais importante do que o conteúdo da mensagem. E quanto melhor as pessoas se sentirem a respeito de si mesmas, melhor será o desempenho delas.

O PODER DA ENERGIA POSITIVA

Diversas pesquisas[103] sobre liderança positiva realizadas com milhares de líderes pelos professores Emma Seppala (Yale School of Management) e Kim Cameron (Universidade de Michigan) afirmam que o que diferencia os melhores líderes não é o que normalmente se imagina: carisma, personalidade ou a habilidade de comunicação. É a energia positiva que eles irradiam ao se relacionarem, capaz de engrandecer, entusiasmar e renovar todos à sua volta. Os assim chamados **líderes energizantes** demonstram ativamente valores positivos como: gentileza, humildade, gratidão, generosidade e confiança. Essa energia leva todos a crescerem. As empresas com melhor avaliação em energia relacional positiva apresentaram lucratividade e produtividade **quatro vezes maior** que a média da indústria. Os estudos mostram que ambientes onde predomina a energia relacional positiva fazem bem para o cérebro, pois aumentam a produção de ocitocina e dopamina, hormônios responsáveis pelo bem-estar. Além disso, fortalecem o sistema imunológico, afastando doenças em geral e reduzindo a ansiedade e o estresse.

Os líderes considerados energizantes destacam-se por:
- Performance individual superior à dos seus colegas;
- Contribuição positiva para o trabalho em equipes, ajudando os outros a crescerem;
- Inovação.

Para as equipes, ter um líder energizante melhora:
- O bem-estar geral;
- O engajamento com a empresa;
- O desempenho coletivo.

A atuação dos neurônios espelho multiplica a energia relacional positiva. Quando abordamos os outros de modo energizante, estimulamos a produção de energia positiva para um grupo maior de pessoas, melhorando o ambiente como um todo. Para saber se você é um líder desse tipo, peça feedback em privado ao seu time. Se preferir, pode utilizar alguma ferramenta on-line com apenas uma pergunta: "Quando você interage comigo, como fica a sua energia?". As respostas trarão informações preciosas sobre a "química do relacionamento" que você está construindo com a sua equipe, e o ajudarão a mudar como você impacta as pessoas e os resultados.

Com tantas evidências sobre a importância do bom gerenciamento das emoções, de saber se relacionar e de transmitir energia positiva no ambiente de trabalho, líderes estão buscando, cada vez mais, maneiras de desenvolver essas habilidades. Mais do que um conjunto de técnicas, é importante entender que a transformação pessoal é resultante de mudanças permanentes no estilo de vida. Renunciar a alguns hábitos automáticos e começar a fazer escolhas mais conscientes, com um propósito claro de melhorar a si mesmo. A seguir, selecionamos 3 práticas efetivas baseadas em estudos científicos e em nossa vivência profissional como coaches executivos para impulsionar e sustentar a sua transformação.

PRÁTICA 1 – MEDITAÇÃO: UMA ATIVIDADE PARA O BEM-ESTAR E O SUCESSO

Não é de hoje que é conhecida a influência da **meditação** no mundo dos negócios, sendo uma das principais recomendações para a jornada de transformação pessoal. Steve Jobs passou a meditar regularmente aos 19 anos, quando visitou a Índia pela primeira vez. Ele revelou em sua biografia como a prática influenciou seu modo de pensar:

Se você tentar acalmar a mente, só vai piorar as coisas, mas, com o passar do tempo, ela se acalma e, quando isso acontece, você cria espaço para perceber coisas mais sutis – é quando a sua intuição começa a florescer e você consegue ver tudo com mais clareza e estar mais presente. Sua mente desacelera e você percebe uma tremenda expansão. Você enxerga muito além do que conseguia ver antes. É uma disciplina, você precisa praticar.[104] *(em tradução literal)*

Apesar de ter tido um comportamento de liderança por vezes questionável, vale reconhecer que, à sua maneira, Jobs era um líder empático. Na biografia do empresário, Isaacson traduz bem esse ponto: "Em vez de depender de pesquisas de mercado, [Jobs] criou a sua versão de empatia – uma intuição sobre os desejos dos consumidores".[105]

Hoje em dia, a lista de líderes famosos que meditam é extensa: Bill Gates, Warren Buffett, Ray Dalio, Oprah Winfrey, entre outros. A preocupação crescente com a saúde mental dos colaboradores também impulsionou a prática da meditação nas empresas, seja por meio de programas de formação para praticantes iniciantes ou acesso à aplicativos pagos. Grandes empresas já contam com iniciativas estruturadas, como: Apple, Microsoft, McKinsey, Deustche Bank, Yahoo e Nike. Recentemente, foi lançada nos Estados Unidos uma alternativa para viabilizar a meditação em escritórios corporativos, aeroportos e demais locais públicos: os *meditation pods*[106] ou cabanas de meditação. São espaços móveis que podem ser instalados em lugares pequenos e fornecem todo o conforto necessário para a prática.

Há duas razões principais pelas quais as pessoas decidem começar a meditar: (1) ter mais saúde, energia e bem-estar e (2) atingir um nível de consciência mais elevado.[107] Aquelas que escolhem meditar pela segunda razão incorporam a prática com mais facilidade, encarando-a como uma mudança permanente no estilo de vida. A explicação é simples: se você medita visando à melhora da sua saúde e energia, as chances de deixar de realizar a atividade nos dias em que estiver se sentindo bem serão maiores. Nesses casos, a meditação não entrará de fato na sua rotina e, assim, você não sentirá os benefícios cumulativos da prática e estará mais propenso a desistir.

A seguir, vamos compartilhar conselhos práticos sobre meditação e transformação pessoal inspirados em duas das maiores referências mundiais no assunto: Deepak Chopra e Rudolph Tanzi, autores de

Supergenes[108] – livro cuja leitura é recomendada caso queira conhecer mais a fundo os benefícios de manter um estilo de vida que tem na meditação a sua peça central.

Antes de começar a meditar, é preciso trabalhar a mentalidade em torno da prática: a meditação não é algo para você fazer quando estiver com vontade ou quando der tempo. É algo que vai auxiliá-lo a alcançar o sucesso naquilo que você mais deseja, desde que você a pratique com regularidade. Por isso, leve em conta o conselho de Jobs: "É uma disciplina, você precisa praticar".

Há algumas técnicas fáceis que você pode experimentar e escolher a que melhor se adapta ao seu estilo. Você pode começar com cinco a dez minutos por dia e ir aumentando, até chegar ao tempo recomendado de vinte minutos, duas vezes ao dia – preferencialmente em horários fixos, como no início da manhã e no fim do dia. Quando terminar o seu período de meditação, reserve um ou dois minutos para relaxar antes de voltar às suas atividades.

A **respiração** é a técnica mais recomendada por meditadores experientes. Ela melhora a conexão mente e corpo, regula o batimento cardíaco, a resposta ao estresse e várias outras funções fisiológicas – além de melhorar o humor. É por isso que respiramos fundo quando precisamos nos acalmar. Para praticar a meditação por meio da respiração, escolha um local tranquilo e sem interrupções. Sente-se, feche os olhos e siga o ritmo da respiração, sem forçar. Se ficar distraído com algum pensamento, deixe-o passar e volte a sua atenção para a respiração. Continue até completar o tempo que você reservou para meditar.

Há a opção também de se usar **mantras** durante a meditação. Típicos da tradição espiritual indiana, eles são vibrações usados para "sair da mente" convencional e proporcionar um relaxamento mais profundo. Você pode repetir mentalmente a vibração do som "So Hum". A maneira usual é usar "So" na inspiração e "Hum" na expiração. Continue até completar o tempo que você reservou para meditar.

As **meditações guiadas** podem ser uma alternativa para começar, caso você necessite de mais direcionamento ou queira ouvir uma mensagem associada à sua prática. Há bons aplicativos de meditação no mercado, tais como o Calm e o Chopra.[109]

PRÁTICA 2 – ESTIMULANDO A EVOLUÇÃO DA CONSCIÊNCIA

Uma das referências no mundo nesse tema é Richard Barrett. Esse pesquisador, além do que já citamos a respeito dele, criou uma metodologia que permite mensurar o nível de consciência de indivíduos e organizações por meio de valores.

Durante a entrevista para este livro, perguntamos a Barrett qual seria a sua principal recomendação para um líder que deseja mudar. A resposta veio com naturalidade: "Pergunte a ele qual é o seu maior medo". O pesquisador continuou: "Se a pessoa responder que não sabe, questione o seguinte: 'Qual medo, então, lhe vem à mente primeiro?' – e depois pergunte o porquê daquele medo umas três vezes". Barrett explicou a sua abordagem: as pessoas sabem a resposta, só precisam se conectar com ela.

O medo nos impede de evoluir, pois ele se agarra com afinco ao interesse próprio, prejudicando a nossa conexão com os outros e com o ecossistema ao nosso redor. Para explicar o processo de evolução da consciência, que é o cerne da transformação pessoal, vamos explorar o que Barrett[110] chamou de sete níveis de consciência pessoal, que representam as motivações humanas, em escala evolutiva. Veja explicação no quadro a seguir.

	NÍVEIS DE CONSCIÊNCIA	MOTIVAÇÃO/ NECESSIDADE	PRIORIDADE	
7	Serviço	Dedicar-se a servir de acordo com sua visão e paixão	Servir, cumprir sua missão e retribuir ao mundo	Energia dominante: confiança Crenças positivas
6	Fazer a diferença	Realizar o propósito de vida, cooperando com os outros para benefício e realização mútuos	Integração, conviver com pessoas que compartilhem dos mesmos objetivos	
5	Coesão interna	Encontrar significado e propósito de vida. Ter uma visão de futuro alinha à sua paixão	Autorrealização, alinhar-se plenamente com quem se é	
4	Transformação	Ter as próprias crenças e escolhas. Ser autêntico	Individuação, assumir-se quem se é. Liberdade	
3	Autoestima	Sentir-se capaz, competente, gerenciar a própria vida e ter orgulho do seu desempenho	Ser notado, destacar-se de alguma maneira. "Ser bom o suficiente."	Energia dominante: medo Crenças potencialmente limitantes
2	Relacionamentos	Pertecer a uma família/um grupo. Sentir-se incluído, amado e aceito	Permanecer seguro e ser acolhido pelas pessoas. "Ser amado o suficiente."	
1	Sobrevivência	Satisfazer às necessidades fisiológicas e de segurança física e material, para que possa crescer	Manter-se vivo e encontrar conforto e estabilidade. "Ter o suficiente."	

Fonte: Richard Barrett,[111] 2014 (adaptado).

Nos níveis um, dois e três, impulsionados pelas necessidades de sobrevivência, relacionamento e autoestima, o foco é satisfazer às necessidades do ego, aspecto que diz respeito à estrutura da nossa personalidade. Não sentimos qualquer satisfação duradoura quando essas necessidades são atendidas, mas, se *não o forem*, somos acometidos por uma ansiedade perturbadora. Essa perturbação é causada pelos medos típicos de cada nível, que acabam empacando a evolução pessoal. Por isso, as necessidades dos três primeiros níveis são consideradas básicas para qualquer indivíduo.

Há três tipos de medos:

1. **Medos fundamentados na crença de não termos dinheiro, proteção ou segurança suficientes para atender à nossa necessidade de sobrevivência – "Não ter o suficiente".** Isso se manifesta na gestão por meio de excesso de controle, cautela excessiva e foco no curto prazo. Para identificar se você cultiva crenças do estágio de sobrevivência, reflita sobre estas perguntas: (1) Você sente a necessidade de conferir ou validar cada passo do trabalho da sua equipe?; (2) Evita assumir riscos, ainda que diante de boas oportunidades?; (3) Toma decisões focando os resultados dos próximos três meses a um ano, sem pensar adiante?

2. **Medos originados na crença de não sermos amados, cuidados ou valorizados para manter nossa necessidade de inclusão – "Não ser amado o suficiente".** Crenças limitantes do estágio de relacionamento são típicas de pessoas que tendem a levar críticas para o lado pessoal, a evitar conflitos e feedbacks negativos e a demandar excesso de reconhecimento e atenção. Perguntas que ajudam a identificar essa crenças: (1) Você ensaia inúmeras vezes antes de dar uma opinião ou um feedback com medo da reação dos outros?; (2) Fica ressentido quando não é convidado para um evento, ainda que não tenha relação com o seu trabalho?; (3) Tem dificuldade em demitir um membro da equipe, mesmo que haja motivos para isso, por temer a reação dos demais?

3. **Medos fundados na crença de não sermos capazes ou perfeitos o suficiente para satisfazer à nossa autoestima – "Não ser bom o suficiente".** No estágio de autoestima, as crenças limitantes têm a ver com a necessidade incessante de "provar o seu valor". Um sinal desse comportamento são pessoas que costumam se referir às conquistas usando muito "eu" e pouco "nós". Alguns insights para reflexão: (1) Você é perfeccionista e excessivamente crítico com suas entregas?; (2) Trabalha muito além do horário e quer que as pessoas percebam o quanto se dedica?; (3) Gosta de estar em evidência, em posições de status e poder?

Barrett ensina que formulamos essas crenças geradoras de medo – que ele chamou de potencialmente limitantes, pois nem sempre nos limitam – com base nas experiências com nossos pais e cuidadores e no contexto cultural em que fomos criados. A primeira etapa da jornada até a autenticidade consiste em enfrentar os medos e aprender a gerenciá-los, para que eles não nos controlem.

Um dos achados mais importantes do processo de evolução da consciência é esta afirmação de Barrett: "Indivíduos que se concentram exclusivamente na satisfação das necessidades básicas são autocentrados demais para serem gestores ou líderes. (...) Suas crenças baseadas no medo os mantêm concentrados nos níveis mais baixos de consciência".[112]

Barrett propõe uma avaliação simples para medir o nível de consciência, fundamentada nos valores pessoais típicos de cada um dos sete estágios do modelo. A ferramenta, que é gratuita, está disponível on-line em vários idiomas e leva cinco minutos para respondê-la.[113] O preenchimento consiste em escolher dez valores de uma lista e, então, o sistema gera um relatório bastante explicativo com o feedback individual e o envia para o e-mail do participante. Há também uma avaliação 360 graus, mais profunda, que permite comparar as diferentes percepções acerca dos valores demonstrados pelo líder *versus* os valores desejados pelo time.

A partir do nível quatro do Modelo de Barrett, etapa em que começa a transformação da consciência, o ego é considerado "resolvido" ou "maduro", abrindo espaço para a construção de confiança e para a evolução pessoal em níveis de consciência mais altos. Esse processo essencial para o desenvolvimento humano é conhecido como "individuação", termo proposto pelo psicólogo Carl Jung.[114] A partir do nível cinco de consciência, a transformação evolui para a busca de significado, propósito e serviço abnegado, com foco no bem-estar coletivo. Normalmente, só questionamos o nosso propósito de vida quando estamos saciados em termos de bens materiais, relacionamentos e status, mas, ainda assim, sentimos a falta de algo. Ou quando experimentamos um evento traumático que nos faz atentar para a questão da morte e passamos a questionar o modo como estamos vivendo.

De acordo com os estudos organizacionais realizadas por Barrett,[115] 10% dos líderes pesquisados nunca passaram do nível dois. Cerca de 45% dos líderes atuam no nível três e 35% operam no nível quatro. Menos de 10% da liderança progride além do nível quatro e menos de 1% atinge o nível sete de consciência.

Uma vez que as necessidades básicas do indivíduo são atendidas, a satisfação e a felicidade se originam do mundo mental – surgem de dentro e podem ser cultivadas por meio de nossos pensamentos e nossa maneira de ser.

PRÁTICA 3: REPOSICIONANDO CRENÇAS QUE IMPEDEM O NOSSO CRESCIMENTO

Dentre as muitas abordagens de transformação pessoal que estudamos e testamos, a de Byron Katie se destaca pela simplicidade e efetividade. É difícil de acreditar que algo tão simples – que apenas requer interesse, papel e caneta – possa mudar a nossa compreensão da realidade e nos livrar de tantos problemas.

A base do pensamento crítico de Katie são quatro perguntas que nos ajudam a examinar a mente e separar os pensamentos que melhor representam os nossos valores daqueles nocivos,[116] que impedem o nosso desenvolvimento. Quando experimentamos estresse, raiva ou desespero, é preciso identificar qual crença desencadeou tal reação. Para eliminar o estresse, por exemplo, é preciso trabalhar o que está por trás dele, a fim de entender suas causas e seus efeitos em nosso comportamento. As quatro perguntas de Byron Katie nos mostram em que aspectos nossa maneira de pensar fere um valor importante para nós e, por isso, gera tanto estresse.

Essa prática de Katie tem similaridades com a filosofia zen e o diálogo socrático, com a vantagem de ser muito mais prática. Ela possibilita uma autodescoberta contínua. A pesquisadora afirma que: "Quando nós brigamos com a realidade, nós perdemos. Cem por cento das vezes". Por outro lado, é quase impossível controlar os próprios pensamentos. O que fazer então? Uma das respostas encontradas na meditação é que devemos "deixar passar" os nossos pensamentos, sem apego. Observá-los e permitir que passem pela nossa mente. Katie propõe um complemento a isso ao sugerir que analisemos os nossos pensamentos com discernimento para gerar clareza. Assim, eles nos deixam em paz.

Nossas crenças são pensamentos cristalizados, muitas vezes herdados de nossa família ou nosso entorno, que ganham status de verdade pela repetição. Quando nos habituamos às crenças irrefletidas, vivemos um sonho, ou um pesadelo, sem nunca "cairmos na real".

Somos ensinados a não julgar as pessoas ou situações. Porém, passamos a maior parte do tempo fazendo isso. Engolimos os julgamentos, sem dar-lhes permissão de expressar mensagens importantes do nosso inconsciente. As quatro perguntas dão voz a esses julgamentos, a fim de que saiam da mente para o papel. Quando perdemos o medo de destrinchar os nossos pensamentos, o ego se liberta e revela tudo o que queremos saber.

Afinal, quais são as quatro perguntas transformadoras?

Primeiro, **escolha um pensamento que lhe cause estresse ou sofrimento e escreva-o**. Por exemplo: "Não me acho bom o suficiente para enfrentar este desafio".

_____

_____

_____

_____

1. **Isso é verdade? (Sim ou não).** Sua resposta pode mudar sua maneira de ver a questão. Pergunte-se a si mesmo e espere a sua mente lhe responder de modo genuíno, ao reviver a situação em sua mente.
2. **Você pode ter certeza de que isso é verdade? (Sim ou não).** Essa é mais uma oportunidade de estimular a sua mente e ir além do pensamento padrão.
3. **Como você reage quando você acredita nesse pensamento? (Sensações físicas, memórias do passado, ações etc.).** Aqui começamos a entender a causa e efeito do pensamento. Como você se comporta quando acredita nesse pensamento? Como você trata as outras pessoas? Continue a escrever no papel à medida que você revive a situação em sua mente, observando como você reage ao crer nesse pensamento. Isso acarreta estresse

ou paz para a sua vida? Quais imagens você vê, do passado ou futuro, e quais sensações físicas você experimenta? Como você trata a si mesmo nessa situação?

4. **Quem você seria sem esse pensamento?** Imagine-se na presença da pessoa ou na situação que lhe causou o estresse/sofrimento. A diferença é que agora você não terá mais o pensamento anterior para ancorá-lo. Quem você seria, na mesma circunstância, se você não acreditasse naquele pensamento? Separe um tempo para entrar em contato com os seus sentimentos e perceba o impacto deles.

Por fim, **inverta o pensamento**. Transforme a construção negativa em positiva. Para o pensamento "Não me acho bom o suficiente para enfrentar esse desafio", por exemplo, pense:

- "Eu me acho bom o suficiente para enfrentar esse desafio";
- "Estou preparado para vencer esse desafio";
- "Eu já dei conta de grandes desafios e farei isso de novo".

As inversões de pensamento trazem saúde mental e paz interior.

O segredo para a transformação pessoal não é aprender novas técnicas de produtividade, visando melhorar a nossa habilidade de sermos multitarefas. Concentra-se, na verdade, em uma única tarefa: "Conhece-te a ti mesmo".*

Quem nos acompanhou até aqui deu um grande passo. Mostrou estar aberto e curioso para entender como se constrói uma jornada de liderança permeada de escolhas difíceis, cuja recompensa é uma vida cheia de aventura, significado e legado.

Você já sabe a diferença que faz um ambiente de trabalho energizado por um propósito claro e inspirador. Sabe que as organizações mais bem preparadas para lidar com a imprevisibilidade e a complexidade são feitas de líderes humildes, com ego maduro, que colocam o interesse coletivo em primeiro lugar. Aprendeu a ler os sinais de um time executivo real e de um time falso, e o que pode esperar de cada um.

---

* Frase escrita no pórtico de entrada do templo do deus Apolo, na Grécia, que ficou conhecida como Oráculo de Delfos.

Também foi além do senso comum ao examinar a necessidade de colaboração, confiança e trabalho em equipe nas empresas, entendendo como criar as condições ideais para que a dinâmica do time seja efetiva e capaz de gerar alta performance sustentável. Você estudou sobre estilos de liderança, conhecimento que lhe possibilita se adaptar de acordo com a situação, além de fortalecer a sua habilidade de lidar com circunstâncias desafiadoras. Entendeu "o quê" e também "como" fazer para gerar resultados superiores por intermédio de pessoas, ao utilizar ferramentas que humanizam as interações e as tornam mais interessantes.

Por fim, conheceu as principais alavancas da transformação cultural e o impacto decisivo da exemplaridade e do comprometimento da alta liderança em processos de transformação. Neste último capítulo, você viu como transformações emblemáticas, a exemplo da Microsoft, só foram possíveis devido à mentalidade de crescimento, ou seja, acreditar que é possível mudar e fazer o esforço necessário para isso.

Com todos os ingredientes deste livro somados à sua experiência de vida, aos seus talentos e à sua coragem para se desafiar e crescer, estamos confiantes de que você experimentará na prática o poder de liderar e fazer parte de um time AAA.

NOTAS

1. Lista de países por classificação de crédito. Disponível em: https://en.wikipedia.org/wiki/List_of_countries_by_credit_rating. Acesso em: 30 abr. 2022.
2. Lista de empresas por classificação de crédito. Disponível em: https://wikirating.org/list-of-corporations-by-credit-rating/. Acesso em: 30 abr. 2022.
3. AMABILE, T.; KRAMER, S. **How leaders kill meaning at work**. McKinsey Quarterly, 2012. Disponível em: https://www.mckinsey.com/featured-insights/leadership/how-leaders-kill-meaning-at-work. Acesso em: 28 fev. 2022.
4. COLLINS, J.; PORRAS, J. **Feitas para durar**: práticas bem-sucedidas de empresas visionárias. Rio de Janeiro: Alta Books, 2020.
5. NADELLA, S. **Aperte o F5**: a transformação da Microsoft e a busca de um futuro melhor para todos. São Paulo: Benvirá, 2018. .
6. PORTER, M. What is strategy? **Harvard Business Review**, nov./dez. 1996. Disponível em: https://hbr.org/1996/11/what-is-strategy. Acesso em: 15 maio 2022.
7. NADELLA, S. *op. cit.*
8. GELLES, D. Patagonia's former CEO retreats to the rainforest. **The New York Times**, 18 fev. 2021. Disponível em: https://www.nytimes.com/2021/02/18/business/rose-marcario-patagonia-corner-office.html. Acesso em: 28 fev. 2022.
9. KOFMAN, F. **The Meaning Revolution**: the power of transcendent leadership. United Kingdom: Currency, 2018.
10. ELLSWORTH, R. **Leading with purpose**: the new corporate realities. California: Stanford Business Books, 2002.
11. Alan Jope, CEO global Unilever. Entrevista realizada em agosto de 2020.
12. *Ibidem.*
13. *Ibidem.*
14. Loes Schrijvers, gerente global de desenvolvimento de liderança da Unilever. Entrevista realizada em dezembro de 2020.
15. Alan Jope, CEO global Unilever. Entrevista realizada em agosto de 2020.
16. Hesham Ahmed, diretor global de estudos analíticos da Unilever. Entrevista realizada em dezembro de 2020.
17. *Ibidem.*
18. *Ibidem.*
19. *Ibidem.*

20. Retórica. **Wikipédia**. Disponível em: https://pt.wikipedia.org/wiki/Ret%C3%B3rica. Acesso em: 3 jun. 2022.
21. HARRIS, P. R.; HARRIS, K. G. **Managing effectively through teams**: team performance management. United Kingdom: MCB University Press, 1996.
22. WAGEMAN, R. et al. **Senior leadership teams**. Boston: Harvard Business School Press, 2008.
23. EDMONDSON, A. **Teaming**: how organizations learn, innovate and compete in the knowledge economy. Massachusetts: Harvard Business School, 2012.
24. COLLINS, J. **Empresas feitas para vencer**: por que algumas empresas alcançam a excelência e outras não. Rio de Janeiro: Alta Books, 2018.
25. HACKMAN, R. **Leading teams**: setting the stage for great performances. Boston: Harvard Business Review Press, 2002.
26. Warren Buffett: Looking for owners who love their business more than money. **Youtube**. Disponível em: https://www.youtube.com/watch?v=Hy64H-pRAhY. Acesso em: 4 jun. 2022.
27. COLLINS, J. *op. cit.*
28. WAGEMAN, R. *et al. op. cit.*
29. AMAZON. Two-pizza teams. **Amazon Web Services (AWS)**. Disponível em: https://docs.aws.amazon.com/whitepapers/latest/introduction-devops-aws/two-pizza-teams.html. Acesso em: 27 fev. 2022.
30. BARONE, E. The pandemic forced thousands of businesses to close – but new ones are launching at breakneck speed. **Time**, 22 jul. 2021. Disponível em: https://time.com/6082576/pandemic-new-businesses/. Acesso em: 30 abr. 2022.
31. SPREIER, S.; FONTAINE, M.; MALLOY, R. Leadership run amok: the destructive power of overachievers. **Harvard Business Review**, jun. 2006. Disponível em: https://hbr.org/2006/06/leadership-run-amok-the-destructive-potential-of-overachievers?autocomplete=true. Acesso em: 2 fev. 2022.
32. GOLEMAN, D. Leadership that gets results. **Harvard Business Review**, mar./abr. 2000. Disponível em: https://hbr.org/2000/03/leadership-that-gets-results. Acesso em: 2 fev. 2022.
33. DWECK, C. **Mindset**: a nova psicologia do sucesso. Rio de Janeiro: Objetiva, 2017.
34. REMICK, T. The C-Suite Merry-Go-Round. **Korn Ferry**, 2022. Disponível em: https://www.kornferry.com/insights/briefings-for-the-boardroom/the-c-suite-merry-go-round. Acesso em: 16 fev. 2022.
35. KARLSSON, P.; TURNER, M.; GASSMANN, P. Succeeding the long-serving legend in the corner office. **Strategy+business**, 15 maio 2019. Disponível em: https://www.strategy-business.com/article/Succeeding-the-long-serving-legend-in-the-corner-office. Acesso em: 16 fev. 2022.

36 SURANE, J. Jane Fraser has a plan do remake Citigroup while tormenting rivals. **Bloomberg Businessweek**, 13 out. 2021. Disponível em: https://www.bloomberg.com/news/features/2021-10-13/can-ceo-jane-fraser-fix-citigroup. Acesso em: 16 fev. 2022.
37 COLLINS, J. *op. cit.*
38 COLLINS, J.; PORRAS, J. *op. cit.*
39 ROST, K.; OSTERLOH, M. CEO appointments and the loss of firm-specific knowledge – putting integrity back into hiring decisions. **Corporate Ownership & Control**, v. 5, n. 3, p. 86-98, 2008. Disponível em: https://www.researchgate.net/publication/313358681_CEO_appointments_and_the_loss_of_firm-specific_knowledge_-_putting_integrity_back_into_hiring_decisions. Acesso em: 16 fev. 2022.
40 GOLEMAN, D. **Vital lies, simple truths**: the psychology of self-deception. New York: Simon & Schuster, 1996.
41 Pablo Di Si. Entrevista realizada em fevereiro de 2022.
42 Paulo Correa. Entrevista realizada em fevereiro de 2022.
43 WAGEMAN, R. *et al. op. cit.*
44 DUHIGG, C. What Google learned from its quest to build the perfect team. **The New York Times**, 28 fev. 2016. Disponível em: https://www.nytimes.com/2016/02/28/magazine/what-google-learned-from-its-quest-to-build-the-perfectteam.html. Acesso em: 7 fev. 2022.
45 Pablo Di Si. *op. cit.*
46 COLLINS, J.; HANSEN, M. **Vencedoras por opção**: incerteza, caos e acaso: por que algumas empresas prosperam apesar de tudo. Rio de Janeiro: Alta Books, 2019.
47 MISCHEL, W. **O Teste do Marshmallow**: por que a força de vontade é a chave do sucesso. Rio de Janeiro: Objetiva, 2016.
48 David Webster. Entrevista realizada em fevereiro de 2022.
49 Johnny Sexton wins 2018 World Rugby Player of the Year Award. **ESPN**. Disponível em: https://www.espn.com/rugby/story/_/id/25378014/johnny-sexton-wins-2018-world-rugby-player-year-award. Acesso em: 3 jun. 2022.
50 DE SMET, A. et al. If we're all so busy, why isn't anything getting done? **McKinsey & Company**, 10 jan. 2022. Disponível em: https://www.mckinsey.com/business-functions/people-and-organizational-performance/our-insights/if-were-all-so-busy-why-isnt-anything-getting-done. Acesso em: 23 fev. 2022.
51 CSIKSZENTMIHALYI, M. **Flow**: a psicologia do alto desempenho e da felicidade. Rio de Janeiro: Objetiva, 2020.
52 MORRIS, T. Greatness and the Spirit. **Tom Morris Blog**. Disponível em: https://www.tomvmorris.com/blog/2014/10/8/greatness-and-the-spirit.

Acesso em: 3 jun. 2022.
53 The 10 greatest sports teams of all time. **Sports Mole**. https://www.sports-mole.co.uk/football/barcelona/news/the-10-greatest-sports-teams-of-all-time_396847.html. Acesso em: 3 jun. 2022.
54 LOGAN, D., KING, J.; FISCHER-WRIGHT, H. **Tribal leadership**: leveraging natural groups to building a thriving organization. New York: Harper Paperbacks, 2011.
55 COLLINS, J.; PORRAS, J. *op. cit.*
56 David Webster. *op. cit.*
57 MAISTER, D.; GREEN, C.; GALFORD, R. **The trusted advisor**. New York: Paper Back, 2004.
58 LENCIONI, P. **Overcoming the five disfunctions of a team**: a field guide for leaders, managers and facilitators. New Jersey: John Wiley & Sons, 2010.
59 Cristina Nogueira. Entrevista realizada em setembro de 2020.
60 Mike Markovits. Entrevista realizada em fevereiro de 2022.
61 Pensamento de grupo. **Wikipédia**. Disponível em: https://pt.wikipedia.org/wiki/Pensamento_de_grupo. Acesso em: 3 jun. 2022.
62 HESKETT, J. **The culture cycle**: how to shape the unseen force that transforms performance. New Jersey: Pearson FT Press, 2011.
63 GROYSBERG, B. *et al*. The leader's guide to corporate culture. **Harvard Business Review**, jna./fev. 2018. Disponível em: https://hbr.org/2018/01/the-leaders-guide-to-corporate-culture. Acesso em: 14 maio 2022.
64 Pedro Lima, CEO do Grupo 3corações. Entrevista realizada em março de 2021.
65 *Ibidem*.
66 *Ibidem*.
67 BARRETT, R. **Building a values-driven organization**: a whole system approach for cultural transformation. Boston: Butterwirth-Heinemann, 2006.
68 BARRETT, R. Cultures created by leadership teams and groups. **Barrett Values Centre**, [s.d.]. Disponível em: https://www.valuescentre.com/resource-library/cultures-created-by-leadership-teams/. Acesso em: 22 jan. 2022.
69 *Ibidem*.
70 *Ibidem*.
71 *Ibidem*.
72 BEER, M.; NOHRIA, N. Cracking the code of change. **Harvard Business Review**, maio/jun. 2000. Disponível em: https://hbr.org/2000/05/cracking-the-code-of-change. Acesso em: 14 maio 2022.
73 MCKINSEY & COMPANY. How to gain a competitive edge with organizational culture. **McKinsey & Company**, 19 jan. 2022. Disponível em: https://www.mckinsey.com/featured-insights/mckinsey-on-books/

author-talks-how-to-gain-a-competitive-edge-with-organizational-culture. Acesso em: 22 jan. 2022.
74 TAYLOR, C. **Walking the talk**: a cultura através do exemplo. Rio de Janeiro: Publit, 2018.
75 Changes of tomorrow: the trends transforming society. **Hyper Island**. https://knowledge.hyperisland.com/hubfs/shared-assets/downloads/campaigns/Hyper-Island_Changes-of-Tomorrow.pdf. Acesso em: 3 jun. 2022.
76 EWESTEIN, B.; SMITH, W.; SOLOGAR, A. Changing change management. **McKinsey & Company**, 1 jul. 2015. Disponível em: https://www.mckinsey.com/featured-insights/leadership/changing-change-management Acesso em: 22 jan. 2022.
77 EWESTEIN, B.; SMITH, W.; SOLOGAR, A. *op. cit.*
78 LEE YOHN, D. Company culture is everyone's responsibility. **Harvard Business Review**, 8 fev. 2021. Disponível em: https://hbr.org/2021/02/company-culture-is-everyones-responsibility. Acesso em: 8 fev. 2022.
79 DWECK, C. *op. cit.*
80 KAHNEMAN, D. **Rápido e devagar**: duas formas de pensar. Rio de Janeiro: Objetiva, 2012.
81 BOCK, L. **Um novo jeito de trabalhar**: o que o Google faz de diferente para ser uma das empresas mais criativas e bem-sucedidas do mundo. Rio de Janeiro: Sextante, 2015.
82 *Ibidem.*
83 Disponível em: https://inbehaviorlab.com.br/. Acesso em: 8 fev. 2022.
84 Ceará é o segundo estado com mais casos do novo coronavírus. **G1**, 14 de maio de 2020. Disponível em: https://g1.globo.com/jornal-nacional/noticia/2020/05/14/ceara-e-o-segundo-estado-com-mais-casos-do-novo-coronavirus.ghtml. Acesso em: 3 jun. 2022.
85 Relatório anual de gestão e sustentabilidade. **Unimed Fortaleza**, 2021. Disponível em: https://www.unimedfortaleza.com.br/relatorio-gestao-2021. Acesso em: 3 jun. 2022.
86 Relatório anual de gestão e sustentabilidade. **Unimed**, 2021. Disponível em: https://www.unimedfortaleza.com.br/relatorio-de-gestao-e-sustentabilidade-2021. Acesso em: 10 mar. 2022.
87 NADELLA, S. **Hit refresh**: the quest to rediscover microsoft's soul and imagine a better future for everyone. New York: Harper Business, 2017.
88 CORNET, M. **Org. Charts**. Disponível em: https://bonkersworld.net/organizational-charts. Acesso em: 15 maio 2022.
89 DWECK, C. The power of believing that you can improve. **TED**, nov. 2014. Disponível em: https://www.ted.com/talks/carol_dweck_the_power_of_believing_that_you_can_improve/. Acesso em: 21 abr. 2022.
90 DWECK, C. *op. cit.*

91 WEIBERGER, M. Satya Nadella says this book gave him the 'intuition' he needed to revamp Microsoft. **Yahoo!Finance**, 4 ago. 2016. Disponível em: http://finance.yahoo.com/news/satya-nadella-says-book-gave-180034370.html?soc_src=social-sh&soc_trk=tw&tsrc=twtr. Acesso em: 22 abr. 2022.

92 BEALES, R. Microsoft and Satya Nadella to be tech standouts. **Reuters**. Disponível em: https://www.reuters.com/breakingviews/microsoft-satya-nadella-be-tech-standouts-2022-01-04/. Acesso em: 3 jun. 2022.

93 GOLEMAN, D.; BOYATZIS, R. Social intelligence and the biology of leadership. **Harvard Business Review**, set. 2008. Disponível em: https://hbr.org/2008/09/social-intelligence-and-the-biology-of-leadership. Acesso em: 19 abr. 2022.

94 GOLEMAN, D. What makes a leader? **Harvard Business Review**, jan. 2004. Disponível em: https://hbr.org/2004/01/what-makes-a-leader. Acesso em: 19 abr. 2022.

95 Roberto Ziemer. Entrevista realizada em fevereiro de 2022.

96 ROSENBERG, M. **Comunicação não violenta**: técnicas para aprimorar relacionamentos pessoais e profissionais. São Paulo: Ágora, 2006.

97 Idem.

98 CARNEGIE, D. **Como fazer amigos e influenciar pessoas**. 53 ed. São Paulo: Companhia Editora Nacional, 2016.

99 Estudos sobre frequência cardíaca. **HeartMath Institute**, 2022. Disponível em: https://www.heartmath.org/research/. Acesso em: 23 abr. 2022.

100 GOLEMAN, D.; BOYATZIS, R. *op. cit*. Acesso em: 19 abr. 2022.

101 *Ibidem*.

102 MEHRABIAN, A. **Silent Messages**: Implicit Communication of Emotions and Attitudes. San Francisco: Wadsworth Publishing, 1980.

103 SEPPALA, E.; CAMERON, K. The best leaders have a contagious positive energy. **Harvard Business Review**, 18 abr. 2022. Disponível em: https://hbr.org/2022/04/the-best-leaders-have-a-contagious-positive-energy. Acesso em: 21 abr. 2022.

104 ISAACSON, W. **Steve Jobs**: a biography. New York: Simon & Schuster, 2011.

105 *Ibidem*.

106 É possível encontrar mais informações sobre meditation pods e como adquiri-los. **Open Seed**. Disponível em: https://openseed.co/ e https://inherestudio.com/meditation-pod-relaxation-pods-sleep-pod-meditation-pods-for-sale-sleep-pods-relaxation-pod/. Acesso em: 23 abr. 2022.

107 CHOPRA, D.; TANZI, R. **Supergenes**: ative o extraordinário poder do seu DNA para ter mais saúde e bem-estar. São Paulo: Alaúde, 2016.

108 *Ibidem*.

109 Aplicativos de meditação recomendados: Calm. Disponível em: https://www.calm.com/pt e Chopra (https://chopra.com/app). Acesso em: 23 abr. 2022.
110 BARRETT, R. **O novo paradigma da liderança**. Rio de Janeiro: Qualitymark, 2014.
111 *Ibidem*.
112 *Ibidem*.
113 BARRETT VALUES CENTRE. **Avaliação de valores pessoais**, 2022. Disponível em: https://www.valuescentre.com/tools-assessments/pva/. Acesso em: 23 abr. 2022.
114 Jung and his Individuation Process. **Journal Psyche**. Disponível em: http://journalpsyche.org/jung-and-his-individuation-process/. Acesso em: 3 jun. 2022.
115 BARRETT, R. *op. cit.*
116 The Work: o trabalho de Byron Katie. Disponível em: https://thework.com/wp-content/uploads/2019/12/lb_pt_19sep2019_a4.pdf. Acesso em: 3 jun. 2022.

Este livro foi impresso
pela gráfica Edições Loyola,
em papel pólen bold 70 g
em junho de 2022.